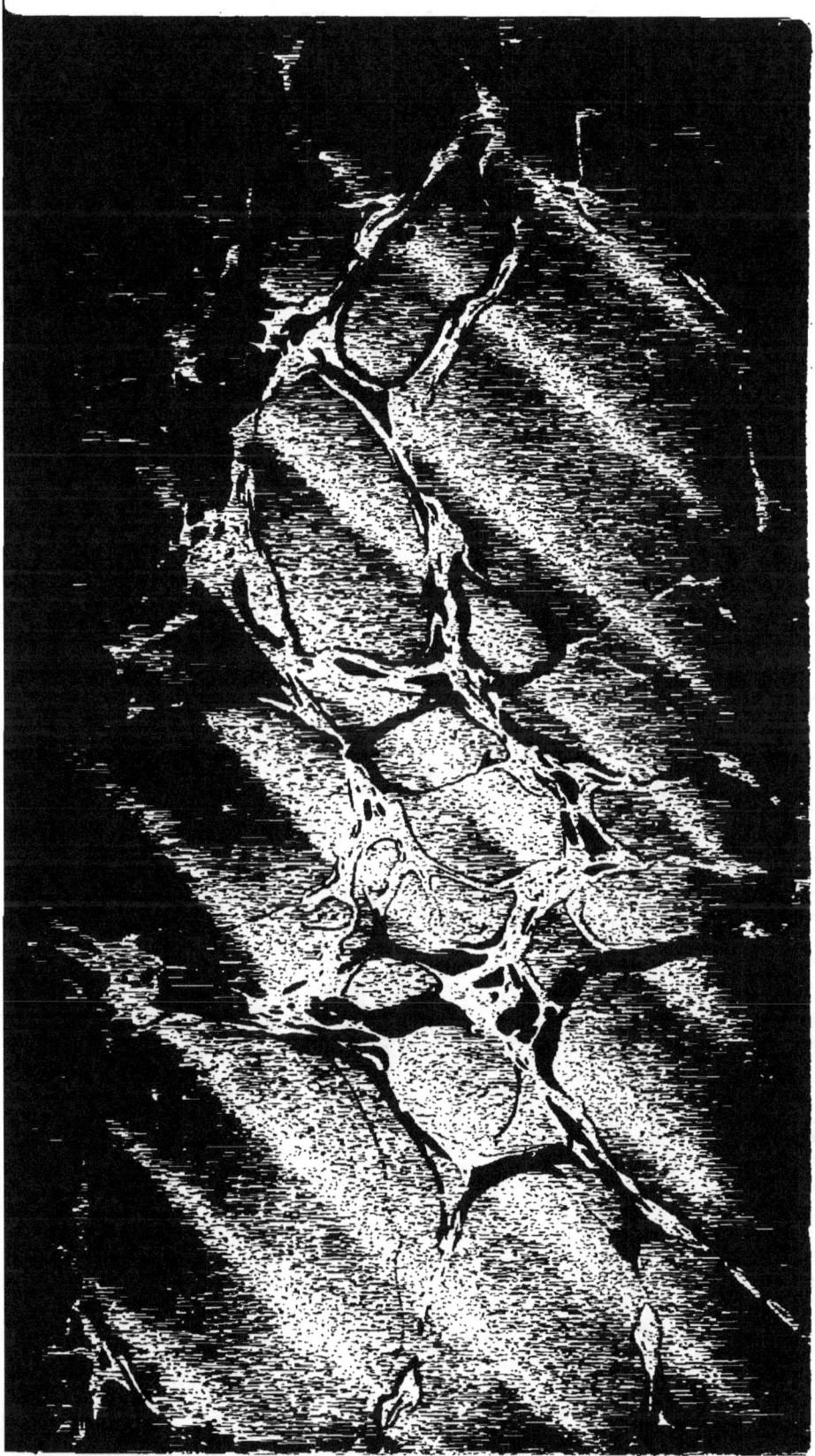

# HISTOIRE
## DE
# ST GILDAS
## DE RHUYS

### PAR L'ABBÉ LUCO
*...eur de Grand Séminaire*

**XG**

## VANNES
GALLES, RUE DE LA PRÉFECTURE

1860.

# HISTOIRE

DE

# SAINT GILDAS DE RHUYS.

PROPRIÉTÉ DE L'ÉDITEUR.

# HISTOIRE DE SAINT GILDAS

## DE RHUYS

PAR L'ABBÉ LUCO,

Ex-Directeur de Grand-Séminaire.

VANNES
IMPRIMERIE DE L. GALLES, RUE DE LA PRÉFECTURE.

1869.

# DÉDICACE

A

# SAINT GILDAS.

---

Grand Saint, je vous dédie ce petit livre qui parle de vous et de l'œuvre que vous avez fondée dans notre pays. C'est un faible tribut de vénération et de reconnaissance. Vous avez tant aimé cette presqu'île de Rhuys ! Vous avez tant fait pour elle ! Ne nous est-il pas permis de le croire : le premier Saint de Dieu, sinon le premier serviteur du Christ, vous avez foulé son sol et répandu sur elle la lumière du saint Évangile ?

Depuis longtemps, je recueillais à dessein des matériaux pour ce petit monument que ma dévotion pour vous voulait élever à votre gloire. Dans la solitude que je rencontrai, l'année dernière, au grand séminaire de Rouen, je voulus utiliser ces matériaux et profiter d'une vaste bibliothèque pour faire de nouvelles recherches. En avançant dans mon ouvrage, je compris que des renseignements bien précieux me faisaient encore défaut. J'attendis une occasion favorable de me les procurer ; elle vint, et j'en profitai consciencieusement. Pendant près d'un mois, je fus sans relâche au milieu des manuscrits anciens tirés de l'abbaye qui porte votre nom et conservés aux archives de la préfecture de Vannes. D'honorables amis m'aidèrent de leurs lumières et c'est à leur bienveillance que cette petite histoire doit d'être moins incomplète. Autant qu'il m'a été possible, j'ai visité moi-même les lieux que je décris. Autant qu'il m'a été possible, j'ai consulté toutes les sources qui pouvaient me renseigner. C'est pour la troisième fois et bien loin de mon pays, que j'achève la rédaction de cet opuscule. Commencé à Rouen, continué à Vannes et à Paris, cet ouvrage se termine entre la Suisse et l'Italie, dans l'*hospice du Grand-Saint-Bernard*. J'aime à dire : il m'est agréable d'y mettre ici la dernière main. Cette circonstance sera un fait qui, pour moi, évoquera toujours *le souvenir si doux de ma raison d'être en ces lieux et du très bienveillant accueil que j'y ai trouvé.*

Écrit bien simplement et pour mes compatriotes de Rhuys et des environs, ce petit ouvrage se compose de deux parties : la première donne votre vie, et la deuxième, un abrégé historique de l'abbaye fondée par vous. Deux notes rejetées à la fin font connaître deux autres couvents de la presqu'île : celui des Récollets de Bernon et celui des Trinitaires de Sarzeau.

Saint Patron de la presqu'île de Rhuys, priez Notre Seigneur de donner à ce petit livre d'atteindre le but pour lequel il se publie : la gloire de Dieu, le bien des âmes et votre propre honneur.

Hospice du Grand-Saint-Bernard, le 26 juillet 1869, fête de sainte Anne.

# HISTOIRE
## DE
# SAINT GILDAS DE RHUYS.

## Iʳᵉ PARTIE.
### VIE DE SAINT GILDAS.

#### CHAPITRE Iᵉʳ
##### Sa naissance et sa famille.

Saint Gildas naquit à Arcluid, ville ancienne et fortifiée, aujourd'hui Dumbarton, au confluent des fleuves Leven et Clyde, capitale du comté de même nom, dans la partie centrale de l'Écosse, ayant encore un château fort et située dans un pays très fertile, sans cesse disputé par les Pictes et les Romains, et évangélisé dès la fin du ɪvᵉ siècle par saint Ninian, fils d'un chef breton, et sacré à Rome par le pape Siricius, pour être le premier évêque et le premier apôtre des Pictes. Ce fut, selon ses propres écrits, l'année même de la victoire remportée par les Bretons sur les Anglo-Saxons, près de la ville actuelle de Bäthe et au pied du mont Badon, dans le comté de Sommerset; de là le surnom de *Badonique* donné à notre Saint. Or, cette bataille du Mont-Badon se livra, selon l'historien Bède, la 44ᵉ année depuis la descente, en 449, des Anglo-Saxons dans la Grande-Bretagne, et, par conséquent, en l'année 493. A sa naissance on a assigné plusieurs autres dates comprises entre 484 et 520; celle-ci paraît être et plus sûre et plus généralement adoptée.

Lors de son second voyage en Grande-Bretagne, saint Germain d'Auxerre avait avec lui un jeune gaulois de quinze ans, Philibert, qu'il laissa dans ce pays pour le former dans quelque monastère et continuer ensuite son œuvre. Devenu prêtre, le gaulois acquit une grande réputation de sainteté, et fonda un couvent dans une île sur la côte occidentale de la Cambrie. Selon l'usage de cette époque parmi les grands, ce fut à ce saint abbé que Caunus conduisit son plus jeune fils âgé de sept ans pour recevoir le saint baptême et sa première éducation. C'était la pratique assez fréquente de ces temps reculés de ne conférer ce sacrement qu'aux enfants qui avaient atteint l'âge de raison. De plus, on ne l'administrait, sauf le danger de mort, que deux fois l'an : aux veilles de Pâques et de la Pentecôte. On ignore auquel de ces deux jours notre saint reçut le sacrement de la régénération (1).

---

(1) *Vie manuscrite de saint Gildas*, par un bénédictin, terminée en 1668 et conservée à la bibliothèque impériale. Cet auteur anonyme cite l'ancien office du saint aux abbayes

Can ou Caunus, son père, homme très-pieux et âgé alors de 68 ans, était un puissant seigneur du pays; plusieurs auteurs anciens le font même roi d'Albanie, nom qu'on donnait autrefois à toute l'Écosse. Mais cette opinion de sa royauté ne saurait se soutenir, puisque, à cette époque, l'Écosse du Nord était peuplée par les Pictes et les Scots, et la partie méridionale, y compris le comté actuel de Dumbarton, était disputée par les Romains et les Pictes. Caunus pouvait être le chef d'un petit État de l'Albanie; de là au saint un autre surnom : celui d'*Albanien*.

Outre Gildas, qui était le plus jeune, il eut quatre fils et une fille, qui ont tous été reconnus comme saints (1). L'aîné, Cuillus ou Hoël, habile guerrier, succéda à son père et fut tué par les ordres d'Arthur, roi ou chef des Bretons. Mailoc, le second, fort instruit par Caunus lui-même dans l'Écriture sainte et la religion, sans parler du reste, quitta son père et renonça à son héritage, pour se retirer, sur le territoire d'Elmaël, à Lyuhes, où il bâtit un monastère et servit Dieu toute sa vie avec ferveur et persévérance dans les jeûnes et les veilles, le

---

de Saint-Gildas de Rhuys et des Bois, ainsi que le *Grand Légendaire* de ce dernier monastère, puisé, dit-il, à la biographie complète du moine anonyme de Rhuys. Selon lui, le titre d'abbé de Tournus, attribué à saint Philibert dans le manuscrit du Père Jésuite Flovet, est une addition de copiste trompé.

(1) Légende de l'office de saint Gildas. — Cantique de saint Gildas. — Benoît Gononus, *vies des Pères d'Occident*. — Le moine anonyme de Rhuys, *vie de saint Gildas*, etc.

chant des hymmes sacrées et la méditation des vérités célestes. Devenu célèbre par ses vertus comme par ses miracles, il s'endormit là dans la paix du Seigneur. Les deux suivants, Egréas et Allec, avec leur sœur Pétéone, qui avait déjà consacré à Dieu sa virginité, abandonnant, eux aussi, l'héritage paternel et renonçant aux pompes du siècle, se retirèrent dans le désert, aux confins de la province d'Arcluid et sur le rivage de la mer. Pour mieux vaquer à la prière et à la contemplation, ils ne restèrent pas ensemble, mais se fixèrent à peu de distance les uns des autres, mettant leur sœur au milieu. Ils s'étaient construit trois oratoires. Chaque jour et alternativement, un des deux frères venait réciter les heures avec Pétéone, offrir le saint sacrifice dans sa petite chapelle et prendre avec elle la réfection après les vêpres. Avant le coucher du soleil, chacun se retirait pour réciter dans son propre oratoire les prières de la nuit. Ne soupirant de toute l'ardeur de leur âme qu'après le ciel, leur patrie, ils menèrent une vie sainte jusqu'au moment où Dieu les appela à lui pour recevoir la récompense de leurs sacrifices et de leurs travaux. Ils furent ensevelis chacun dans son oratoire, et des miracles nombreux, opérés à leurs tombeaux, les rendirent célèbres et attestèrent leur grande sainteté. Gildas, qui devait être, dans la suite, l'honneur et la gloire de son pays, fut le dernier rejeton de cette famille de saints.

La tradition et l'histoire se taisent sur les vertus des parents ; mais il nous est bien permis de conjecturer leur propre sainteté aux germes si féconds de salut et de perfection qu'ils surent déposer aux cœurs de leurs enfants. Il nous est également permis de redire, avec le cantique breton de saint Gildas : Heureux les enfants bien élevés, qui trouvent dans leurs parents des exemples de sainteté ! Heureux aussi et mille fois heureux les parents qui ont des enfants vertueux et dociles ! Que ce double élément du bonheur domestique et de la vie chrétienne est rare aujourd'hui ! Puisse-t-il revivre et se perpétuer dans les familles de notre pays !

## CHAPITRE II.

### Enfance et éducation de saint Gildas.

Ses parents, qui voulaient lui faire donner une éducation aussi complète et aussi chrétienne que possible, furent, comme on l'a vu, obligés d'éloigner ce cher enfant de la maison paternelle et même de son pays ; car, à cette époque, la religion et les écoles, se retirant devant les barbares Scots, Pictes et Anglo-Saxons, s'étaient concentrées au pays de Galles et dans la Cornouaille insulaire. Dans la première de ces contrées, parmi tous les autres, le monastère de saint Iltut brillait d'un vif éclat. Ce saint abbé, fils d'un grand seigneur, naquit en Armorique (1), se rendit en Cambrie, attiré par la renommée de son cousin Arthur dans les armées duquel il se distingua, devint principal ministre du roi de Glamorgan et fut converti, dans une partie de chasse, dit la légende, par saint Cado, fondateur de l'abbaye de Lancarvan (2). D'abord disciple de ce saint homme pendant plusieurs années et ordonné prêtre par saint Germain d'Auxerre, à son deuxième voyage, il fonda dans le voisinage de Lancarvan, sur les bords de la mer, dans le comté de Glamorgan actuel et sur ses propres biens, ce monastère qui prit le nom de *Lan-Iltut* ou *Lantuit* (3), et qui, à cause de la grande réputation de son abbé, réunit plus de 2000 moines divisés en sept catégories, chacune de 300 hommes vivant du travail de leurs mains. Centre de la propagande religieuse et de la résistance politique aux conquérants étrangers, cette école était fréquentée par les enfants des premières familles bretonnes.

Ce fut là et sous un tel maître, que Caunus, sur les conseils de saint Philibert, plaça son fils vers l'âge de quatorze ans, dès qu'il fut en état de profiter des leçons qui s'y donnaient. Parmi ses nombreux condisciples, notre saint eut à vivre avec saint Paul Aurélien, plus tard premier

---

(1) De Montalembert, *Moines d'Occident*, III, 46.
(2) De Montalembert, *id.* — Dom Lobineau et Butler.
(3) Selon Alban Butler, *vie de saint Iltud*, son emplacement se voit au sud-ouest de Lancarvan et sur le rivage de la mer.

évêque de Léon ; avec saint Samson , plus tard évêque de Dol ; avec saint Magloire, successeur de saint Samson, sur le siége de Dol; avec David, plus tard évêque des Bretons non soumis, plus âgés que lui et qui tous illustrèrent la Grande-Bretagne ou l'Armorique. Ses premières années furent exemptes des puérilités de cet âge, et, toujours pure et innocente, sa jeunesse montra en lui la prudence et la maturité du vieillard. En tout temps, sage et retenu, sans préjudice des agréments et de l'aimable gaité de la jeunesse, il était le modèle de ses condisciples. Pieux, humble, soumis et studieux, il s'était acquis à un haut degré les sympathies de ses maîtres. Comptant pour rien ses grands avantages de l'esprit et du corps, il ne s'appliquait qu'à l'étude au service de Dieu et à l'exercice de la charité la plus délicate envers ses condisciples. Comme il n'étudiait que pour devenir meilleur, sachant, même dans les sciences profanes, voir et trouver Dieu dans la vérité, plus il devenait savant et plus il devenait parfait. Ainsi ses études dans la prière et avec Dieu, loin de dessécher son cœur et de dissiper son esprit, développaient en lui l'amour divin et le recueillaient davantage pour mieux recevoir les illuminations du Saint-Esprit. Sans tarder, il se fit remarquer par tous, maîtres et condisciples, comme le plus bel esprit de son école. Saint Iltut sut le reconnaître, le distinguer au milieu de ses condisciples et eut pour lui des affections spéciales et de son éducation des soins particuliers.

Le monastère, nous l'avons dit, était sur le rivage de la mer; de plus, d'un sol maigre et aride, son enclos se trouvait resserré dans une étroite presqu'île, souvent inondée en partie et envahie par les flots. A la tête de sa nombreuse communauté (1), Iltut avait bien construit des digues immenses; mais ce rempart contre les inondations n'avait ni élargi les limites, ni amélioré le sol de l'enclos. Or, un jour, Gildas alla trouver le saint abbé et lui dit : « Maître, je vous ai entendu naguère prêcher sur les paroles évangéliques par lesquelles Notre Seigneur apprenait à ses disciples que pour obtenir de Dieu les choses utiles, il leur suffirait de les lui demander avec foi, en leur disant : *En vérité, je vous le déclare, tout ce que vous demanderez dans la prière, croyez que vous l'obtiendrez, et il vous sera accordé* (2). Que ne priez-vous donc vous-même, mon bon maître, Notre Seigneur Jésus-Christ, qui peut accorder tout ce qui lui est demandé avec confiance, de dilater les bornes de cette presqu'île et d'en rendre la terre fertile? » A ce discours, le bienheureux Iltut, admirant la foi de son pieux élève, réunit tous ses disciples, les conduisit à l'église et là,

---

(1) Il était marié avant sa conversion, et sa femme, dont il s'était séparé pour être tout à Dieu, étant venu le voir un jour, le découvrit au fond d'un fossé qu'il creusait lui-même, le corps et le visage tout couverts de boue, et eut de la peine à le reconnaître (de Montalembert, *Moines d'Occident*, III, page 47).

(2) Saint Marc, XI, 24.

agenouillé devant l'autel, les mains élevées vers le ciel et mêlant ses larmes à sa prière, il dit : « Seigneur Jésus-Christ, Fils du Dieu tout puissant, qui, de rien, avec le Père et le Saint-Esprit, avez créé le ciel et la terre, la mer et tout ce qu'ils renferment, et avez enseigné à vos fidèles à demander à Dieu le Père en votre nom tout ce dont ils auraient besoin, assurés de voir leurs prières exaucées ; conformément à vos paroles et en votre nom, nous supplions la clémence du Dieu tout puissant de dilater par vous les limites de cette île et de donner la fertilité à son sol, afin que, par votre bénédiction, elle rapporte, pour nous, qui sommes vos serviteurs, et pour ceux qui viendront après nous, d'abondants produits alimentaires, et que, rassasiés par vos bienfaits, nous vous rendions des actions de grâces, à vous qui, avec le Père et le Saint-Esprit, vivez et régnez dans tous les siècles des siècles. » Ayant tous répondu : Amen, ils sortirent ; mais à peine furent-ils dehors, dit la légende, qu'ils virent leur terre dilatée et couverte partout de verdure et de fleurs. Rentrant aussitôt dans l'oratoire et pleurant de joie d'avoir une si sainte communauté, l'heureux abbé entonna d'une voix forte, que l'émotion et la foi faisaient vibrer, des hymnes de louanges et de gratitude au Seigneur qui est toujours près de ceux qui l'invoquent en esprit et en vérité.

Saint Iltut fit bien labourer cette terre et y sema du froment. Le blé leva en abondance ; mais les oiseaux de mer se mirent à se jeter dessus et à le brouter. Ce que voyant, l'abbé chargea ses disciples à tour de rôle de garder l'enclos et d'épouvanter ces nuisibles animaux. Or, lorsque vint le tour de saint Paul, les oiseaux se réunirent en bien plus grand nombre et menaçaient de causer beaucoup de dégâts. Il avait beau s'agiter, courir de tout côté et crier de toutes ses forces, il ne pouvait les chasser. Fatigué enfin et voyant toutes ses peines inutiles, il appelle à son secours Gildas et Samson, en leur disant : « Aidez-moi, mes bien chers frères, aidez-moi à préserver le champ de notre maître et à châtier ces ravageurs. Voyez cette multitude de malfaiteurs : elle va tout gâter. Infligeons-lui le juste châtiment de sa faute. » Ses compagnons aussitôt accourent à lui, et, ayant invoqué le saint nom de Jésus, ils cernent ces oiseaux sauvages et les poussent devant eux comme un docile troupeau de moutons. Conduite au monastère et se voyant captive, cette troupe d'oiseaux se mit à remplir l'air de ses cris. Etonné de ces clameurs insolites et interrompant sa prière, Iltut sort de l'église, voit ce nouveau miracle opéré par la vertu de Dieu et se trouve presque stupéfait d'une si grande foi dans ces jeunes saints. « Laissez, dit-il, mes chers enfants, laissez ces oiseaux s'en aller en liberté ; que ce châtiment leur suffise et qu'ils s'envolent libres ; mais que, au nom du Seigneur, ils n'osent plus revenir pour gâter nos récoltes. » Soumis aussitôt à l'ordre du maître, ils rendent la liberté aux oiseaux, qui s'en vont au loin sans reparaître désormais dans les champs du monastère. Là il y eut ensuite et toujours une telle abondance de blé que saint Iltut, après en avoir prélevé la provision du couvent, faisait parvenir, en temps de disette, de fortes cargaisons à ses compatriotes déjà établis dans l'Armorique (1).

Ces deux faits, racontés par le moine anonyme de Rhuys, le plus ancien et le premier historien de sa vie, montrent les heureuses dispositions et les progrès de notre saint dans la vertu.

Grâce à son ardeur pour les sciences, à sa constante application à tous ses devoirs, grâce surtout aux secours d'en haut, jeune encore, il se trouvait de beaucoup supérieur à tous ses condisciples et avait épuisé, à l'âge de vingt-deux ans, l'enseignement de son école. Pour perfectionner son éducation et apprendre tout ce qu'il lui était possible de savoir, de l'avis ou par les ordres de son premier maître, il passa en Irlande (2), où les écoles établies par saint Patrice étaient alors en grande réputation. Comme une abeille active et prudente, il recueillait les leçons des plus savants professeurs et l'enseignement des meilleurs livres, et en faisait un trésor et un précieux dépôt pour son apostolat futur. Vivement pénétré que, à lui aussi un jour, comme aux serviteurs de la parabole évangélique, il serait demandé

---

(1) De Montalembert, *Moines d'Occident*, III, 48.

(2) *Iren perrexit*, dit le moine anonyme de Rhuys, et par là les Bollandistes entendent l'Irlande, appelé en effet *Iren* et *Iris*, et où, selon eux, il y avait alors et encore longtemps après des écoles célèbres fréquentées par les Anglais.

compte de ses talents, et sachant que les succès de la prédication sont surtout assurés par la sainteté de la vie, partout, dans les écoles de l'Irlande aussi bien qu'au monastère qui abrita son enfance, il fut assidu à mortifier son corps par des jeûnes rigoureux et de longues veilles, passant des nuits entières, debout et sans nul appui, dans la prière et la contemplation.

## CHAPITRE III.

### Sa profession religieuse et sa prêtrise.

Ayant atteint l'âge de vingt-quatre ou vingt-cinq ans, et achevé ses cours de philosophie et de théologie, il revint auprès de saint Iltut, et, se sentant appelé par Dieu à une vie plus parfaite, oubliant son pays et ses parents, sacrifiant les délices et les biens de la maison paternelle, il sollicita et obtint son admission au noviciat du monastère. La joie du saint abbé fut grande en revoyant son cher disciple, mais elle fut bien plus grande encore, lorsqu'il eut le bonheur de lui donner l'habit monacal. Quant au jeune novice, on peut dire qu'à partir de ce jour, sa vie fut tout angélique. Il s'adonna avec une telle ferveur à l'acquisition des vertus religieuses et à la pratique des conseils évangéliques, que bientôt il devint le modèle, non-seulement des autres novices, mais encore des plus saints et plus anciens religieux du monastère. Poussant aussi loin que possible la mortification des sens, pour comprimer ses révoltes et la soumettre entièrement à la loi de l'esprit, il crucifiait sa chair par toutes sortes de macérations ; sous un vêtement d'étoffe très grossière (1), il portait continuellement la haire et le cilice, s'infligeait de rudes et sanglantes disciplines, s'abstenait de vin ainsi que de toute autre boisson enivrante, ne buvant que de l'eau, ce qui lui fit donner par les autres moines le surnom d'*Aquarius* ou buveur d'eau, se réduisit à ne prendre que trois repas par semaine, et encore se contentait-il chaque fois de si peu de nourriture, que c'était à peine suffisant pour le soutenir. A cette pratique de ne faire que trois fort légers repas chaque semaine, il fut fidèle jusqu'à la fin de sa vie. La terre nue lui servait de lit (2), et, pour reposer sa tête, il n'avait qu'une pierre, chevet dont il fit usage même dans son extrême vieillesse, comme nous le verrons à son passage du temps à la bienheureuse éternité. Son humilité, toujours croissante et plus profonde, lui faisait rechercher et accomplir les offices les plus bas. Patient, doux, affable, il supportait avec joie les défauts d'autrui, n'offensait jamais personne et se plaisait à rendre service à tous.

---

(1) Dom Lobineau et Alban Butler, *vie de saint Gildas.*
(2) *Idem.*

Ainsi exercé et préparé, après un an d'épreuves, selon la règle du monastère, ainsi que nous le voyons dans la vie de saint Samson (1), d'une voix unanime, notre Saint fut admis, vers 518, à se consacrer tout entier à Dieu par l'émission de ses vœux. De quelle générosité dans son sacrifice et de quelle ferveur les anges et les saints du sanctuaire ne furent-ils pas témoins pendant les cérémonies de sa profession ! Que cette victime, innocente et parfaite, dut être agréable aux yeux du Seigneur ! Que de grâces et de bénédictions divines durent pleuvoir en ce jour sur l'âme de notre jeune Saint !

Après sa profession religieuse, il passa quelque temps au monastère sous la direction de saint Iltut, marchant de vertu en vertu, selon la parole de la sainte Écriture, perfectionnant ses études et édifiant ses frères, jusqu'au jour où son supérieur, faisant violence à son humilité, lui enjoignit de recevoir les saints ordres. La communauté se trouvait sur le diocèse de Landaff, qui avait alors pour évêque saint Théliau ou Téliou, disciple et successeur de saint Dubrice. Le pieux évêque aimait, à l'exemple de son prédécesseur qui était l'intime ami de saint Iltut, à venir souvent visiter l'abbé et à passer plusieurs jours au monastère. Dans ces retraites à Lan-Iltut, il conférait ordinairement les ordres aux religieux qui lui étaient

---

(1) Albert de Morlaix, *vie de saint Samson.*

présentés (1). Ce fut, sans doute, partie au monastère et partie à Landaff, que saint Gildas reçut les ordres par l'imposition des mains de ce vénérable pontife. Promu par dispense, à l'âge de vingt-cinq ans (2), au sacerdoce de Jésus-Christ, créé ministre de Dieu et dispensateur de ses mystères de salut, il eut le bonheur, au milieu d'émotions qui laissent d'impérissables souvenirs dans l'âme de tout prêtre, de célébrer sa première messe, en présence de tous ses frères, à l'autel de sa première communion, et devant lequel il avait si souvent répandu de ferventes prières. Dans ce même sanctuaire où, par sa profession religieuse, il s'était autrefois sacrifié lui-même à la gloire de Dieu, il offrit alors à la divine majesté une victime bien plus agréable et d'un prix infini. O jour mille fois béni d'une première messe ! on peut, toute la vie, t'évoquer avec délices ; mais qui pourrait décrire tes joies saintes et tes émotions au cœur du bon prêtre ?

---

(1) Les Bollandistes, Alban Butler et Albert de Morlaix, *vies des saints Dubrice, Théliau et Samson.*

(2) Encore au viii<sup>e</sup> siècle, il était défendu de conférer la prêtrise aux clercs qui n'avaient pas trente ans. Ce fut seulement vers le milieu de ce siècle qu'on commença à n'exiger que vingt-cinq ans, âge auquel, à cette époque, le pape saint Zacharie permit à saint Boniface d'ordonner des prêtres. (Thomassin, *Ancienne et nouvelle discipline de l'Église.* liv. II, chap. 68.)

## CHAPITRE IV.

### Ses missions en Grande-Bretagne et en Irlande.

Au commencement du vi<sup>e</sup> siècle, malgré la propagation de l'Évangile en Grande-Bretagne et la double apparition de saint Germain sur cette terre, il y avait des Pélagiens à ramener et de nombreux païens à éclairer (1). Sur les côtes du nord, en particulier, ces malheureux se trouvaient en plus grand nombre et plus délaissés depuis longtemps à cause du mauvais voisinage des Pictes et des Scots. Saint Iltut, qui voyait en notre Saint, réunis à un haut degré les aptitudes de l'apôtre, le zèle de la gloire de Dieu et du salut des âmes, ainsi que la connaissance approfondie des vérités évangéliques au service d'une éloquence forte et persuasive, le chargea d'évangéliser ces peuplades encore assises dans les ombres de la mort, et de faire refleurir la pureté du dogme catholique parmi ces chrétiens victimes de l'hérésie. S'étant armé, selon le précepte de l'apôtre saint Paul (2), *du bouclier de la foi*, pour repousser les traits enflammés du malin esprit; *du casque du salut*,

---

(1) Il est question des Bretons. Les Anglo-Saxons, les Pictes et les Scots, qui avaient envahi la Grande-Bretagne, moins le pays de Galles et la Cornouaille, étaient païens.

(2) *Ad Ephes.* vi, 13 et suiv.

c'est-à-dire de l'intime espérance d'arracher des âmes à l'empire de Satan pour les soumettre à celui de Jésus-Christ Notre Seigneur, et de l'*épée spirituelle*, qui est la parole de Dieu pour la conversion du monde, il alla, plein de défiance de lui-même et attendant tout de la grâce, faire part aux autres des trésors célestes qu'il avait amassés dans le cloître, et faire fructifier les talents que Dieu lui avait confiés. Comme il avait pris la vérité pour ceinture de ses reins et la justice pour cuirasse, il était invulnérable à la corruption païenne et aux sophismes de l'hérésie. D'ailleurs, il s'était mis aux pieds la chaussure des apôtres, et à la bouche la doctrine des docteurs pour l'extension de l'Évangile de paix. Ainsi préparé et fidèle à appeler la bénédiction divine sur son ministère, le missionnaire prêcha avec succès aux païens l'inanité de leurs idoles et aux hérétiques la fausseté de leurs nouvelles doctrines. Ses discours étaient confirmés et rendus plus efficaces par les nombreux miracles que le ciel multipliait entre ses mains. A sa prière, la vue était rendue aux aveugles, l'ouïe aux sourds, les boiteux marchaient, les faibles étaient fortifiés, les démoniaques délivrés, les lépreux guéris ; en un mot, tous les infirmes recouvraient la force et la santé. Aussi vit-on bientôt la face de ces régions renouvelée. Les peuples, attirés par sa sainteté et par les prodiges qu'il opérait, accouraient à lui et se convertissaient : les uns abandonnant leur idolâtrie, les autres déposant leurs erreurs, et il les réunissait tous dans le bercail de la sainte Église, épouse féconde de Notre Seigneur Jésus-Christ. Les idoles étaient détruites, leurs temples renversés par les mêmes hommes qui les avaient édifiés, tandis que, à leur place et en différents autres lieux, des sanctuaires s'élevaient et se dédiaient au culte catholique. Les familles entières des principaux habitants et des gens du peuple recevaient le divin sacrement de la régénération. Transporté d'une sainte joie à la vue de cette nouvelle et nombreuse église que le Saint-Esprit engendrait par ses mains, il adressa à Dieu ces touchantes paroles : « Je vous rends grâce, ô Seigneur Jésus, parce que vous avez daigné, par la vertu de votre saint Nom et dans votre miséricorde, éclairer ce peuple qui depuis longtemps s'égarait loin de vous, et le faire parvenir à votre salutaire connaissance ; il avait jusqu'ici, malheureux et ignorant, erré dans les ténébreuses régions de la mort, et voici que la lumière de votre justice brille sur lui et que déjà votre paix, avant-goût de celle de l'éternité, règne également sur lui. »

Encouragé par ces premiers succès et poussé par l'Esprit de Dieu, l'apôtre se mit à parcourir tout le pays habité par les Bretons le long des côtes occidentales de la Grande-Bretagne, depuis l'Écosse jusqu'à la Cornouaille (1), où il séjourna quelque temps, opérant partout de nombreuses conversions et rétablissant la dévotion et la piété parmi ses

---

(1) Albert de Morlaix borne à la Cornouaille seule sa mission en Grande-Bretagne.

compatriotes. On peut bien présumer, malgré le silence de l'histoire, que son apostolat ne dut point négliger les Anglo-Saxons, les Pictes et les Scots encore païens qu'il rencontra.

La réputation de l'ouvrier évangélique se répandit au loin et même jusqu'en Irlande. Une jeune abbesse et une grande sainte de ce pays en fut frappée et conçut le pieux désir de renouer avec lui les relations qu'ils avaient eues ensemble lors de son premier voyage en Irlande. C'était sainte Brigide, qui, ayant reçu le voile de saint Mel, neveu et disciple de saint Patrice, fonda plusieurs monastères pour les personnes de son sexe. A cette époque, elle se trouvait non loin de Kildare (1), sa première fondation en la province de Leinster, dans une île sur les côtes de l'Irlande, à la tête d'une nombreuse communauté. Elle lui envoya un messager pour la recommander à ses prières et lui demander un objet bénit de sa main, afin que, possédant ce souvenir d'un saint, la communauté, à son exemple, s'excitât avec ferveur à la pratique des vertus religieuses. Connaissant sa pureté d'intention, il se rendit à ses vœux, en lui faisant parvenir par le même messager, pour servir à donner à la communauté le signal des exercices, une petite

---

(1) Kildare, qui signifie en langue celtique *maison du chêne*, est aujourd'hui le nom d'un comté dans la province de Leinster. Sainte Brigide, d'après Mabillon et les Bollandistes, mourut vers l'an 522, c'est-à-dire avant la 30e année de notre Saint.

clochette que, de ses propres mains, il avait fondue, moulée et bénite. Ce don fut reçu avec une joie bien sensible et gardé en grande vénération.

La légende (1), dans la vie manuscrite conservée par le P. Frédéric Flovet, a un peu poétisé ce fait. Elle nous montre debout sur le rivage l'abbesse et ses religieuses, les regards tournés vers le pays de Galles, lorsque apparut devant elles, miraculeusement portée par les flots et sonnant un joyeux carillon, la clochette que le saint homme, sur la rive opposée, avait lui-même confiée à la mer.

Amméric, roi alors d'une partie seulement et plus tard de toute l'Irlande (2), ayant aussi entendu parler de sa sainteté, de son zèle apostolique et des grands fruits que produisaient ses prédications, l'envoya supplier de vouloir bien venir exercer le ministère de la parole dans son royaume et ramener son peuple, qui commençait à abandonner la religion prêchée par saint Patrice et ses disciples, à revenir à l'idolâtrie, à la barbarie et à la corruption, promettant de le favoriser de tout son pouvoir et

---

(1) Bollandistes, Janvier, t. II, page 956, n° 36 ; le manuscrit de la bibliothèque impériale.

(2) Le moine anonyme de Rhuys, dit Amméric, roi de toute l'Hibernie ; mais, selon Ussérius, il fut seulement roi ou chef d'un petit État jusque vers 560, époque à laquelle notre saint, trop avancé en âge, ne fit certes pas le voyage d'Irlande. Les Bollandistes le font aussi roi ou chef d'un petit État et expliquent ainsi la corruption, etc., que, à cause de saint Patrice et ses disciples, on ne peut faire régner sur toute l'Irlande.

d'obtempérer à tous ses ordres pour la restauration de la discipline ecclésiastique et de la hiérarchie sacrée. Toujours désireux de faire le bien et de gagner des âmes à Jésus-Christ, saint Gildas repassa aussitôt en Irlande.

Le roi l'accueillit avec distinction, et l'apôtre se mit courageusement à l'œuvre. Mais l'esprit du mal, voyant avec déplaisir le bien qui s'opérait et prévoyant la ruine imminente de son empire en ces lieux, réussit à entraver la mission. Il souffla au cœur de la reine une folle passion pour le saint à cause de sa remarquable beauté. Comme la femme de Putiphar, elle pratiqua toutes sortes de manœuvres pour obtenir la réalisation de ses désirs coupables et assouvir sa passion; mais le nouveau Joseph sut éviter ses piéges et résister à ses sollicitations. Exaspérée par ces échecs, elle l'accusa publiquement d'avoir voulu attenter à sa vertu. Les suppôts du diable, que ses prédications gênaient, saisirent l'occasion pour le ruiner dans l'estime du peuple et exciter contre lui la vengeance royale. La manœuvre réussit trop bien; car, sans autre forme de procès, le roi le condamna à être brûlé vif. Mais Dieu, qui avait d'autres desseins sur lui, le fit sortir sain et sauf du brasier ardent où il fut jeté, et prouva ainsi, par un éclatant miracle, l'innocence de son serviteur. L'admiration des bons fut grande; cependant, comme il arrive souvent, ses calomniateurs ne devinrent que plus acharnés contre lui et ne purent lui pardonner de n'avoir pas, en succombant, justifié leurs criminelles démarches et leurs perfides accusations (1).

Quant à lui, pour éviter de nouvelles persécutions, épargner aux fidèles de nouveaux scandales, et sachant les fruits de son ministère compromis, il résolut de secouer la poussière de ses pieds et de quitter ce pays; mais il y laissa une grande réputation de sainteté qui disposa les esprits pour le retour que Dieu lui ménageait sur cette terre.

## CHAPITRE V.

### Son pèlerinage à Rome.

A cette époque reculée et malgré les obstacles dont nous n'avons plus l'idée, les moines bretons avaient une passion pour les lointains voyages, surtout pour les pèlerinages de Rome et de Jéru-

---

(1) Ce fait est rapporté ainsi dans l'ancien office rimé du Saint et dans la prose qui se chantait à sa fête avant l'évangile et après les vêpres :

| Regina perfida | Cogitans scelere |
| Fuit cupida | Justum fallere. |

*(Hymne des 1res Vêpres.)*

| Lætus fuit vir venustus, | Exit rogum servus Dei |
| Cum ardentem incombustus | Propter causam pravæ rei. |

*(R. bref aux 1res Vêpres.)*

| Non combussit rogo tractum | Confessorem tam beatum |
| Propter reginæ reatum | Regis violentia. |

*(Prose.)*

salem ... ... peut-être un des points par lesquels les ... modernes leur ressemblent le plus. ... ombeaux des saints apôtres Pie... ... aints lieux se retrouve dans les ... tous les saints de la Cambrie, ... qu'un jeu pour eux. Sans ... se rendirent à Rome ou à Jérusalem ... rn, qui, moine d'abord, fut ensuite ... aire chez les Pictes et les Scot... ... ois de suite à Rome (1).

En quittant l'Irlande, saint Gildas, dans sa vingt-neuvième année, passa par la Grande-Bretagne (2) pour visiter ses parents et ses amis avant d'entreprendre le long pèlerinage de Rome qu'il avait déjà projeté (3), afin, disait-il, de solliciter du Seigneur, par les mérites des bienheureux apôtres Pierre et Paul, la rémission de ses péchés, la persévérance dans le service de Dieu et le bonheur de mériter la grâce d'être réuni un jour à la société des saints dans la céleste patrie. Ses biographes se taisent sur les difficultés du voyage, pour le mon-

---

(1) De Montal., *Moines d'Occident*, III, 43 et 44. — Bollandistes, t. 1er de Janvier.

(2) Alban Butler, *vie de saint Cadoc*, dit qu'il s'arrêta quelque temps au monastère de Lancarvan avec saint Cado, qui vivait encore, et qu'il y professa avant son départ pour la ville éternelle.

(3) Ce voyage est aussi mentionné par Mabillon et l'office de saint Gildas au propre du diocèse de Vannes, 3e leçon du 2e nocturne. Il est raconté dans la vie manuscrite conservée par le P. Flovet, au t. II de Janv. des Boll.

trer à Rome sortant, dès la pointe du jour, de la Basilique de Saint-Pierre, où il avait assisté aux offices de la nuit, et s'en allant seul, à son habitude, visiter les autres églises et implorer les suffrages des saints martyrs, patrons de ces oratoires, lorsqu'un hydropique, énormément enflé et souffrant beaucoup, se présente devant lui et demande l'aumône. « Mon pauvre ami, lui dit le saint, je n'ai entre les mains aucun argent à vous donner ; mais au nom de Notre Seigneur Jésus-Christ, et par les mérites des bienheureux apôtres, soyez guéri de cette infirmité, et si quelqu'un vous interroge sur l'auteur de votre guérison, dites que c'est le Seigneur Jésus qui, par les mérites de ses apôtres, a fait éclater sa miséricorde sur vous. » Sur le champ délivré de son hydropisie, le malade entre dans Saint-Pierre, louant et bénissant Dieu, tandis que, en silence, le voyageur continuait son chemin.

La légende ajoute comment, pendant son séjour dans la ville des Papes, il délivra les Romains d'un énorme dragon ou serpent, qui, retiré dans une caverne de la roche tarpéïenne, jetait la terreur parmi les habitants et en avait déjà, par son souffle pestilentiel, fait périr plusieurs. De grand matin et en secret, il quitte l'hôtellerie, gravit la montagne, portant un bâton à la main, s'adresse à Dieu dans une prière fervente, se présente, intrépide et sans peur, à l'entrée de la caverne, et, voyant le monstre, après avoir encore invoqué le nom tout puissant de Jésus, il lui dit, en le touchant du bout de son bâton : « Au nom de Notre

Seigneur Jésus-Christ, je te commande d'expirer à l'instant, afin de ne plus répandre la mort parmi ce peuple fidèle. » Se tordant aussitôt sur la terre, le dragon cessa de vivre, et les Romains furent délivrés d'une grande plaie.

A son départ de Rome, le pèlerin voulut passer par Ravenne, afin de se mettre aussi sous la protection du martyr saint Apollinaire, disciple de saint Pierre, premier évêque de cette ville, et dont les glorieuses reliques étaient alors conservées et vénérées au faubourg de Classe (1). Or, comme il arrivait aux portes de la cité, il rencontra un pauvre homme, tout à la fois aveugle et muet, qu'on conduisait par la main, et qui avec un petit marteau faisait résonner une planche pour attirer l'attention des passants et exciter leur pitié. Ému de compassion en le voyant, il se mit à pleurer, puis, s'étant fait apporter de l'eau, il la bénit et la répandit sur le visage de l'aveugle, qui aussitôt, par la bonté de Dieu, recouvra la vue. Enfin, ayant également pris et bénit du sel, il l'introduisit dans la bouche du muet, qui à l'instant se mit à parler, à rendre grâce à Dieu et à exalter le Saint.

Après avoir quitté Ravenne, il fut sur le point de tomber entre les mains d'une troupe de trois voleurs, dont les uns voulaient le tuer et les autres lui faire grâce de la vie, et, à cause de sa remarquable beauté, le garder parmi eux. Mais lui, les

---

(1) Alban Butler, vies des Saints, 23 juillet. Selon lui, saint Apollinaire n'est pas martyr, mais confesseur de la foi; d'anciens actes lui donnent cependant la palme du martyre.

voyant approcher, il eut recours à la puissance divine, il invoqua, selon son habitude, le saint Nom de Jésus, et, tout-à-coup, par la vertu de Dieu, les pieds de ces malfaiteurs se fixèrent au sol, et eux-mêmes restèrent là debout comme pétrifiés et sans mouvement aucun, tandis que, continuant en paix son chemin, le Saint s'éloignait d'eux. Parvenu à une certaine distance, il se retourna et de la main leur fit un signe pour leur rendre la liberté. Ainsi délivrés, ils prirent la fuite au lieu de le poursuivre et cessèrent d'exercer leurs déprédations dans cette contrée (1).

## CHAPITRE VI.

### Son arrivée en Armorique.

Par une inspiration du ciel, avant de regagner la Grande-Bretagne, notre Saint voulut visiter ses compatriotes et plusieurs de ses condisciples qui étaient venus se réfugier dans les Gaules et sur les côtes de l'Armorique. Ils le reçurent avec une joie bien vive et de grands honneurs. Ses goûts pour la solitude, l'esprit de Dieu qui se révéla à lui et la bonté du Seigneur qui voulait faire éclater sa miséricorde sur nos pères, le déterminèrent à

(1) Albert de Morlaix raconte un fait analogue; mais il le place plus tard et en Armorique, pendant le séjour de saint Gildas sur le Blavet.

rester dans ce pays. Les religieux de cette époque avaient la faculté de passer spontanément d'un monastère dans un autre et de la vie cénobitique à la vie érémitique; c'était reçu, et de cette conduite nous avons de nombreux exemples dans les vies des saints.

Pour se livrer exclusivement à la prière, à la contemplation et à l'étude de l'Écriture sainte, qu'il ne cessa jamais de méditer, et pour fuir les honneurs dont le comblaient ses compatriotes, il se retira à Houat, île sauvage et déserte (1), située à trois lieues en mer, entre Belle-île et la presqu'île de Rhuys. Il avait établi son ermitage dans le petit vallon nommé *Len-er-Hoêd* (l'étang du bois), et y fit plus tard élever une petite chapelle (2). Là, dans une grotte, seul avec Dieu seul, priant et se mortifiant, il pensait vivre ignoré et mourir, lorsque la divine Providence, qui ne voulait pas laisser cette brillante lumière sous le boisseau, mais la placer et la faire resplendir sur le candélabre, permit qu'il fût découvert par des pêcheurs stupéfaits de rencontrer un si grand saint vivant dans une caverne et au milieu de toutes sortes de privations (3).

---

(1) C'est l'opinion des Bollandistes, de Baillet, de M. le comte Amédée de Francheville, au dictionnaire d'Ogée; la même chose est affirmée par le cantique breton et la légende du saint au propre du diocèse de Vannes; tandis que d'autres autorités, parmi lesquelles, Dom Lobineau, Tresvaux et Le Crom, lui donnent des habitants.

(2) Brochure sur Houat et Hœdic, par M. l'abbé Delalande. Selon d'autres, ce fut au *Port-Haliguen*.

(3) Cantique breton de saint Gildas et sa légende au propre de Vannes.

Les pays voisins surent bientôt le lieu de sa retraite, et on accourait en foule pour le visiter et apprendre de sa bouche le chemin du salut. Ravis par ses discours et l'exemple de ses vertus, plusieurs s'attachèrent à lui, et la petite île de Houat devint le rendez-vous d'un si grand nombre de disciples, que ses faibles ressources étant loin de suffire à leurs besoins, il fallut songer à s'établir ailleurs. Ce fut alors que notre Saint, se transportant dans la presqu'île de Rhuys, s'y fixa avec sa communauté naissante et jeta les premiers fondements de la célèbre abbaye qui, aujourd'hui encore, porte son nom et dont la suite de ce petit ouvrage donne une histoire abrégée. Saint Gildas avait alors trente ans (3).

---

(3) Le moine anonyme de Rhuys le dit formellement ; cependant plusieurs auteurs affirment que c'était en 520. Ce sont ceux qui fixent sa naissance à l'an 490. Selon le moine de Rhuys, il vint en Armorique l'an 523, non comme il le dit, sous le règne de Chilpéric, mort en 481, mais sous celui de Childebert (512-558). Dom Dachery note cette erreur du moine de Rhuys, en disant : Cum Gildas, jam mortuo Childerico, natus sit, hic calculus constare non potest.

## CHAPITRE VII.

### État de l'Armorique à son arrivée.

Lorsque César, environ un demi-siècle avant l'ère chrétienne, vint faire la conquête de notre pays, l'Armorique était divisée en six tribus indépendantes les unes des autres et formait une confédération reliée au reste des Gaules. Parmi ces tribus, celle des Vénètes tenait le premier rang, parce que, peuplée de bons marins et possédant un grand nombre de vaisseaux, elle étendait plus loin ses relations, faisait un commerce plus considérable et, par suite, avait une civilisation et une prospérité dont les autres étaient dépourvues. Comme s'ils eussent été les rois de la mer, les Vénètes avaient soumis à un tribut presque tous ceux qui naviguaient sur leurs côtes, et donné à leur capitale, dont l'emplacement est contesté, le nom de *Dariorig*, c'est-à-dire maîtresse de la mer. Après la conquête des Gaules par les légions de l'empire, ils durent, avec les autres peuples de leur confédération, se soumettre eux-mêmes à la domination romaine. Mais, par une imprudente révolte, ils s'attirèrent bientôt sur les bras César irrité, et virent, en un seul jour, vers l'an 56 avant Jésus-Christ, ruiner par Decimus Brutus, commandant de la flotte romaine, entre la pointe de Quibéron et la presqu'île de Rhuys, à la pointe Saint-

Jacques, leur propre flotte puissante de 220 navires, parfaitement armés et équipés, ainsi que leur superbe capitale, dont le sénat et les habitants furent massacrés, réduits en esclavage et vendus à l'ancan (1). Pour prévenir de nouveaux soulèvements, de nombreuses légions restèrent cantonées sur leur territoire. A cette longue et onéreuse occupation d'environ 400 ans, le pays doit les voies romaines, les camps et les villa, dont les ruines se retrouvent encore en un grand nombre de lieux (2).

---

(1) Pendant l'action, César, avec une petite armée de terre, était campé sur la presqu'île de Rhuys et sur les côtes de Saint-Gildas, pour voir tout à la fois la flotte des Venètes en grande partie dans le Morbihan et la sienne sortant de l'embouchure de la Loire et longeant le littoral de Rhuys à la recherche de l'ennemi. Après avoir assiégé pendant une grande partie de l'été et pris les oppida des Venètes sur ce rivage depuis Pénerf jusqu'à Port-Navalo, ne pouvant plus rien faire, il dut attendre l'arrivée de sa flotte. D'ailleurs, seule, cette position lui permettait de concerter les mouvements de ses troupes de terre avec ceux de sa flotte et de ravitailler celles-là par celle-ci qui portait les vivres. Ce combat, si désastreux pour les Venètes, dura depuis la quatrième heure du jour, c'est-à-dire dix heures du matin, jusqu'au coucher du soleil.

On sait que les navires des Venètes avaient des voiles en peaux et des cables de fer pour les ancres; ils ne marchaient qu'à la voile et étaient dépourvus de rameurs. En les abordant, les Romains, avec de longues gaffes armées de crochets tranchants, coupaient les cordages, abattaient les voiles et les rendaient immobiles. Or, pendant le combat, l'abordage fut facile aux Romains, car le vent qui soufflait le matin se calma tout à fait dans le courant de la journée.

(2) Cayot-Délandre, *le Morbihan, son histoire et ses monuments*, page 9. — Alban Butler, *vies des Saints*,

Pendant cette domination, le druidisme, religion des Celtes, chassé par Auguste des cités romaines ainsi que des colonies de l'empire dans les Gaules et violemment persécuté par Tibère et Claude II, se réfugia dans les forêts du nord et de l'ouest, surtout dans l'Armorique, son foyer principal (1). Aussi les monuments de cette religion sont-ils encore très nombreux sur notre sol. La presqu'île de Rhuys en possède plusieurs : tels sont le *tumulus* de Tumiac, dans lequel des fouilles récentes ont fait découvrir une grotte sépulcrale, des ossements pulvérisés, des colliers en jaspe et des celtæ; les *dolmens* de Brillac, de Clos-Rodus, près du Riellec, et le *men-hiol* (pierre du soleil) de Kblay en Saint-Jacques; les *menhirs* du Net, de Pencastel, de Kver, de Kguet, entre le Palais et le Cohporh, et le *Guéguen-amonen* (la moche de beurre) au-delà du Net ; les *Grottes-aux-Fées* de Clos-Rodus, de Clos-er-bé, près du Net, du *Petit-Mont*, etc. A la place du druidisme, qu'il écartait, l'histoire nous le montre, l'empire s'efforçait d'établir le polythéisme romain qui, en Armorique, ne fut jamais prédominant que dans les cités.

---

édition de l'abbé Tresvaux, *vie de saint Gildas*.— De Bussy, *Histoire de la Bretagne Armorique*. — César, *Commentaires : de bello gallico*, lib. III. 12-16. — M. A. Lallemand, *Campagnes de César*, page 45. — Napoléon III, *Histoire de César*, t. II, p. 121-129.

(1) Pline, *Hist. nat.*, XXXI, 1.— Suétone.— A. Gabourd, *Histoire de France.*

Le christianisme vint de bonne heure forcer ce paganisme dans son dernier retranchement. Saint Clair, premier évêque de Nantes, et le diacre Adéodat, envoyés ensemble de Rome, prêchèrent la foi aux Venètes, à la fin du Ier ou au commencement du IIe siècle. Ce saint Pontife mourut à Réguiny, paroisse aujourd'hui du canton de Rohan, dans le diocèse de Vannes, et où une chapelle, non loin de l'église paroissiale, lui est dédiée et renferme son tombeau vide maintenant, les reliques, moins la tête, ayant été transportées à Nantes (1).

La jeune église des Venètes, avant d'être érigée en diocèse, fut, jusqu'au milieu du Ve siècle, d'abord abandonnée à elle-même, puis soumise à la juridiction de l'évêque de Nantes (2). Durant cet intervalle, elle eut à lutter simultanément contre le druidisme qui, resté presque tout puissant en Armorique, lui fit une formidable opposition, et contre le polythéisme romain, qui la menaçait de la noyer dans son sang; mais elle ne périt pas.

---

(1) Les dates du 10 octobre 96 et de 386, assignées par Albert-le-Grand, de Morlaix, à la mort de saint Clair et à la translation de ses reliques à Nantes, ne sont pas très certaines. La chapelle de Réguiny ne possède plus que le crâne de saint Clair; dans son voisinage, on montre une fontaine portant le nom du saint et la maison appelée *Kerbelec* (village du prêtre) sur l'emplacement, dit-on, de celle qu'il aurait lui-même habitée (M. l'abbé Le Mené, *Histoire du diocèse de Vannes*, dans la *Semaine Religieuse*, première année, page 199.)

(2) Saint Clair n'eut de successeur sur le siége de Nantes qu'au IIIe siècle.

Un concile réuni à Vannes, en 465, y érigea un siége épiscopal et lui donna saint Patern pour premier évêque.

Dès 409, comme les Bretons insulaires et les Gaulois, les Armoricains s'affranchirent de la servitude romaine et conservèrent presque toujours leur indépendance jusqu'en 497 ou 498, époque à laquelle, parce qu'ils étaient chrétiens, ils firent alliance avec les Francs de Clovis, nouvellement convertis et dont les armes n'avaient pu les soumettre (1). Cependant, parmi eux, le paganisme l'emportait encore au commencement du vi<sup>e</sup> siècle, au témoignage de l'auteur (2) qui, à la fin de ce même siècle, écrivit la vie de saint Melaine, évêque de Rennes et originaire du village de Platz, en la paroisse de Brains, sur la Vilaine, dans le diocèse de Vannes, jusqu'au concordat de 1801.

Pour se donner toute entière à Jésus-Christ, l'Armorique attendait des ouvriers évangéliques. Ils lui vinrent d'outre-mer. Vers le milieu du v<sup>e</sup> siècle, attaqués au nord par les Pictes et les Scots, à l'est et au midi par les Saxons, écrasés et obligés de se retirer, comme il a été dit, dans les régions montagneuses de la Cambrie, au pays de Galles et dans la Cornouaille insulaire, les Bretons,

---

(1) Procope, *de bello gothico*, lib. I, cap. 12, dit formellement qu'alors les Armoricains étaient chrétiens et que és Francs ne purent les soumettre par les armes.

(2) *Erant enim tunc temporis Venetenses pene omnes gentiles.* Cette réflexion de l'auteur de sa vie est provoquée par le reproche adressé par saint Melaine aux Venètes de refuser la foi. (Bollandistes, janv. t. 1, page 331.)

en 446, jettent, éperdus et désolés par un demi-siècle de ravage, ce cri de désespoir et de détresse : « *Les barbares nous repoussent jusqu'à la mer; la mer nous rejette vers les barbares ; nous n'avons plus que le choix d'être égorgés ou noyés* (1). » Ce fut alors que commença cette migration qui dura environ un siècle et jeta dans notre Armorique de nombreuses colonies bretonnes. Trop resserrés et à l'étroit sur le petit coin de terre où les avaient refoulés leurs ennemis, les infortunés Bretons durent s'expatrier. Les uns gagnèrent la terre voisine de l'Irlande, et les autres comme un essaim composé d'une armée de moines servant de guide à une population entière, se jetant dans des barques de peaux cousues ensemble et chantant, au rapport de saint Gildas et du vénérable Bède (2), sous leurs voiles déployées, ces lamentations du psalmiste : « *O Dieu ! vous nous avez livrés à nos ennemis comme des brebis qu'on mène à la boucherie, et vous nous avez dispersés parmi les nations* (3), » vinrent chercher un asile dans l'Armorique et s'y faire une patrie, au milieu

---

(1) « Repellunt nos barbari ad mare ; repellit nos mare ad barbaros ; inter hæc oriuntur duo genera funerum : aut jugulamur, aut mergimur. » (Saint Gildas, *liber querulus*, part. I, cap. 17 de Epistolis.)

(2) « Alii transmarinas petebant regiones cum ululatu magno seu celeusmatis voce, hoc modo sub velorum sinibus cantantes : dedisti nos tamquam oves escarum, et in gentibus dispersisti nos, Deus. » (Saint Gildas, id. cap. 25). Bède, *Hist. eccl.* lib. I, cap. 16.

(3) Psaume XLIII, v. 12.

de peuples ayant la même origine et parlant la même langue (1). D'abord ces Bretons ne se mêlèrent ni aux Francs, ni aux Armoricains; ils formèrent des colonies distinctes, comme on le voit par le premier concile de Tours, auquel souscrivit, en 461, Mansuet, avec le titre d'évêque des Bretons; par les écrits de Procope et de Sidoine Apollinaire, qui parlent des Bretons descendus en Armorique et établis sur la Loire (2) ; par l'armée de 12,000 hommes que, vers 470, Riothime, chef des Bretons en Armorique, conduisit, dans le Berry, au secours de l'empereur romain Anthème (3). Après l'union et la soumission des Armoricains aux Francs de Clovis, aux Bretons qui débarquaient sur nos côtes, ces derniers, selon Procope (4) et la lettre du concile de Tours (5), en 849, à Nominoé, en les accueillant, concédaient des terres limitées.

Cependant, les moines qui les accompagnaient entreprirent de payer, par le don de la vraie foi, l'hospitalité qu'ils avaient reçue, et ils y réussirent.

---

(1) De Montalembert, *Moines d'Occident*, t. II, p. 299, t. III, p. 43.

(2) Procope, *de bello gothico*, lib. IV. cap. 20. — Sidoine, lib. I, Ep. 7, p. 16 et Ep. 9, p. 73 et 74

(3) Jornandès, *reb. goth* cap. 45.— Sidoine, loc. cit. — Tillemont, *Histoire des empereurs*, t. VI, p 353.— Le Beau, *Histoire du Bas-Empire*, t. VIII, p. 45. — D'autres auteurs le font roi en Grande-Bretagne, v. Lingard, *Histoire d'Anglet.*, t. I, p. 115.

(4) *De Bello gothico*, loc. cit.

(5) D. Bouquet, *Recueil des hist. de France*, t. VI, p. 38.

Ils imposèrent leur nom (1) et leur culte à leur nouvelle patrie. Parlant le dialecte commun à toutes les races celtiques, ils prêchèrent le christianisme et implantèrent dans notre pays, malgré la résistance acharnée des Druides, cette foi qui y est toujours restée si solidement enracinée. Treize siècles plus tard, un religieux de notre Bretagne (2), apostrophant saint Corentin, un de ces moines, lui proteste avec une fierté légitime, qu'aucune espèce d'infidélité n'avait encore souillé la langue dont il s'était servi pour prêcher Jésus-Christ, et qu'il était à naître celui qui aurait vu *Breton bretonnant* prêcher une autre religion que la catholique.

Pendant plusieurs siècles, ces moines tinrent lieu de tout autre clergé et exercèrent, dès le début, sur l'âme et sur l'imagination du peuple armoricain, cet empire du prêtre qui dure encore. Sur les principaux points du territoire, du littoral

---

(1) L'Armorique ne dut prendre le nom de Bretagne que durant le cours du vɪᵉ siècle, car Procope, lors de leur alliance avec les Francs, appelle encore ses habitants *armoricains*, ainsi que Constantin, qui, en 483, écrivit la vie de saint Germain d'Auxerre. Cependant Manet, citant d'Argentré, p. 12, affirme, au t. ɪɪ. p. 49 de son *Histoire de la petite Bretagne*, que l'Armorique, appelée Bretagne plusieurs siècles avant l'ère chrétienne, reprit vers 387 son premier nom, qui ne devint général que sur la fin du vɪᵉ siècle

(2) Le Père Maunoir, jésuite. *Épître au glorieux saint Corentin*. La cause de la béatification du vénérable Père Maunoir, missionnaire en Bretagne et mort parmi nous, le 23 janvier 1683, vient d'être introduite en cour de Rome.

surtout, ils établirent de nombreux monastères, qui se transformèrent bientôt en évêchés ; tels furent Dol, fondé par saint Samson ; Léon, par saint Paul ; Tréguier, par saint Tugdual ; Quimper, par saint Corentin ; Saint-Malo et Saint-Brieuc, par les saints du même nom. Les diocèses de Vannes, de Rennes et de Nantes ne durent pas leur origine à des monastères d'émigrés bretons (1).

Lorsque saint Gildas se fixa dans notre contrée, le siége de Vannes, érigé au siècle précédent, avait probablement pour évêque, Modeste qui, en 511, souscrivit au concile d'Orléans. Il trouva établis sur les côtes du territoire Vannetais, des compatriotes tellement nombreux qu'ils dominaient les indigènes (2) et avaient formé, entre Vannes et l'Ellé, un petit état gouverné alors, avec le titre de comte, duc ou roi, par Waroch, Érech ou Guérech, son premier chef, lequel donna son nom

---

(1) De Montalembert, *Moines d'Occident*, t. II, p. 314.

(2) Eginhard dit, dans ses annales, que, à l'établissement des Saxons dans la Grande-Bretagne, le littoral vénète reçut de nombreux fugitifs, conduits par leurs princes. Un poëte-historien du IXe siècle ajoute que, peu nombreux d'abord, ils finirent bientôt par couvrir tout le pays : « *Gens magis atque magis crescit et arva replet.* »

L'historien Le Beau parle d'une population de *Sussiniens* qui très-anciennement habitaient « devers midi et jouxte la mer, en un anglet faisant presque une île, laquelle on nomme Rhuys. » Cette assertion offre une nouvelle étymologie du nom de *Sussinio* donné au château ducal et prouve que, au XVe siècle, on croyait, sur la tradition, que la population du pagus de Rhuys différait de celles des autres contrées de Broguérech.

au pays qui dépendait de lui, nom qui, au IXe siècle, avec ce petit État lui-même, s'étendit à tout le territoire de l'ancienne Vénétie (1). Par lui-même et par ses disciples, notre Saint coopéra beaucoup à la conversion des Armoricains encore attachés au paganisme sur le territoire de Vannes.

## CHAPITRE VIII.

#### Fondation de l'abbaye de Rhuys (2).

Au VIe siècle et longtemps après, la presqu'île de Rhuys, dont le nom celtique *Rhoé-is*, dérivé de *Rhoé-inis*, signifie île royale, était couverte d'une

---

(1) M. l'abbé Le Mené, *Histoire du diocèse de Vannes*, p. 583 de la *Sem. relig.* — La Borderie, *Annuaire de 1862*, page 19.

(2) *Fondation et non restauration*, comme le dit Albert-le-Grand, de Morlaix, dans ses *vies des Saints*, en s'appuyant sur le titre de 399, souvent produit cependant par les religieux de Saint-Gildas et qui n'est pas moins un tissu de faussetés et de contradictions ; pour se baser sur ce titre, il faudrait, sans parler d'un premier Gildas qu'on suppose avoir été vice-chancelier d'un roi fictif de l'Armorique au IVe siècle, admettre 1° la fondation d'une abbaye bénédictine près d'un siècle avant la naissance de saint Benoit, en 380 ; 2° un roi de l'Armorique, lorsque notre pays subissait encore le joug de la servitude romaine, et un roi du nom de Grallon, qui ne vécut qu'au VIe siècle et ne fut que comte de Cornouaille ; 3° un Judicaël, évêque de Vannes, près d'un siècle avant l'érection de ce siége, en 465.

vaste forêt (1). Guérech, comte ou chef du pays Vannetais, y possédait un ancien fort *(castrum)* (2) sur le bord de l'Océan. Il en fit don à saint Gildas, lorsque celui-ci, obligé de quitter l'île de Houat, voulut s'établir sur le continent. Malgré sa situation d'un aspect un peu sauvage, ce domaine, qui était assez vaste et dans une des meilleures et plus fertiles terres de l'Armorique, avait ses charmes et ses agréments. Le saint homme, insensible au reste, n'y vit que la solitude et l'étendue dont il avait besoin pour sa communauté. Avec les pieuses libéralités de Guérech et de ses compatriotes, il convertit le *castrum* en monastère, y faisant de nombreuses cellules et y ajoutant des cloîtres.

Ainsi établi, sa grande réputation de vertu et de doctrine lui attira de nouveaux disciples; ils y accouraient de toutes les contrées voisines et jusque de la Grande-Bretagne. Il eut la consolation de se voir bientôt à la tête d'un grand nombre de saints et excellents religieux. Pour y maintenir la ferveur primitive, il mit en vigueur la règle qu'il avait

---

(1) L'historien Le Beau prétend que, à cause de cela, *forêt* est le nom primitif de la presqu'île de Rhuys. Il est assez probable que, antérieurement à Guérech, cette presqu'île avait un nom différent de celui de Rhuys Peut-être est-ce à cette époque qu'elle prit ce nom, parce que, en tout ou en majeure partie, elle appartenait au comte ou roi de Vannes.

(2) C'était, sans doute, un fort ou un camp romain et de l'époque qui vit l'établissement de la voie romaine reliant Sarzeau à Port-Navalo ou plutôt le camp occupé par César lui-même. C'est donc à tort qu'on a souvent traduit ici *castrum* par château.

pratiquée lui-même sous saint Iltut, et y ajouta des règlements marqués au coin d'une haute sagesse et d'une éminente piété. Cette règle pratiquée dans les monastères de la Grande-Bretagne, de l'Irlande et dans tous ceux de l'Armorique fondés par des émigrés bretons, n'était autre que celle des moines d'Orient, légèrement modifiée et à peu près telle que la formula saint Colomban pour Luxeuil et ses colonies (1). Avec cette règle, on avait aussi admis les usages de la vie monastique en Orient : un habit particulier, une tonsure différente de celle du clergé romain, la célébration de la fête de Pâques à une autre date, le travail des mains et l'abstinence. La forme du costume, composé ordinairement de peaux de chèvres (2), s'éloignait beaucoup de celui des autres religieux d'Occident. La tonsure, au lieu d'être une couronne, dénudait le devant de la tête et avait la

---

(1) Selon M. de Montalembert, *Moines d'Occident*, t. II, p. 522 ; Alban Butler, *vies des principaux Saints*, édit. de Tresvaux ; *vies de saint Gildas et de saint Guénolé*, abbé de Landevennec ; Manet, *Histoire de la petite Bretagne*, t. II, p. 171, la règle de saint Colomban a pour base celle des moines d'Orient pratiquée en Grande-Bretagne et en Irlande, et cette règle était en vigueur à Landevennec quand Louis-le-Débonnaire y fit substituer celle de saint Benoît. On conjecture de là qu'elle était également suivie dans les monastères de l'Armorique fondés par des émigrés bretons, et, par conséquent, dans celui de Rhuys.

(2) On le croit, parce que ainsi était vêtu l'abbé Matmonoc, quand il se présenta à Louis-le-Débonnaire (Tresvaux, *vie de saint Guénolé*).

forme d'un demi-cercle à sa partie postérieure (1).
Pour la date des solennités pascales, les moines bretons, on ne sait pourquoi, avaient gardé, malgré la décision du concile de Nicée, en 325, l'usage de certaines églises d'Asie de célébrer la Pâque chrétienne le 14e jour de la lune qui suit l'équinoxe du printemps, lorsque ce jour est un dimanche. Ils ne tombèrent cependant pas dans le schisme des *Quartodécimants* ; car ils ne célébraient la Pâques le 14e jour de la lune précitée, ne coïncidaient avec les Juifs et ne s'éloignaient de l'église de Rome, que quand ce jour était un dimanche. Il en résultait néanmoins, au cas échéant, que, dans les localités qui n'avaient point, à leur suite, adopté cet usage, les moines chantaient *alleluia* pendant que les fidèles, suivant l'Eglise romaine, se livraient encore à la tristesse du jeûne quadragésimal. L'assemblée du clergé breton au monastère de Saint-Hilde fit cesser cet usage, en 664 (2). Tous ces moines, appliqués alternativement aux travaux manuels, à la prière et à l'étude, vivaient

---

(1) La tonsure ronde portait le nom de *tonsure de saint Pierre*, tandis que celle des moines bretons se nommait, par dérision, *tonsure de Simon le magicien*. Il y en avait une troisième dite *tonsure de saint Paul*, laquelle consistait à se raser toute la tête. Selon Bède, la question de la tonsure fut agitée, mais non résolue, à l'assemblée du clergé breton, en 664, au monastère de Saint-Hilde, au lieu nommé aujourd'hui Whitby. Plus tard elle fut l'occasion de vives discussions entre les bénédictins et les moines Écossais. (Alban Butler et Manet, t. II, p. 171.)

(2) M. de Montalembert, *Moines d'Occident*, t. III, p. 401. Alban Butler, *vie de saint Wilfrid*, 12 octobre.

à la sueur de leur front et défrichaient de vastes étendues de terres incultes, donnant ainsi aux peuples, au milieu desquels ils s'établissaient, un exemple salutaire, et se procurant des ressources pour venir au secours de l'infortune (1).

A ces pratiques, ils ajoutaient le chant de nombreux psaumes, le jour et la nuit, de grandes privations dans leur nourriture, des jeûnes fréquents et prolongés. Une légère mitigation était cependant admise, comme en Orient, pour le dimanche et le samedi, jours auxquels, le carême excepté, on ne jeûnait pas.

Tel était, à peu de chose près, le genre de vie imposé par saint Gildas à sa nouvelle communauté de Rhuys, et tel, sauf quelques petites et insignifiantes modifications, il s'observa, avec la grâce de Dieu et la bénédiction du saint législateur, pour la sanctification des âmes et la prospérité du monastère (2), jusqu'au commencement du ixe siècle, comme il sera dit plus loin.

Grâce à la bonne odeur de Jésus-Christ répandue par ces fervents religieux, grâce surtout aux pré-

---

(1) Dom Lobineau, *vies des Saints de Bretagne*, édit. de Tresvaux, *vie de saint Guénolé*, t. vi, p. 388.

(2) *Etenim benedictionem dabit legislator : ibunt de virtute in virtutem.* (Ps. 83, v. 8). Il est cependant fort douteux que saint Gildas ait admis pour son monastère de Rhuys tous les usages des moines bretons ; car, dans les canons qui lui sont attribués, il blâme les Bretons de s'éloigner des usages de Rome ; il blâme en particulier leur tonsure.

dications et aux nombreux miracles du saint abbé, toutes les populations voisines furent bientôt converties. De tout côté, on accourait au monastère, pour voir le saint de Dieu, lui demander ses conseils et sa bénédiction. En particulier, les malades, les lépreux y affluaient et s'en retournaient guéris, rendant gloire à Dieu et publiant la sainteté de son serviteur.

## CHAPITRE IX.

#### Sa navigation en compagnie de quatre démons (ann. 524).

Le monastère de Rhuys abritait déjà un bon nombre de religieux et avait une école florissante qui y concentrait la jeunesse du pays et des environs. L'ennemi de notre salut, voyant avec déplaisir les progrès spirituels de la nouvelle communauté, faisait tous ses efforts pour la troubler, en l'inquiétant par des spectres et des fantômes. Mais, comme il y perdait son temps et sa peine, tant était grande la vigilance du saint abbé à préserver les religieux contre ses embûches, il résolut de se défaire de lui, afin de perdre les autres et de détruire l'œuvre naissante. A cet effet, il lui dépêcha quatre démons accoutrés en moines et se disant religieux de saint Philibert, premier maître de notre Saint. Leur père, disaient-ils, venait de mourir, et ils étaient envoyés par leurs confrères pour prier le Saint de se rendre à ses funérailles qui devaient être différées jusqu'à son arrivée. En conséquence, ils le suppliaient de les accompagner jusqu'à la côte voisine pour monter à la hâte sur le navire qu'ils avaient amené. Avant de sortir de son couvent, il se rendit, selon sa coutume, à l'oratoire, pour y faire une prière ; il y apprit, par révélation d'en-haut, le piège qu'on lui tendait et à quels êtres il avait affaire. Néanmoins, après avoir désigné son remplaçant et fait ses adieux avec ses recommandations à ses disciples ; après avoir pris, à l'insu de ces faux moines, le livre des saints Évangiles écrit de sa main et l'avoir, avec la petite cassette qui le renfermait, caché sous ses habits, muni de son bréviaire, de son chapeau, de son manteau et de son bâton, il alla s'embarquer, comme s'il avait tout ignoré. On lève les ancres, les voiles sont tendues et bientôt le navire se trouve en pleine mer. Sur l'heure de prime, saint Gildas dit à ses compagnons : « Or ça, frères, que l'un de nous tienne le gouvernail et que les autres récitent les primes, et, pour nous en acquitter avec plus d'attention, baissons la vergue du grand mât. » Ils lui répondirent : « Si vous retardez tant soit peu notre voyage, vous n'arriverez pas à temps au monastère. » « N'importe, reprit le saint, ne manquons pas pour cela de rendre nos vœux au Seigneur. » Alors, un d'entre eux se mettant en colère, lui dit d'un ton brusque : « et que tu nous romps la tête avec tes primes. » Sachant bien qu'il ne gagnerait rien et ne réussirait pas à faire prier ceux qui ne peuvent que blasphémer et maudire, il se met à genoux et commence à haute voix le *Deus in adjutorium*. Aussitôt, et barque et moines disparaissent, laissant le Saint seul sur les vagues de la mer. Sans se troubler, il se recommande à Dieu et achève tranquillement ses primes. Puis, il étend son manteau sur l'eau, se met dessus, en attache un bout à son bourdon pour lui servir de voile, et cingle de la sorte jusqu'à l'île qui a vu s'écouler les premières années de sa jeunesse, n'ayant perdu, dans ce naufrage, que la cassette mentionnée plus haut. A son arrivée au monastère, saint Philibert était plein de vie et jouissait d'une parfaite santé. Lui ayant raconté l'histoire de son voyage, ils rendirent grâces à Dieu et vécurent quelques mois ensemble. Saint Gildas trouve un navire qui fait voile pour l'Armorique et s'embarque; mais, assailli par une tempête, à mi-chemin, il est jeté sur les côtes de l'Irlande (1).

---

(1) Cette extraordinaire navigation est relatée par le légendaire de Saint-Gildas-des-Bois et par l'office rimé du Saint.

## CHAPITRE X.

### Sa troisième apparition et ses travaux apostoliques en Irlande.

Rejeté sur cette île par un dessein tout particulier de la divine Providence, notre Saint y erre à l'aventure, pendant qu'il attend des vents favorables, et cherche le moyen d'utiliser son séjour. Sur un chemin, il rencontre un pauvre paralytique, perclus de tous ses membres et que, pour demander l'aumône, ses parents traînaient de tous côtés dans un petit chariot Touché de compassion à la vue de cet infortuné et se jetant à genoux, il pria Dieu pour lui; puis s'approchant du misérable véhicule sur lequel gisait l'infirme, il dit à celui-ci : « Au nom de Notre Seigneur Jésus-Christ, lève-toi sur tes pieds, et du Seigneur reçois ta santé première. » Ayant ainsi recouvré ses forces avec la santé, le malheureux se mit à crier, à exalter le saint nom de Jésus, à rendre de publiques actions de grâces à son charitable médecin, et à protester que, s'il le lui permettait, désormais il l'accompagnerait partout pour le servir. A cette proposition, le Saint eut beau répondre : « Non, mon ami, ne venez pas avec moi; mais retournez chez vous et ne cessez jamais de louer et de remercier le Seigneur miséricordieux, qui vous a rendu la

té, » le pauvre ne continua pas moins à suivre [son] bienfaiteur, à proclamer ses louanges, et à le [mon]trer à tous ceux qu'il rencontrait, en leur [disa]nt : « Venez tous et voyez l'ami de Dieu, le [sain]t qui m'a rendu la santé du corps et de l'âme. »
[L'h]umilité du bienheureux Gildas se trouvant mal [à l']aise de toutes ces louanges et des honneurs [qu']elles lui procuraient, il se hâta de quitter [ce] lieu.

Au bout de quelques jours, traversant une ville, [il] entre dans une église pour faire sa prière et [rec]onnaît, parmi d'autres reliquaires placés sur [l'au]tel, la cassette qui renfermait son livre des [év]angiles et qu'il avait perdue dans le naufrage [ra]pporté ci-dessus. Des pêcheurs du pays avaient [pr]is un énorme poisson et en avaient fait hommage [au] roi. Celui-ci le fit ouvrir en sa présence et la [ca]ssette en question fut trouvée dans son sein. [A]ux soins minutieux avec lesquelles cette boîte [av]ait été travaillée et aux richesses d'ornementa[ti]ons qui la recouvraient, peut-être aussi à d'autres [si]gnes plus particuliers, le roi estima que cette [ca]ssette devait contenir quelque précieuse relique [et] la fit déposer dans le trésor de la chapelle [vo]isine de son palais. En la reconnaissant, saint [G]ildas se mit à verser des larmes d'attendrissement [e]t de reconnaissance envers Dieu. Les gardiens de [l]a chapelle en furent touchés et en avertirent le roi, [q]ui demanda à voir l'étranger. Présenté devant lui et prié d'expliquer ses larmes, le Saint prouva, par le détail du contenu et la remise de la clef, que cet objet lui appartenait, raconta son naufrage et supplia le roi de le mettre en possession du livre écrit de sa main. Voyant en tout cela un dessein visible de la Providence, Amméric, car c'était toujours lui, devenu roi de toute l'Irlande, fit rendre sa cassette (1) au Saint qu'il reconnut, combla de présents pour réparer son honneur, logea dans son palais et pria de prêcher à son peuple et d'apprendre au clergé le droit ecclésiastique et surtout d'établir, dans l'Eglise d'Irlande, la liturgie de Rome. La reine coupable et qui l'avait calomnié était probablement morte, car il n'en est plus question. Le grand miracle, qui avait précédé le départ du Saint pour la ville éternelle, n'avait pas été oublié. La vénération du peuple et le séjour du bienheureux à Rome rendaient saint Gildas plus apte que jamais à remplir la mission qui s'offrait à son zèle. Se rendant aux pieux désirs du prince, il se mit à parcourir le pays, à faire relever les églises, à réformer le clergé et à l'affermir dans la foi catholique. Il instruisit les fidèles, leur fit abjurer les diverses hérésies qui avaient déjà fait de grands ravages parmi eux, et les détermina à repousser de leur île les docteurs du mensonge et de l'erreur. Alors on vit cette terre, que la stérilité avait à la longue gagnée, se féconder et se couvrir de merveilleux fruits de

---

(1) Cette cassette, qui était de bois sculpté et plaqué d'or et d'argent, est perdue depuis longtemps ainsi que le livre qu'elle renfermait ; elle était l'œuvre du Saint.

salut; sous l'influence de la rosée céleste appelée sur elle avec abondance par les prières et les prédications du Saint. La foi catholique reparut comme aux beaux jours de saint Patrice, et les pratiques de piété furent reprises par tout le monde. Dociles eux-mêmes à ses enseignements, les évêques et les prêtres avaient appris de lui les usages de l'Eglise de Rome, mère et maîtresse de toutes les autres Églises. A leur prière, il avait dressé plusieurs canons pour la discipline ecclésiastique et surtout pour l'uniformité liturgique. Ces canons, dont plusieurs nous sont parvenus, furent longtemps en pratique dans l'Eglise d'Irlande, où leur autorité égalait celle des prescriptions faites par saint Patrice lui-même.

Pour perpétuer cet état florissant des choses religieuses, le Saint fonda ou releva plusieurs monastères, où les enfants des premières familles du royaume étaient élevés et formés sous l'enseignement de la religion. Dans ces asiles de la vertu et de la sainteté, il réunit un grand nombre de religieux pris dans toutes les conditions, dans les familles opulentes comme dans celles dépourvues des biens de ce monde. Il y avait, dans ces couvents, des orphelins et des esclaves, qu'il avait arrachés à la servitude des payens.

Là encore, il fit fructifier, pour les rendre avec usure, les talents que son maître lui avait confiés. Après avoir assuré, autant qu'il le pouvait, le bien opéré dans une seule année d'apostolat, il quitta ce pays, aux grands regrets de tous, y laissant, avec l'exemple admirable de ses vertus, une réputation qui, à notre époque, n'est point encore éteinte. L'Hibernie, reconnaissante et le plaçant sur les autels à côté de saint Patrice et de ses autres apôtres, lui a rendu et lui rend toujours le culte qu'il mérite.

Avant de reprendre le chemin de son abbaye de Rhuys, saint Gildas voulut revoir une dernière fois son pays natal. Il y fit même un séjour relativement long ; car il se mit à évangéliser de nouveau ses compatriotes et surtout les Pictes et les Scots, leurs voisins. Ses prédications, qui durèrent environ dix-huit mois, portèrent de grands fruits dans les âmes. Les nombreuses conversions et les miracles éclatants qu'il opéra dans son pays par la vertu de Dieu, lui acquirent, parmi ses compatriotes, une vénération non moins grande que celle des Irlandais et qui ne s'est point encore démentie, malgré les siècles et la longue domination du protestantisme.

A son retour en Armorique, environ quatre ans après sa première arrivée, il emmenait avec lui plusieurs religieux fervents de la Grande-Bretagne. Ce renfort lui fut très-utile, pour remonter son monastère de Rhuys qui avait beaucoup souffert pendant son absence. Avec eux, il acheva les bâtiments et put faire face à tous les ministères de la maison (1). L'école devint plus nombreuse et

---

(1) D'après le manuscrit de la bibliothèque impériale, depuis un an, saint Gildas venait de commencer le couvent de Rhuys et ne cessait de voir son entreprise traversée par

plus florissante. Le noviciat se peupla des meilleurs sujets du pays. Les peuples reprirent en foule le chemin de l'abbaye, pour entendre le saint de Dieu. Les malades et les infirmes s'y rendaient avec une légitime confiance ; car ils s'en retournaient guéris. En leur faveur, le Saint avait fait construire une grande et vaste infirmerie.

## CHAPITRE XI.

**La retraite de saint Gildas sur le Blavet (ann. 538).**

Après avoir passé une dizaine d'années (1) à la tête de son monastère et y avoir solidement établi les pratiques de la vie régulière, le voyant, à cause de lui, trop fréquenté par l'affluence très-considérable des étrangers, et craignant, pour lui comme pour les siens, la dissipation qui en résultait, saint Gildas confia le gouvernement de la communauté

---

l'esprit mauvais, quand, sur un faux message, il s'embarque pour les prétendues obsèques de son ancien maître. Pendant son absence, qui fut d'environ trois ans, les constructions furent interrompues et la maison enfin laissée déserte par le petit nombre de religieux restés là au départ du fondateur, parce qu'ils se crurent pour toujours abandonnés par lui. Cette version n'est point admissible. Quand le Saint quitta l'île de Houat, il avait de nombreux disciples. Avec eux et grâce aux générosités du pays, il avait déjà rendu habitable le vieux *castrum* de Rhuys, et y avait établi une école bien suivie et qui ne dut pas tomber pendant son absence.

(1) 3e Leçon du 2e nocturne de son office au propre du diocèse de Vannes.

à un de ses religieux, et, avec saint Bieuzy, qui l'avait accompagné à son départ des Iles Britanniques où était venu en Armorique se mettre sous sa discipline, se retira dans un lieu parfaitement solitaire, à environ quatre lieues de Pontivy, sur les bords du Blavet (1). Il y trouva une assez belle grotte, naturelle et ouverte du couchant au levant sous un rocher de quinze mètres d'élévation et faisant saillie sur la rivière. Les deux saints se mirent à l'œuvre, l'agrandirent en creusant davantage, élevèrent, pour la fermer, une muraille du sol à la proéminence du rocher et en firent un petit oratoire, dans lequel ils descendaient directement de la grotte qui leur servait de retraite dans l'intérieur même du rocher. Pour éclairer cette grotte, ils durent y pratiquer une ouverture sur le côté droit du rocher, au point indiqué aujourd'hui par un petit chêne. Mais pour fermer cette ouverture ainsi que celle de l'oratoire, il aurait fallu du verre qu'on ne pouvait se procurer. Le serviteur de Dieu, se jetant à genoux, en demanda au Seigneur; puis, se levant et s'éloignant un peu, il trouva, sur un autre rocher voisin, des vitres très-belles et juste de la grandeur voulue (2). De même, à la prière du saint abbé, pour servir à leurs besoins, il jaillit de la base du rocher une source d'eau limpide qui coule encore. Dans l'oratoire, dit la tradition, chacun des deux saints,

---

(1) Dom Lobineau, *vies des Saints de Bretagne*, éd. de Tresvaux, t. I, p. 101.

(2) Albert-le-Grand, de Morlaix, *vies des Saints de Bretagne, vie de saint Gildas.*

avait son autel pour offrir le saint sacrifice. Les habitants des environs y étaient admis et l'heure des saints offices leur était annoncée au son de deux grandes pierres, que les saints faisaient résonner en les frappant avec d'autres pierres. On ne sait d'où leur vinrent ces cloches d'une espèce nouvelle. Ces deux pierres restèrent pendant plusieurs siècles et affectées au même usage entre la porte de l'oratoire et la rivière. Des ouvriers, travaillant au canal, brisèrent celle qu'on attribue à saint Bieuzy et dont un fragment considérable se voit encore au cimetière de la paroisse qui porte le nom de ce saint. Celle de saint Gildas est toujours restée et est encore auprès de l'oratoire ; mais il serait temps de prendre des précautions contre les pieux larcins et la curiosité des voyageurs qui l'amoindrissent chaque jour.

Cet oratoire a été rebâti en 1838 avec un léger agrandissement. Il y a encore deux autels : celui de saint Gildas et celui de saint Bieuzy. Ce dernier en pierre n'est pas entier et paraît occuper sa place primitive dans l'ancien oratoire. Au côté droit de l'autel dédié à saint Gildas, on voit une statue du saint, habillé en bénédictin avec scapulaire, et tenant de la main gauche le pied d'une grande croix à double transversale, tous insignes contraires à l'histoire. La statue de saint Bieuzy, avec les ornements sacerdotaux pour le saint sacrifice et un coutelas enfoncé dans le crâne, est placée sur son autel. L'ouverture du conduit par lequel les deux saints descendaient de leur grotte à l'oratoire est cachée par un mur d'environ deux mètres de hauteur et se trouve entre les deux autels. On raconte qu'elle fut murée, longtemps avant la reconstruction de la chapelle actuelle, par les ordres d'un recteur de Bieuzy, pour empêcher les reptiles du rocher de s'introduire par là dans le saint lieu, surtout pendant les offices, attirés par le chant des fidèles.

Le clergé de la paroisse de Bieuzy, sur laquelle est située cette chapelle, y chante la messe le e dimanche de janvier, le lundi de Pâques, le lundi de la Pentecôte, le 3e dimanche de juillet, et le 4e dimanche après la fête de saint Michel du 29 septembre. Le 28 janvier 1840, le pape Grégoire XVI a accordé, à perpétuité, une indulgence plénière et applicable aux âmes du purgatoire, à tous ceux qui, aux jours susdits, font dans cette chapelle la sainte communion et y prient aux intentions du Souverain-Pontife.

Les deux saints ermites vécurent là seuls pendant un certain temps dans la contemplation et la pénitence. Plus tard, quelques autres frères du monastère de Rhuys et grand nombre d'autres personnes vinrent s'adjoindre à eux, et ainsi la solitude du Blavet devint trop petite pour les contenir tous. Avec le secours des cultivateurs des environs, il s'y éleva bientôt une demeure convenable, au lieu nommé encore l'*Hermitage de la Roche* (1).

---

(1) L'abbé Mahé, *Essai sur les Antiquités du Morbihan*, p. 437.

Non loin de la grotte en question se trouve la pointe de Castennec, promontoire formé par le contour du Blavet. Sur le sommet et au milieu de cette pointe, le paganisme avait édifié un temple et un autel à Vénus, dont la statue en pierre, haute de sept pieds et représentant une femme debout dans une nudité sauvage, s'élevait sur un monticule voisin. La statue se nommait *la vieille de la Couarde* et à ses pieds se voyait une auge de pierre grise ayant une longueur de six à sept pieds, une largeur de quatre à cinq et une profondeur de quatre environ, avec une ouverture à la partie inférieure pour l'écoulement du liquide. Cette auge, d'après la tradition, servait à la purification des prêtres et des victimes dans les sacrifices offerts à l'idole (1). Le temple était en ruines, quand notre Saint se fixa dans cette contrée. Par ses prédications, il ruina bientôt aussi le culte de l'idole, et pour en faire disparaître jusqu'aux moindres vestiges, il utilisa les matériaux du temple et de l'autel à la construction de son monastère sur le déclin de cette pointe et du côté de sa grotte. Il fit abattre la statue et l'ensevelit dans les fondements de la maison de Dieu. L'auge fut conservée, parce qu'elle pouvait servir dans le couvent.

Ce monastère se peupla rapidement et devint

---

(1) A l'entrée de cette même pointe, on voyait aussi, au milieu du XVIIe siècle, à fleur de terre, les vieilles ruines de l'ancien château de Castennec avec les vestiges des fortifications, des fossés et du pont-levis.

bientôt plus nombreux que celui de Rhuys. Saint Gildas, qui le gouvernait immédiatement, le visitait chaque jour et n'y résidait pas, car il continua à vivre toujours dans sa grotte de prédilection. Il ne dut pas avoir une longue durée. Peut-être fut-il abandonné, quand le saint fondateur quitta le Blavet pour retourner à Rhuys après la résurrection de sainte Trifine ? Selon toute probabilité, il n'était plus habité, lorsque les moines de Saint-Gildas prirent la fuite à l'invasion des Normands, puisque ses religieux ne sont pas mentionnés à côté de ceux de Locminé. En 1668, ce n'était plus qu'un amas de ruines, parmi lesquelles on ne pouvait plus distinguer sa forme. Une chapelle seule était debout et, à la muraille du midi, on voyait deux pierres plan ées à douze pieds de distance, pour indiquer, disait la tradition, la longueur d'un géant enterré là. Au milieu des ruines, il y avait aussi quelques tombes gravées et représentant des religieux avec leur costume. A cette époque, le couvent portait encore le titre de prieuré, dit communément de la *Couarte* ou *Couarde*, annexé à Sainte-Croix de Carhaix. Longtemps auparavant, *la vieille de la Couarte* avait été retirée de ces ruines et relevée ; mais en 1660, à la prière de Charles de Rosmadec, évêque de Vannes et en visite dans cette contrée, les gens du comte de Lannion la culbutèrent dans le Blavet et une croix fut érigée à sa place. L'année suivante, il y eut de grandes pluies qui endommagèrent les récoltes et amenèrent une disette. Les habitants du pays en attribuèrent la cause au bain forcé qu'on avait fait prendre à la statue et à la colère de la déesse qui se vengeait. Profitant de leur mauvaise disposition, un homme méchant et digne des ancêtres de la famille qu'il servait, l'agent de la maison de Kneur les invita à réunir leurs efforts aux siens et, à l'aide de plusieurs paires de bœufs, ils parvinrent, en 1664, à retirer la statue qu'ils déposèrent, couchée sur le dos, au bord du canal. A peine sauvée de l'eau, elle tomba sous les coups du marteau, qui la mutilèrent et en rendirent l'aspect moins obscène.

Pendant son séjour sur le Blavet, saint Gildas fit de nombreux miracles. Les suivants sont parvenus jusqu'à nous. Un jour, des voleurs entrèrent dans sa pauvre grotte, pour la piller. Le Saint, qu'ils supposaient absent, s'y tenait en oraison, blotti dans un coin. Il jette sur eux un regard qui les rend immobiles et les fixe sur place, comme autrefois ceux de Ravenne. La liberté ne leur fut rendue, après un long sermon, qu'à condition et à la promesse de se convertir.

Afin de moudre du blé et de se procurer la farine dont il avait besoin pour lui et pour son monastère, il avait de ses mains industrieuses fabriqué un moulin à bras, qu'il gardait dans sa grotte et tournait lui-même. Mais il n'y dut mettre du grain qu'une seule fois. Dès que la farine manquait, il lui suffisait de tourner son moulin qui rendait toujours. Cet instrument fut pour lui un grenier d'abondance qui ne s'épuisa jamais.

Il existait encore au XIe siècle, objet de vénération, et, dit le moine anonyme de Rhuys, les malades, qui le touchaient avec foi, étaient guéris de leurs infirmités. On ignore ce qu'il est devenu depuis. L'auteur du manuscrit de la bibliothèque impériale pense que la pierre servant de meule a pu être confondue avec les pierres sonnantes mentionnées plus haut.

La retraite du Saint ne l'empêchait point d'instruire les habitants du voisinage qu'il exhortait à la pratique de la religion et à l'amour de Dieu. Bientôt même, comme antérieurement au monastère de Rhuys, quoique avec une moindre influence, attirés par sa réputation de sainteté, les peuples accoururent à sa solitude pour entendre sa parole et lui demander conseil. Les actes du martyre de saint Bieuzy nous le montrent, après une nuit où il eut une forte fièvre, disant sa messe de grand matin et sortant ensuite pour étancher, à la source miraculeuse, la soif qui le dévorait. Il trouve à l'entrée de son oratoire une foule considérable qui veut l'entendre parler de Dieu. Après lui avoir fait un long et vif discours, il est épuisé et a besoin de repos; mais cette foule, désireuse de le voir et de l'entendre encore, ne s'écoule point et le supplie de continuer à lui adresser la parole. N'en pouvant plus et harcelé par les cris de ces gens, il se met en prière et demande le secours de Dieu pour le délivrer de cette extrémité. Aussitôt au-dessus de sa tête, le rocher se fend, lui livre passage et il peut en gagner le sommet, où, perdu de vue, il trouve le repos dont il a besoin. Cette fente existe encore bien que obstruée de terre à la partie supérieure par les gens de l'endroit pour empêcher leurs enfants de s'y introduire.

Tous ceux qui se présentaient à cette solitude ou au nouveu monastère y trouvaient un charitable accueil. Un jour, quelques hôtes étant venu pour visiter le saint abbé, il les reçut avec cordialité et, après les avoir conduits à l'oratoire, les traita d'une manière touchante, leur lavant lui-même les pieds et les mains et leur servant tout ce qu'il avait de mieux. Mais, comme il n'avait du vin que pour le service de l'autel, la boisson faisait défaut pour le repas. Sans se troubler, le Saint fit une courte prière, puis il ordonna de remplir d'eau le vase dans lequel on mettait le vin du sacrifice et d'un signe de croix lui donna sa bénédiction. Par la volonté de Dieu, cette eau se trouva, sur-le-champ, comme aux noces de Cana, convertie en un vin excellent. Frappés d'admiration, tous les témoins de ce miracle en rendirent grâces au Dieu tout-puissant, qui, dans l'Evangile, a promis à ses fidèles de tels signes et même de plus grands, en disant : « *Les œuvres que je fais, ils les feront eux-mêmes et de plus grandes encore* (1). »

La vie solitaire de saint Gildas sur le Blavet n'était pas non plus tellement profonde et exclusive, qu'il n'en sortît pour visiter souvent l'abbaye

---

(1) Qui credit in me, opera quæ ego facio et ipse faciet, et majora horum faciet. (Jean, XIV, 12.)

de Rhuys, dont il était toujours le premier supérieur, et pour les autres besoins de son ministère et de ses œuvres. Envers différentes personnes, il devait avoir des devoirs de civilité à remplir; il savait n'y pas manquer. D'ailleurs ses relations avec ses compatriotes et surtout avec ses condisciples, établis comme lui dans l'Armorique, quelques-uns même au pays des Venètes, ne pouvaient qu'être fort étendues. Ainsi, dans ses trajets entre le monastère de Rhuys et sa retraite du Blavet, il devait assez souvent visiter saint Cadoc ou Cado, fils du roi de Glamorgan, qui fonda l'abbaye et la grande école monastique de Lancarvan, un peu avant l'arrivée de saint Gildas à Lan-Iltut. Liés, depuis cette époque, d'une sainte amitié, on croit que, pendant le séjour de saint Gildas à l'île d'Houat, saint Cado était dans une des îles voisines, et qu'ils se voyaient parfois. Le fondateur de l'abbaye de Rhuys ayant quitté Houat, saint Cado, pour être plus près de lui et profiter quelquefois de son édifiante conversation, vint se fixer lui-même, non loin d'Auray, dans une île à l'embouchure de la rivière d'Étel et sur la paroisse actuelle de Belz, où il fonda une nouvelle, mais petite communauté (1). Il y établit une école, selon l'usage des monastères d'alors et selon ses anciennes habitudes scolaires, et, pour la rendre plus accessible aux enfants du pays qui avaient, deux fois

---

(1) Dom Lobineau, *vie de saint Cado*. — Albert-le-Grand, de Morlaix, *vie de saint Cado*. — De Montalembert, *Moines d'Occident*, t. III, p. 70.

[...] à faire le trajet en bateau, il jeta, sur le
[bras de] mer, entre son île et la terre ferme, un
magnifique et solide pont de pierre, long d'environ
[...] pieds, qu'on appelle encore pont de Saint-Cado,
[sur la] construction duquel il existe une légende
[que tout] le monde connaît (1). Grand admirateur
[de Virgile], il faisait apprendre son poëme par
[cœur à ses] élèves. A ce sujet, on ne lira pas sans
[plaisir] ce qui se passa dans une visite que lui fit
[un ancien] ami. Portant son Virgile sous le bras
[et se] promenant avec son compatriote, il se mit à
pleurer à la pensée, disait-il, que l'auteur païen
[de ce] livre, qu'il aimait tant, était peut-être en
enfer. Au moment où son visiteur le réprimandait
[durement] sur ce *peut-être*, en protestant que, sans
aucun doute, Virgile était damné, une trombe de
vent emporta dans la mer le livre en question.
Saint Cado en fut consterné, et rentré dans sa
cellule après le départ de son saint ami, il se dit
à lui-même : « Je ne mangerai pas une bouchée
de pain et je ne boirai pas une goutte d'eau, avant
de savoir au juste quelle part Dieu fait à ceux qui

---

(1) Elle dit que le saint manquant de fonds pour faire
[reb]âtir ce pont que la mer avait démoli, le diable se chargea
de le faire, à la condition que le premier qui y passerait lui
appartiendrait. Le pont fut commencé et achevé dans une
nuit. De grand matin, le jour suivant, le saint se rend à
un des bouts dans la compagnie du démon et y fait passer
un chat qu'il avait apporté, caché sous son manteau. Furieux, Satan veut démolir son ouvrage ; saint Cado se
précipite sur le pont pour le retenir ; mais le pied lui glisse
et laisse, sur le rocher, une marque encore en vénération,
couverte d'une grille de fer et dite *glissade de saint Cado*.

ont chanté sur la terre comme les anges chantent dans le ciel. » Il s'endormit ensuite et eut un songe, dans lequel il crut entendre une douce voix lui dire : « Prie pour moi, prie pour moi, ne te lasse pas de prier ; je chanterai éternellement les miséricordes du Seigneur. » Le lendemain, un pêcheur de Belz lui apporta un saumon, dans lequel le saint retrouva le Virgile que le vent avait emporté (1).

Plus tard, saint Cado retourna dans sa patrie, où, sous les coups des Saxons, il cueillit la palme du martyre. Son petit monastère, enrichi, en 1010, par les donations importantes de Rudalt, riche breton, fut donné, en 1089, par le duc Alain Fergent, aux moines de Quimperlé et devint dans la suite, dit l'abbé Tresvaux (2), on ne sait sur quel fondement, un prieuré de Saint-Gildas-de-Rhuys.

Saint Gildas dut aussi, vers cette époque, sinon plus tôt, faire le voyage de Dol, pour rendre visite à son maître Iltut, qu'on dit être venu, sur la fin de sa vie, dans cette Armorique, dont il était originaire et qu'il aimait tant, depuis surtout que plusieurs de ses chers disciples y avaient transporté

---

(1) Montalembert, *Moines d'Occident*, t. 3, p 71, citant la *légende celtique de saint Cadoc*, traduite par M. de la Villemarqué. Ces sentiments attribués à saint Cado pour Virgile sont prêtés aussi à saint Paul, visitant le tombeau du poëte à Mantoue :

| Ad Maronis mausoleum | Quem te, inquit, reddidisem, |
| Ductus, fudit super eum | Si te vivum invenissem, |
| Piæ rorem lacrymæ. | Poetarum maxime ! |

(2) *Vies des saints de Bretagne*, t. 1, 61.

la moitié de son âme. On peut supposer aussi que, comme saint Samson à Dol, le saint vieillard ne fut pas sans visiter saint Gildas à l'abbaye de Rhuys. Plusieurs historiens assurent que, après avoir passé quelque temps avec le premier, il mourut à Dol et y fut enterré. De temps immémorial, on croit posséder son crâne à Landebaëron, paroisse de l'ancien diocèse de Tréguier et aujourd'hui de celui de Saint-Brieuc. Cette relique a été visitée et reconnue authentique, le 25 septembre 1828 (1).

Saint Gildas sortait aussi parfois de sa retraite afin d'annoncer l'Évangile aux populations trop éloignées du Blavet pour venir elles-mêmes vers lui. Ainsi, la tradition rapporte qu'il prêchait souvent sur le territoire de la province de Laniscat en Cornouaille. Sur la fin du XVIIe siècle, cette paroisse allait encore en procession et en son honneur à une grotte voisine dans laquelle il se retirait pendant ses missions au pays, et où l'on voyait encore une pierre en forme de lit sur laquelle il prenait son repos de la nuit.

---

(1) Dom Lobineau, *Vies des saints de Bretagne*, édit. Tresvaux, p. 68. Les Anglais, selon leur habitude, le font inhumer à Glastombury.

## CHAPITRE XII.

**Composition de son traité sur la ruine de la Grande-Bretagne.**

Les malheureux Bretons d'outre-mer continuaient à émigrer et à rejoindre leurs frères de l'Armorique. Chez eux, la religion était dans un tel état de souffrance, que les religieux ne trouvaient qu'une paix relative et insuffisante dans leurs monastères. La réputation que s'était acquise saint Gildas dans sa patrie lui en attira plusieurs sujets pour son abbaye de Rhuys et son monastère du Blavet. Or, ces Bretons le pressaient d'écrire l'histoire des calamités de son pays et des avertissements à ses contemporains. Après avoir, environ dix ans, résisté à leurs sollicitations, débarrassé des sollicitudes d'une fondation et trouvant sa solitude du Blavet très-propre aux réflexions suivies, il entreprit ce travail pour la gloire de Dieu et le bien des âmes. Il déclare lui-même ne s'y être livré que sur les instances réitérées de ses religieux nouvellement venus de la Grande-Bretagne, et certains faits, relatés par lui, prouvent qu'il écrivit après l'an 543, date à laquelle ils remontent. Il reproche à Constantin, petit roi de la Domnonée dans la Cornouaille insulaire, d'avoir fait tuer, dans l'église et près du saint autel, deux jeunes princes, fils de Mordredi; et ce crime abominable est fixé par Matthieu de Westminster à l'année 543 (1).

Cet écrit, intitulé *Livre de lamentations sur la ruine de la Bretagne* (2), se divise en trois parties : 1º *Histoire de la Grande-Bretagne* ; 2º *Lettres de reproches à cinq rois bretons d'alors* ; 3º *Lettre véhémente contre les clercs.*

Dans sa courte histoire, en vingt-six petits chapitres, il condense les faits, insiste sur les ravages des Pictes et des Scots, sur l'invasion Anglo-Saxonne, sur la peste et la famine, et montre la cause de tous ces malheurs dans les grands désordres et l'impiété des Bretons.

Avec la liberté d'un apôtre et le zèle d'un citoyen vivement impressionné à la vue des maux de la patrie, dans sa première lettre, il adresse de sanglants reproches à cinq petits rois qui gouvernaient alors. C'étaient Constantin, parent et successeur d'Arthur, roi de la Domnonée; Vortipor, roi des Démètes (3); Aurèle Conan, Cunéglase et Maglocun. Sans ménagement, il décrit leurs turpitudes et leurs abominations « La Bretagne, dit-il, a des rois : mais ce sont des tyrans; elle a des juges, et ce sont des impies, qui rançonnent les

---

(1) Mabillon, *Siècles bénédictins*, 1ᵉʳ siècle, p. 144. — Bollandistes, t. 2 de janvier, p. 952. — Cours complet de le patrologie (Pères latins), t. LXIX, p. 328, édit. Migne.

(2) *Gildæ sapientis de excidio Britanniæ liber querulus.*

(3) Saint Gildas nomme lui-même les royaumes de ces deux premiers.

innocents et patronent les criminels. Ses rois sont belliqueux : mais c'est pour les guerres civiles et les injustes agressions ; ils poursuivent les voleurs de grand chemin, mais ils chérissent et récompensent les larrons qui s'assoient à leurs tables ; ils sont cruels, ruinent leurs sujets par d'iniques concussions, entravent et méprisent la religion ; tous sont d'infames adultères qui ont répudié leurs légitimes épouses, pour se livrer au plus éhonté concubinage. » Après ces dures réprimandes, il les exhorte à se convertir, et termine en les menaçant des peines éternelles, s'ils se montrent sourds à l'appel de Dieu et aux remords de leur conscience. Pour trouver une telle indépendance et une si sainte énergie, il faut remonter aux prophètes, dont notre saint emprunte fréquemment les paroles. Il eut la consolation d'ouvrir les yeux à un de ces rois. Constantin rentra sérieusement en lui-même et revint sincèrement à Dieu (1). On dit même qu'il abdiqua sa royauté, s'enferma dans un cloître pour faire pénitence, prêcha ensuite la foi aux Scots et aux Pictes et souffrit le martyre (2).

Quant aux clercs, après leur avoir mis sous les yeux leurs désordres et leur peu de zèle pour le service de Dieu et le salut des âmes, il leur propose de nombreux exemples de vertu puisés aux Écritures de l'un et de l'autre Testaments.

---

(1) Thomas Galle l'affirme sur le témoignage d'une ancienne chronique.
(2) Jean Fordum, *Scot-chron.*, cap. 26.

Ce livre, écrit en assez bon latin (1), montre un auteur profondément versé dans les connaissances de l'histoire, mais plus particulièrement dans les saintes lettres citées avec profusion et intelligence, et prouve qu'il méritait bien les titres de *scolastique distingué* et d'*excellent écrivain*, qu'on lui donne dans la vie de saint Cado, son ami (2). Dès le VII$^e$ siècle, le vénérable Bède en a cité de nombreux passages; au X$^e$, il est mentionné par Gurdistin, dans sa vie de saint Guénolé, et, au XII$^e$, par Geoffroy de Monmouth. Pour la première fois, il fut publié à Londres par les soins de Polydore Virgile, en 1526. Cet édition, fort défectueuse, fut améliorée par Jean Josselin, qui en donna une seconde à Londres aussi, en 1568. Galle en inséra une meilleure et plus complète encore au t. III *des Écrivains de l'histoire de Bretagne*, à Oxford, en 1691. Bertrame la fit plus tard réimprimer avec des notes. On la trouve aussi à la première partie du tome cinquième de la grande bibliothèque des anciens Pères (3), et au tome LXIX *du cours complet de patrologie* (Pères latins), édité par M. l'abbé Migne.

De plus, nous avons encore de saint Gildas onze canons de discipline, qui se rencontrent dans un ancien recueil de canons à l'usage de l'Église d'Irlande. Dom Luc d'Achery les a publiés au

---

(1) Peut-être sera-t-il un jour traduit en français?
(2 « Britannus egregius scholasticus et scriptor optimus. »
(3) Maxima bibliotheca veterum Patrum.

tome ıx de son *Spicilège*. Notre saint les rédigea, à l'époque de sa mission en Irlande, à la prière du roi Amméric, pour la restauration de la discipline ecclésiastique parmi le clergé.

Voici les titres de ces canons dans le recueil de d'Achery :

1º Que personne ne doit juger les évêques, p. 4.

2º Que le jeûne est inutile sans la charité, p. 8.

3º Qu'il faut accepter la vérité, quelle que soit la bouche qui la profère, p. 14.

4º Qu'il ne faut pas relever les petits défauts des princes, p. 24.

5º Que chacun doit demeurer dans sa vocation, page 26.

6º Que le religieux ne doit rien posséder en propre, page 28.

7º Que l'abbé ne doit pas retenir un religieux (tendant à plus de perfection), p. 28.

8º Des religieux fugitifs à admettre ou non (dans les autres monastères), p. 28.

9º Qu'il ne faut pas se hâter d'excommunier quelqu'un, page 30.

10º De la tonsure des Bretons, p. 45.

11º De ceux qui s'estiment justes et ne le sont pas, page 50.

## CHAPITRE XIII.

**Résurrection de sainte Trifine. -- Saint Trémeur. (Ann. 544.)**

Au temps de Guérech, comte de Vannes, un seigneur du nom de Comorre, déjà usurpateur d'une partie de la Cornouaille, résidant à Ker-Ahès, aujourd'hui Carhaix, et favorisé par le roi des Francs, avait envahi le comté de Léon sur Jonas qui périt sous ses coups. Guérech habitait, à Vannes, son château de la Motte, abandonné depuis par les ducs de Bretagne, lorsque Jean IV eut fait construire celui de l'Hermine, transformé successivement en palais épiscopal et en préfecture et enfin détruit dans ces dernières années (1). Il eut de nombreuses et intimes relations avec saint Gildas, qui était le directeur de sa fille Trifine (2). Comorre était un homme cruel et puissant. Pour satisfaire ses honteuses passions, il avait épousé successivement plusieurs femmes ; car, dès qu'il en savait une enceinte, il la poignardait, pour en prendre une autre. Bientôt sa réputation de perversité et de barbarie fut telle, qu'il

---

(1) C'était l'ancienne préfecture qu'on vient de démolir pour prolonger en ville le boulevard Billault.

(2) Dom Lobineau, *vies des Saints de Bretagne*, vie de saint Gildas.

ne pouvait plus, malgré ses grandes richesses non-seulement trouver de femme, même dans les dernières conditions, mais avoir de rapports avec les gens honnêtes. Or, comme il avait un château dans le comté de Vannes, soit celui de *Porhoet-er-Saleu*, en Camors, dans le canton de Pluvigner, soit celui de *Castel-Finans*, sur la paroisse actuelle de saint Aignan, dans le canton de Cléguérec, deux localités qui conservent également sa légende (1), il dut quelquefois rendre ses civilités et faire visite à Guérech au château de Vannes. Ayant eu occasion de voir la princesse Trifine, il en devint passionné et conçut le projet de l'épouser. Mais il ne pouvait se dissimuler le refus que sa demande devait essuyer. Pour atteindre son but, deux voies s'ouvraient devant lui : celle de la force et celle de l'hypocrisie. Il s'arrêta d'abord à celle-ci, se réservant de recourir ensuite à celle-là, s'il n'aboutissait point. L'influence toute-puissante de saint Gildas sur Guérech et sa fille lui était connue; il résolut de s'en servir. A cet effet, il envoya prier le Saint de venir à son château pour s'entretenir avec lui. Mais, connaissant ses réelles intentions, pour ne scandaliser personne et ne pas l'accréditer par ses relations avec lui, auprès des grands du

---

1) Plusieurs raisons militent en faveur du château de *Porhoet-er-Saleu*, dont les ruines se voient encore à l'entrée de la forêt de Camors et près du moulin de la Motte : sainte Trifine est invoquée dans la paroisse de Camors; et, dans son trajet de sa grotte sur Blavet à Vannes, saint Gildas passa au château du cruel Comorre.

ays, celui-ci ne se rendit point à sa demande (1). Loin de se décourager, il adressa directement sa proposition au père de la jeune princesse. Le comte, qui avait une tendre affection pour sa fille et n'ignorait point les habitudes de Comorre, répondit à ses envoyés : « Comment puis-je donner ma fille à tuer à votre maître ! N'ai-je point eu connaissance de la fin déplorable de ses autres femmes ? Jamais il n'aura ma fille, que la mort atteindra alors seulement que je ne pourrai point en préserver. » Ce premier refus ne le déconcerte pas. Il revient différentes fois à la charge, fait les plus belles promesses et offre toutes les garanties qu'il plaira d'exiger de lui. Enfin, jugeant à ses instances qu'une guerre avec lui était à craindre, Guérech lui fit répondre que toutes ses sollicitations étaient inutiles et que, à moins de lui fournir, comme caution, la parole du bienheureux abbé Gildas, il n'aurait jamais sa fille. Comorre se hâte aussitôt de dépêcher auprès du Saint pour le prier de se rendre à ses désirs et de lui donner la princesse. Les messagers reçurent cette réponse : « Vous connaissez la dissimulation et la cruauté de votre maître ; si je lui accorde sa demande et qu'il tue ensuite sa nouvelle épouse, je serai, devant Dieu, coupable d'un grand crime, et j'en serai responsable aux yeux de ses parents, qui en mourraient de douleur. J'irai cependant avec vous

---

(1) Albert de Morlaix dit, au contraire qu'il s'y rendits reçut un honorable accueil et y passa quelques jours ; mai, la version du moine de Rhuys paraît plus sûre.

et, sur les lieux, je verrai ce qu'il y aura à faire. »
Il se rend donc au château de Vannes et trouve
les deux comtes réunis. Dès qu'il parut, Guérech
lui dit : « Mon père, le seigneur Comorre me fait
toujours de grandes instances pour obtenir ma
fille Trifine ; mais je proteste qu'il ne l'aura jamais
que de votre main ; c'est à vous que je la confie ;
voyez si vous devez la lui donner (1). » Voulant
conserver la paix entre ces deux seigneurs et éviter
au pays des malheurs nouveaux et certains, il
répondit avec confiance en Dieu et comme par
inspiration : « J'accepte votre proposition et j'espère,
avec la grâce de Dieu, pouvoir toujours vous rendre
bon compte de la princesse ; et, vous, ajouta-t-il,
s'adressant à Comorre, après lui avoir fait promettre par serment qu'il ne la maltraiterait pas,
souvenez-vous que c'est de ma main, ou plutôt,
de la main de Dieu, que vous la recevez ; songez
à traiter cette épouse, non plus comme la fille d'un
homme, mais comme la pupille du Seigneur qui
vous la confie. » Ainsi l'alliance fut conclue et,
quelques jours après, le mariage célébré au
château de Vannes. La tradition ajoute que le pieux
directeur donna à sa fille spirituelle un anneau
qui devait noircir, lorsqu'elle serait menacée de
quelque grand malheur.

Le saint revint à sa solitude et Comorre emmena
sa jeune épouse dans son comté. Les premiers
temps du mariage furent heureux ; mais Trifine

---

(1) Dom Lobineau, *vie de saint Gildas*.

étant devenue enceinte, le tyran commença à la maltraiter. Selon son habitude, il pensait à la tuer comme les autres ; mais il craignait de violer le serment qu'il avait fait au bienheureux Gildas et savait bien qu'il ne pourrait point le tromper. Il redoutait d'encourir la colère de Dieu, s'il mettait à mort la femme qu'il avait reçue des mains de son serviteur. Pour le tirer d'embarras, le démon vint à son secours, lui représenta qu'il n'avait point à s'effrayer et qu'il était honteux, pour un homme de courage, de se trouver arrêté dans ses projets par la crainte de s'attirer les malédictions inoffensives d'un moine impuissant. Voyant ses mauvaises dispositions s'exalter et peut-être sa bague noircir, la malheureuse Trifine, redoutant, pour le fruit de son sein, une mort sans baptême et, pour elle-même, le plus triste sort, pensa à chercher le salut dans la fuite. Elle résolut de se retirer auprès de son père, pour mettre au monde son enfant, et de revenir ensuite. De grand matin, elle se fit secrètement équiper un cheval, et, avant le jour, sortit du château (1),

---

(1) La légende raconte à sa façon sa sortie du château ; elle montre Trifine montant sur le rempart et fort préoccupée du moyen à employer pour descendre, lorsque devant elle s'ouvrent tout-à-coup les trois tombes des précédentes femmes de Comorre. Enveloppée dans son linceul blanc, la première morte lui dit : « Comorre veut te tuer, malheureuse Trifine, parce qu'il croit que son premier-né doit lui ôter la vie. Ainsi tu n'as qu'à fuir. Nous n'avions pas commis d'autre crime que toi ! » — Hélas ! répondit la comtesse, comment pourrais-je descendre au bas de ce mur ? — Aussitôt la seconde morte se leva et lui tendit une corde, en disant :

faisant diligence sur Vannes, avec quelques serviteurs que lui avait donnés son père.

A son réveil, son mari la fit inutilement chercher partout. Soupçonnant sa fuite, dans une violente colère, il se jette sur un cheval et se précipite sur ses traces. Arrivée à l'entrée des rabines d'un manoir devenu plus tard le couvent des Carmes du Bondon (1), dans les faubourgs de Vannes, et au moment de se trouver en sûreté, elle se voit sur le point d'être saisie. Elle descend à la hâte et se cache dans un bois qui borde le chemin, pensant que son bourreau continuera à poursuivre ses gens et lui laissera le temps de se sauver. Il sait trop bien la découvrir. La pauvre dame se jette à genoux à ses pieds, et, les mains levées vers le ciel et les

---

Tiens, innocente créature, voici le lien qui m'a étranglée ; puisse-t-il du moins servir à te sauver ! Alors le troisième fantôme fit entendre un lugubre gémissement, présage de malheur, et rentra dans son tombeau, en même temps que les deux autres. La comtesse épouvantée attache la corde aux créneaux du rempart, glisse au bas, se cache dans la forêt, marche trois nuits, se cachant le jour, arrive près de Vannes, dont elle voit les tours, s'enfonce au milieu d'un bois épais, se laisse tomber sur l'herbe, donne le jour à un petit enfant qu'elle cache, avant de se traîner, morte de faim, hors du taillis, où elle a la tête tranchée d'un coup d'épée par son féroce époux (M. Du Laurens de la Barre, *Excursion à Saint-Gildas-de-Rhuys*, etc.)

(1) Le principal bâtiment de ce monastère existe encore tout près de Vannes et sur la gauche du chemin de fer entre cette ville et Auray. Sur le chemin qui conduit de Vannes au Bondon, entre le moulin à vent et la première maison du village, une croix en pierre sur la haie de droite montre le lieu du meurtre.

joues baignées de larmes, lui crie merci et lui demande grâce. Mais sans tenir aucun compte de sa prière et ne consultant que sa fureur, le barbare la saisit par les cheveux et, d'un coup d'épée, lui tranche la tête; puis, satisfait de son crime, il reprend, sans remords, le chemin de son château, tandis que les serviteurs de l'infortunée comtesse annoncent aux portes de la ville le danger que court leur maîtresse.

Guérech, bientôt informé, se hâte d'envoyer la moitié de ses gardes au secours de sa fille; mais il était trop tard. Il accourut lui-même et, éperdu de douleur, ne trouva qu'un cadavre mutilé. L'ayant fait transporter en ville et déposer sur un lit funèbre dans la grande salle (1) du château de la Motte, il défendit de l'enterrer avant son retour et prit le chemin de la solitude du Blavet. Arrivé auprès de saint Gildas, il se jette à ses pieds, lui raconte ses malheurs et le somme de lui rendre sa fille. « Connaissez enfin Comorre, lui dit-il; il a ôté la vie à ma fille, que je ne lui avais donnée que sur votre parole; c'est à vous que je la redemande; rendez-la-moi. » Le saint consola de son mieux ce père désolé, lui promit de recommander la chose aux prières de ses religieux, le fit

---

(1) On voyait autrefois, dans le transsept sud de l'église de Saint-Gildas de Rhuys, un tableau du XVIe siècle, qui représentait Guérech, annonçant au saint abbé le meurtre de sainte Trifine; ce tableau détérioré est aujourd'hui dans la sacristie de la même église. Ce fut dans cette salle, reconstruite au XIIIe siècle, que se tinrent les États de 1532 qui décidèrent l'union de la Bretagne à la France.

dîner avec lui et l'accompagna sur le chemin de Vannes. Puis, se séparant du comte, il s'écarta de la route et se rendit au château de Comorre, pour apprendre de lui-même si, comme en courait le bruit, il était vrai que, de ses propres mains, il avait tué sa nouvelle épouse. Mais le criminel, sentant bien qu'il avait offensé Dieu, trompé le saint, et que celui-ci viendrait lui en adresser de vifs reproches, avait ordonné de lever le pont du château, de fermer les portes, et défendu de le laisser entrer sous aucun prétexte. Le serviteur de Dieu eut beau frapper et appeler, au lieu de lui ouvrir, les gens de l'intérieur le tournaient en ridicule. Dans sa prière, il se mit à dire à Dieu que, s'il ne devait pas convertir cet homme, il valait mieux, par une prompte mort, mettre fin à ses crimes. Puis, faisant sur la contrescarpe des fossés, le tour du château, il prit une poignée de poussière et la lança contre les bâtiments, qui, par la volonté de Dieu, croulèrent aussitôt et blessèrent le tyran. Ayant ensuite rejoint Guérech, ils continuèrent leur chemin.

En arrivant au château de la Motte, saint Gildas se rendit à la grande salle. Il y trouva un grand concours de peuple. Après avoir exhorté tout ce monde à prier avec lui, il s'agenouilla près du froid cadavre et fit cette prière : « Seigneur Dieu, qui avez formé l'homme du limon de la terre et qui, pour le délivrer du pouvoir du démon, sous la domination duquel, en trangressant votre précepte, il s'est constitué lui-même par l'abus de sa liberté, avez condamné à mort votre Fils, que vous avez engendré avant les siècles et de toute éternité, je vous supplie de m'exaucer ; exaucez-moi, mon Dieu, parce que je vous prie au nom de votre Fils unique, Notre Seigneur Jésus-Christ ; or, Jésus-Christ, votre Fils et notre maître, a daigné promettre à ceux qui croient en lui, que, s'ils vous demandaient quelque chose en son nom, vous ne détourneriez pas de leur prière l'oreille de votre clémence (1). » Se levant alors, plein de confiance en la vertu de Dieu, et prenant la tête de Trifine, il la rapproche du tronc et, à haute voix, dit à la défunte : « Trifine, au nom de Notre Seigneur Jésus-Christ, je te le commande, lève-toi et apprends-nous ce que tu as vu. » Ressuscitée aussitôt (2),

---

(1) Si quid petieritis Patrem in nomine meo, dabit vobis. (Jean, XVI, 23).

(2) Il n'y a pas encore longtemps, en 1825, dit l'abbé Mahé, *Essai sur les antiquités du Morbihan*, page 413, que ce fait était rappelé à Saint-Gildas-d'Auray, par ces paroles chantées au jour de la fête du saint :

| Sancte Gildasi, | Quam tyrannus occiderat |
| Qui Trifinam suscitasti, | Inter sylvarum pascua. |

La légende citée plus haut sur la fuite de Trifine, raconte autrement sa résurrection : elle montre saint Gildas arrivant, sur les talons de Comorre, à l'endroit du meurtre, se mettant en prière en disant à Trifine : « Lève-toi. » Elle ajoute que la morte se leva aussitôt, saisit son chef et son enfant et suivit saint Gildas jusqu'au château de Comorre, auquel le saint dit avec indignation : « Comte cruel, je te ramène ton épouse dans l'état où ta cruauté l'a réduite, et ton fils tel que Dieu l'a créé. Et maintenant que la sainte Trinité fasse justice. » Alors on vit la mère, portant son enfant dans ses bras, s'avancer jusqu'au pied du rempart. Saint Gildas

elle se leva et, en présence de l'assemblée, répondit au saint homme : « A ma mort, les anges ont pris mon âme et ils étaient sur le point de l'introduire dans le chœur glorieux des martyrs, quand vos ordres m'ont rappelée à la vie. » Alors le saint la conduisit à son père et, la prenant par la main droite, la lui rendit, en disant : « Voici le dépôt que vous m'avez confié ; gardez votre chère fille et ayez soin, quand il sera né, de faire élever convenablement, jusqu'à l'âge de raison, l'enfant qu'elle porte dans son sein. » Revenu à lui-même comme d'un profond sommeil, le comte lui rendit de touchantes actions de grâces, tandis que, à Trifine, qui, dans sa reconnaissance, protestait que jamais on ne pourrait la séparer de lui, il répondait : « Non, ma fille, car il ne convient pas de voir une femme suivre toujours un moine. Demeurez avec votre père jusqu'à ce que vous ayez mis au monde votre enfant, et alors nous vous ferons entrer dans un monastère de vierges, avec lesquelles vous mènerez une vie pure, et chanterez les louanges de Dieu. » Elle lui obéit, et il fut fait comme il avait dit.

Peu de temps après, le Saint tint l'enfant sur

---

ramassa quelques grains de sable qu'il plaça dans la main du petit innocent, en faisant le signe de la croix. L'enfant lança la poussière contre le château dont les murailles s'écroulèrent avec un bruit épouvantable. Sans dire ni comment ni par qui le chef de Trifine fut remis en place, cette légende fait retourner la comtesse chez son père à Vannes. (M. du Laurens de la Barre, *Excursion à Saint-Gildas de Rhuys*, etc.)

les fonds sacrés et lui fit donner son propre nom. Cependant, pour le distinguer de son parrain, le petit Gildas fut surnommé *Trémeur* ; il est connu aussi sous le nom de *Tréver*. Dès que sa mère fut relevée, elle fonda, dans les faubourgs de la ville, un monastère de vierges, où, après avoir allaité son fils, elle se consacra elle-même à Dieu et reçut le voile des mains de l'Évêque de Vannes (1). Elle y passa saintement le reste de sa vie dans les jeûnes et la prière jusqu'au jour, où, appelée par le Seigneur, son âme prit, une seconde fois et pour ne plus revenir, son essor, et s'envola vers la région des bienheureux. Elle est invoquée comme sainte dans les litanies anglaises du VIIe siècle. Dans les Côtes-du-Nord, un petit village porte le nom de Sainte-Trifine, et son église paroissiale, qui conserve de ses reliques et, seule en Bretagne, célèbre sa fête, le 21 juillet, lui est dédiée. Une des

---

(1) Albert-le-Grand, de Morlaix, *vie de saint Gildas*; mais il ne précise pas davantage la position de ce monastère. L'auteur du manuscrit de la bibliothèque impériale est assez porté à croire que ce couvent se trouvait sur l'ancienne paroisse de Bothoa, au lieu où s'éleva plus tard la chapelle de Sainte-Trifine, devenue, depuis plusieurs siècles, église paroissiale et relevant aujourd'hui de Saint-Nicolas-du-Pelem. Ce qui l'incline vers cette conclusion, c'est que la tradition du pays y place le tombeau de la Sainte Il est difficile d'admettre cette supposition ; car Comorre vivait encore et dominait sur ces contrées. Il est plus probable que, saint Trémeur ayant été enseveli là après son meurtre, sa mère choisit aussi ce lieu pour sa propre sépulture, surtout si l'on admet qu'elle ne mourut qu'après son cruel époux. Le fait est que, dans le cimetière de cette paroisse, on montre un cercueil en pierre qu'on dit être son tombeau.

chapelles de l'hôpital de Pontivy lui est également dédiée, et on y voit sa statue.

Trémeur resta au château de Guérech jusqu'à l'âge de 5 ans. Il fut alors, pour faire son éducation, placé au monastère de Rhuys, où étaient élevés et instruits, dans la religion et les bonnes lettres, les enfants des premières familles du pays (1). Pieux et appliqué à l'étude, il fit de rapides progrès dans la vertu et les sciences. Pleine d'innocence et de grâces, sa vie angélique était accompagnée de miracles, que le Seigneur se plaisait à opérer par ses mains. Jeune encore et se promenant seul à la campagne, après avoir assisté aux saints offices, un dimanche, huitième jour d'octobre, vers 552, il fut rencontré par son père qui, toujours cruel et étouffant tout sentiment naturel, le reconnut et lui trancha la tête (2). Voilà pourquoi saint Trémeur ou Tréver est appelé martyr et invoqué, sous ce titre, dans les litanies anglaises du VII<sup>e</sup> siècle. Il fut enterré dans le cimetière de la paroisse de Sainte-Trifine, sur la route conduisant de Corlay

---

(1) Dom Lobineau, *vie de saint Trémeur*. — Albert, de Morlaix, loc cit.

(2) Selon Le Baud, Comorre eut, à son tour, une fin bien tragique. Il mourut en 554, sur le mont Rumba, au milieu d'atroces douleurs et dans un indescriptible désespoir, à la suite d'une excommunication lancée contre lui, à cause de ses nombreux et abominables crimes, par les évêques de Bretagne réunis sur la montagne de Mené-Bré, en Domnonée. Saint Gildas assista à cette réunion. — C'est lui qui, par ses cruautés, a fourni le sujet du conte de *Barbe-Bleue*. (Cayot-Délandre.)

à Rostrenen, dans le diocèse de Saint-Brieuc; on y voit encore, à la porte de l'église dédiée à sa mère, son tombeau au pied duquel s'élève une très ancienne pyramide portant gravés des caractères longtemps réputés inconnus (1). Ses reliques, conservées et vénérées en Bretagne, furent, en grande partie, portées à Paris, en 965, par Salvator, évêque d'Aleth, et distribuées à certaines églises. Quelques-uns de ses ossements se trouvaient, à l'époque de la grande révolution, dans celle de

---

(1) Le tombeau attribué à saint Trémeur sur la paroisse de Sainte-Trifine, dans les Côtes-du-Nord, et le silence complet gardé sur sa sépulture à Saint-Gildas-de-Rhuys, permettent de conjecturer le lieu de ce nouveau crime et de supposer qu'il fut commis aux environs de l'endroit de sa sépulture. Ce tombeau, qui est dans le cimetière, consiste en une fosse profonde formée par de grandes dalles de pierre, avec quatre piliers ronds aux angles et un chevet de pierre aussi à une des extrémités, ainsi qu'un bénitier également en pierre. A l'autre extrémité s'élève une pyramide, dite *Colonne de saint Trémeur*, de dix à douze pieds de hauteur, quadrangulaire et cannelée sur toutes ses faces, portant jadis une croix à son sommet et encore maintenant sur une des faces cette inscription en deux lignes superposées: *Crux ave Dei*. Négligé pendant de longues années, ce monument, moins la colonne qui paraissait toujours, se perdit sous un tas de pierres et se couvrit de ronces. En 1570, un des fabriciens de la paroisse se chargea de nettoyer le cimetière et le découvrit; il y avait encore des ossements dans le caveau. La dévotion au jeune Saint se ranima, des miracles se firent à ce tombeau, et, en 1577, on bâtit dessus une petite chapelle qui existe encore. La veille du premier dimanche de mai, il s'y fait une grande procession à laquelle les mères portent leurs jeunes enfants et les initient à la marche en les introduisant dans le tombeau du Saint et dans celui de sa mère. *(Manuscrit de la Bibl. imp.)*

Saint-Magloire, à Paris, où l'on faisait mémoire de sa fête; ils sont maintenant à Saint-Jacques-du-Haut-Pas, dans la même ville. On conserve aussi de ses reliques dans sa chapelle sur la paroisse de Sainte-Trifine. L'église paroissiale de Carhaix, autrefois collégiale, dans le diocèse de Quimper, l'a pour patron, et il y est représenté, comme à Sainte-Trifine, sous les traits d'un enfant portant sa tête dans les mains, pour indiquer le genre de sa mort. A sa fête, célébrée auparavant dans le diocèse de Quimper, comme d'un martyr, le 8 novembre, on a substitué une simple commémoraison, le 7 du même mois.

## CHAPITRE XIV.

### Saint Gildas quitte la solitude du Blavet et y laisse saint Bieuzy.

Ce fut après la résurrection de sainte Trifine que, sur les conseils de Guérech et pour ne pas s'exposer à la vengeance de Comorre, notre Saint quitta, non sans jamais y retourner pour de saintes retraites, sa solitude du Blavet et se retira à son abbaye de Rhuys. Il ne put emmener avec lui saint Bieuzy qu'il laissa à la tête du monastère de la Couarde et que, peu de temps après, les gens du pays demandèrent à l'évêque de Vannes pour remplacer leur pasteur décédé. Ce vénérable religieux, pour guérir de la rage les hommes et les bêtes, avait reçu de Dieu un don tout spécial qui fut l'occasion de sa mort. A cause des saints offices à célébrer pour son peuple, un jour de fête, il ne put immédiatement se rendre chez le seigneur du Garo qui l'avait fait mander par son écuyer, pour guérir sa meute. Irrité de ce délai, cet homme, brutal et emporté, qui croyait tout le monde à son service parce qu'il était puissant, rassemble ses hommes d'armes et, à leur tête, se transporte en fureur à l'église, trouve le saint à l'autel, et lui décharge sur la tête un si rude coup de coutelas qu'il ne put retirer son arme (1). Le saint prêtre acheva tranquillement la messe, adressa une touchante exhortation à son peuple et, suivi de la foule qu'il avait avertie de son départ, prit le chemin de l'abbaye de Rhuys, toujours l'épée dans la plaie, pour recevoir de son supérieur, avant de mourir, une dernière bénédiction et être enterré au milieu de ses frères. Arrivé sur la fin du jour, près de Lanvaux, dans la paroisse actuelle de Pluvigner, notre Saint dut s'y arrêter pour passer la nuit en prières avec ses

(1) Rentré chez lui après son crime, ce seigneur trouva ses chevaux et tous ses autres animaux enragés comme ses chiens et fut, le lendemain, par eux déchiré misérablement. Une autre version dit que son château s'écroula sur lui et l'ensevelit sous ses ruines, qui se montrent encore sur la paroisse de Melrand. Le manuscrit de la bibliothèque impériale le dit seigneur de Kerevent ou de Kneur, et place son château, dont on voyait encore les ruines en 1668, dans un taillis voisin du château-fort de Castennec.

paroissiens dont le nombre s'était considérablement accru depuis son départ. Le sachant parti, son meurtrier le suivit jusque-là pour achever de lui ôter la vie ; mais, à son approche, le Saint se cacha dans une grotte voisine, qui d'elle-même se ferma sur lui. De retour chez lui, ce cruel seigneur fut mis en pièces par ses animaux enragés, qui tous s'étaient échappés. La piété des fidèles a marqué pour toujours le lieu de cette station, en y élevant une chapelle, qui lui est dédiée et dans laquelle son chef, relique précieuse, est encore en vénération. Le lendemain, dès la pointe du jour et au chant du coq, on se remit en route, saint Bieuzy marchant en tête, comme la veille. Cette procession d'un nouveau genre marcha dans cet ordre jusqu'au littoral de Baden (1), où elle trouva, prêts à lever les ancres, plusieurs bâteaux, sur lesquels elle s'embarqua. La légende ajoute que, aussitôt, le Morbihan devint furieux et que d'énormes vagues soulevaient les barques, excepté celle du Saint qui, à genoux sur la proue, continuait sa prière, tandis que son sang, tombant goutte à goutte, rougissait la mer. Après avoir heureusement débarqué les passagers sur la presqu'île de Rhuys, les navires et les conducteurs disparurent

---

(1) Près du Port-Blanc sur le littoral de Baden et à la pointe d'une anse délicieuse du Morbihan, il y avait très anciennement une chapelle sous le vocable de Saint-Gildas et dont il ne reste plus de traces que dans la tradition du pays. Ce monument n'aurait-il point été élevé là en mémoire de l'embarquement, en ce point, de saint Bieuzy et de ses compagnons ?

miraculeusement. Averti pendant que, avec ses moines, il chantait les vêpres, de l'arrivée de son cher disciple, saint Gildas envoya ses religieux en procession au devant de lui. Saint Bieuzy, introduit au chœur, s'agenouille aux pieds du saint abbé, reçoit sa bénédiction, expire, dès qu'on arrache de sa tête l'arme meurtrière, et est enterré dans la chapelle de l'abbaye. On ignore en quel lieu précis de l'église se trouvait son tombeau. On sait seulement que saint Gildas avait prié ses religieux de l'enterrer lui-même auprès de son cher disciple. Plus loin il sera dit à qui il faut attribuer le tombeau portant l'inscription *Riocus abba* dans le transsept nord de l'église de Saint-Gildas. L'Église de Bretagne l'honore comme un saint martyr et célébrait autrefois sa fête, le 24 novembre, comme on le fait encore, le dimanche suivant, dans la paroisse de Bieuzy, au canton de Baud. Ce fut dans l'ancienne église de cette paroisse, dont il est le patron, qu'il reçut le coup mortel. On n'ignore pas que c'est sur le territoire de la paroisse de Bieuzy que se trouve la grotte de saint Gildas. La mémoire des deux solitaires du Blavet y est toujours en singulière vénération, et il y eut une grande joie dans la paroisse de Bieuzy, lorsque, en 1864, elle reçut, de Rhuys, des reliques de saint Gildas, qui fut son premier apôtre. Pour perpétuer le souvenir de la réception de ces reliques, un beau calvaire en granit a été érigé au sommet de la montagne, sur la pointe de Castennec.

A Pluvigner, il y avait autrefois une fontaine de

Saint-Bieuzy dont l'eau avait la vertu de guérir les hommes et les animaux enragés. Il suffisait d'en boire ou de manger du pain qu'on y avait trempé. Au milieu du XVII<sup>e</sup> siècle, l'auteur du manuscrit de la bibliothèque impériale vit un chasseur qui s'y était rendu afin de demander au recteur du pain trempé dans cette fontaine. Il entendit même de la bouche du susdit recteur que ce remède n'avait jamais manqué d'efficacité. En même temps qu'on prenait de cette eau, l'usage était de faire dire une messe dans l'église paroissiale ou mieux dans la chapelle du Saint.

## CHAPITRE XV.

### Miracles opérés à Penvins et monastère de Cohet-Lahen.

Après la résurrection de sainte Trifine, le moine anonyme de Rhuys nous raconte deux autres miracles, que, pour la gloire de Dieu et l'honneur de son serviteur Gildas, il faut rapporter ici.

Au VI<sup>e</sup> siècle, il y avait, sur la presqu'île de Rhuys et entre le village actuel de Penvins et le rivage de l'Océan, un vaste étang recevant les eaux de la mer par une étroite embouchure et dans lequel stationnaient, toujours à flot, des navires de pirates, qui dépouillaient les passants et pillaient les villages des environs. Habiles marins, ces voleurs étaient insaisissables ; car, dès qu'on voulait les poursuivre jusque dans leurs navires, ils levaient les ancres et gagnaient le large. Ruinés par eux et ne pouvant s'en défaire, les habitants du pays eurent recours à saint Gildas. Il eut pitié d'eux, se rendit à l'entrée du lac et pria Dieu de combler et de fermer cette embouchure. Aussitôt la mer, en bouillonnant, jeta là un si énorme banc de sable qu'il fit échouer les navires des pirates. Abandonnant leurs barques, ces larrons s'éloignèrent, sans pouvoir revenir au même lieu ; car la mer ne reprit, que des siècles plus tard, le sable qu'elle y avait déposé.

Lorsque le moine anonyme de Rhuys écrivait la vie de saint Gildas, au XIe siècle, ce banc de sable obstruait encore l'embouchure de l'étang. Une chapelle, dédiée à saint Démétrius, s'élevait sur le rivage et non loin du village qui portait le même nom. Les habitants du lieu et des environs formaient ce que le moine de Rhuys appelle *Plebs sancti Demetrii*, le peuple de saint Démétrius, auquel, sans fondement peut-être, Albert de Morlaix, dans sa vie de saint Gildas, attribue le titre de paroisse. Au milieu du XVIIe siècle, la chapelle de saint Démétrius avait disparu, grâce aux envahissements de la mer, et avait été remplacée par une autre, élevée aussi sur la côte, dédiée à Notre-Dame-de-Penvins et servant encore au culte, à moins qu'elle n'ait été rebâtie depuis. Comme la chapelle avait changé de vocable, le village changea aussi de nom et prit celui de Penvins (1). Quant à l'étang, il n'existait plus à cette époque. Mais il est encore mentionné longtemps après la construction du château de Sucinio. Les tenanciers des terres environnantes font, pendant des siècles, aux ducs de Bretagne résidant au château, aveux pour les terres susdites *d'un bout joignant au vieux étang*. Après avoir rongé les terres de chaque côté et formé deux pointes, l'une du côté de Pénerf et l'autre du côté de Penvins, la mer finit par emporter le banc de sable et envahit l'étang tout entier. L'auteur du manuscrit de la bibliothèque impériale visita les lieux en 1666 et dit que, aux grandes marées, époque à laquelle la mer perd davantage, la plage montrait une excavation d'une certaine étendue qu'on nommait encore *le vieux étang*. Il n'en reste plus trace aujourd'hui ; son emplacement doit être très avant dans la mer. Au temps de saint Gildas, il était, dit l'auteur qui vient d'être cité, *sur le bord du détroit de mer qui est entre l'île de Rhuys et l'abbaye de Prières*. Alors, comme on le voit, les pointes de Pénerf et de Penvins étaient loin d'être à la distance qui les sépare aujourd'hui. L'étier de Kboulico ne devait point encore exister.

Au même endroit et à deux lieues environ de l'ab-

---

(1) Si les projets d'y ériger une nouvelle paroisse se réalisaient un jour, il serait beau et bon de relier le présent à une antiquité si vénérable, en restituant à saint Démétrius son ancien patronage sur cette partie de notre presqu'île.

baye de Rhuys (1), saint Gildas avait, depuis environ vingt-cinq ans, fait bâtir un petit monastère, en un lieu nommé *Cohet-Lahen* en langue celtique, d'où au couvent le nom de *Monastère-des-Bois*, dont, au rapport de Mabillon, il restait encore des vestiges à la fin du XVIIe siècle.

Voici le fait qui donna lieu à l'établissement de ce monastère. Dans une fosse, qui se voit encore, au sein d'un monticule couvert alors d'arbres et de broussailles, un énorme serpent avait établi sa demeure, d'où il faisait fréquemment, sur le territoire de Saint-Démétrius, des incursions hostiles, surtout à cause du bétail qu'il dévorait. Les habitants désolés eurent recours à saint Gildas qui ne s'était pas encore retiré sur le Blavet. Il se rendit sur les lieux, se mit en prières, puis, s'approchant du monstre étendu dans sa fosse, il lui jette une corde au cou et le traîne en triomphe à travers le pays, et suivi de la foule qui grossit toujours, traverse le bourg naissant de Sarzeau, se repose sur un petit tertre au couchant du chemin, gagne une pointe de rocher près de son abbaye, et, de cette hauteur, précipite dans les flots le serpent, qui siffle, s'agite, lutte contre la mort et disparaît englouti et emporté par les vagues. Cette partie de la forêt de Rhuys était,

---

(1) Dom Mabillon, *Siècles Bénédictins*, notes sur la *vie de saint Gildas*. — Manuscrit de la bibliothèque impériale.

paraît-il, infestée de reptiles (1). Le saint l'en purgea et y établit son *Couvent des Bois*, ainsi nommé parce qu'il était dans la forêt appartenant alors à l'abbaye de Rhuys. Le patron donné par lui à ce petit couvent nous est inconnu; car, dit l'auteur du manuscrit souvent cité, il fut changé au commencement du xi$^e$ siècle et remplacé par saint Pabu, titulaire du prieuré qui succéda au monastère.

Les religieux, placés là pour cultiver les terres et y vivre dans la contemplation, étaient sans cesse inquiétés par les propriétaires voisins, qui prétendaient que le monastère empiétait sur eux, et molestaient les moines pour s'en débarrasser. Le saint abbé reçut les plaintes de ses enfants et, désireux de les voir tous vivre en paix, il s'y transporta pour terminer le différend. Comme les querelleurs étaient animés d'un mauvais esprit et ne voulaient pas entendre raison, il leur dit: « Eh bien! Dieu vous montrera lui-même les bornes qui séparent nos terres d'avec les vôtres. » Puis, se rendant, avec les siens, sur le rivage de la mer, à un quart de lieue du couvent, il se mit

---

(1) Ces miracles relatifs aux serpents sont mentionnés par le titre dit de 1001 et la charte du duc Jean, comte de Montfort, de 1369. — Nous ne voulons pas dire, avec la tradition locale qui perpétue le souvenir du fait en l'exagérant, que l'énorme reptile, détruit par saint Gildas, eût les dimensions de la fosse, dite *Toul-er-Serpent*. Selon toute apparence, la fosse actuelle est une ancienne carrière qui a fourni les pierres à la construction du monastère de Cohet-Lahen.

à genoux et pria avec ferveur le Dieu de miséricorde, qui, au ciel et sur la terre, fait tout ce qu'il veut. S'étant levé, il prit son bâton et, traçant avec la pointe une ligne sur le sol, il se mit à parcourir les limites contestées en chantant, avec les siens ces paroles du psalmiste : *O quam bonus es, Deus Israel, his qui tibi recti sunt corde!* Oh, oui! s'écrie l'auteur de sa vie, que vous êtes bon, Dieu d'Israël, envers ceux qui vous servent avec un cœur droit! Par la volonté divine, une source très limpide jaillit du lieu même où le Saint avait prié, et les eaux, suivant la trace de son bâton, formèrent un petit ruisseau, qui, dans la suite, servit de bornes à la propriété. Ce nouveau miracle fit ouvrir les yeux à tout le monde et rendre de grandes actions de grâces au Dieu tout puissant qui opère par ses saints de si admirables prodiges. Selon le moine de Rhuys, qui devait l'avoir vu, ce ruisseau coulait encore au XI$^e$ siècle, et continuait à exciter l'admiration et la piété des fidèles. Il coulait encore plus de 460 ans après, c'est-à-dire au XVI$^e$ siècle, ajoute le manuscrit de la bibliothèque impériale; mais il avait disparu quand, en 1666, l'auteur de ce manuscrit visita les lieux. La terre l'avait obstrué et couvert. Il y avait eu, cette année, une grande sécheresse qui avait fait tarir toutes les sources. « Les habitants de là près, dit cet auteur, creusèrent afin d'avoir de l'eau pour abreuver leurs bestiaux, et trouvèrent à un pied de profondeur des sources vives et abondantes; d'où, continue-t-il, je suppose que, en cherchant bien, on retrouverait le ruisseau miraculeux. » Malgré une observation attentive et de minutieuses recherches sur les lieux, il nous a été impossible d'en découvrir avec certitude les moindres traces. Nous n'avons trouvé qu'un pré et une fontaine, qui portent encore le nom de saint Pabu et sont situés entre la fosse-au-serpent et l'étier de Kyboulico. La tradition locale rapporte que, antérieurement à la grande révolution française, les mères de famille du pays baignaient dans cette fontaine leurs enfants malades et que ceux-ci y recouvraient la santé.

Près de cette fontaine et à un quart de lieue environ de l'ancien village de Saint-Démétrius, alors comme aujourd'hui village de Penvins, on voyait encore, en 1666, des restes de fondations de bâtiments assez considérables et une muraille, que les habitants du pays disaient être les ruines du prieuré de saint Pabu. Ces gens les visitaient souvent et avec une grande dévotion. Utilisant ces ruines, ils avaient élevé là une petite chapelle en pierres sèches, dédiée à saint Pabu, surnom de saint Tugdual, premier évêque de Tréguier. Quand ils étaient atteints de fièvres, ils y venaient prier avec confiance saint Pabu et saint Gildas, et obtenaient guérison par la vertu de Dieu.

## CHAPITRE XVI.

#### Sa retraite à l'île de Houat et sa précieuse mort.

Pendant son séjour à l'abbaye de Rhuys, saint Gildas avait l'habitude de se retirer souvent à sa chère île de Houat (1), qui, avec l'ermitage du Blavet, fut toujours sa solitude de prédilection. Fort âgé déjà, sentant sa fin approcher et s'étant entièrement déchargé du gouvernement de sa communauté, il s'y rendit, avec deux ou trois de

---

(1) Sur un rocher au bas de la falaise du *Grand-Mont* et près de Saint-Gildas se trouve l'empreinte des sabots d'un cheval, que la légende dit être celui de saint Gildas, qui s'élançait de là pour transporter le solitaire dans sa chère île de Houat.

Il y allait tous les ans pour faire une retraite de plusieurs jours. La tradition raconte que, s'y trouvant une fois avec quelques-uns de ses religieux, les provisions firent défaut. Le Saint, parce que ceux-ci commençaient à murmurer, les conduisit sur le rivage au point qu'on nomme encore *la Chambre*, se mit à genoux et pria avec eux ; puis il s'étendit, exténué lui-même de fatigue et de besoin, sur le rocher en attendant le secours du ciel. Bientôt de fortes et nombreuses soles sautent de la mer à ses pieds. Par ses ordres, les frères s'en emparent, les font cuire, s'en rassasient, et il en reste encore une bonne provision pour les jours suivants. Sous son saint corps, le rocher s'était ramolli et en avait pris l'empreinte qu'il garda. A côté de cette empreinte, pour perpétuer le souvenir du miracle, la forme d'une sole en saillie se dessina sur le rocher mais en pierre de nature différente et tellement adhérente que, malgré des

ses religieux, pour mieux encore se préparer à la mort des justes. Il y vivait depuis quelque temps, complètement en dehors des affaires extérieures, tout adonné aux choses du ciel et soupirant après les joies éternelles, lorsque, une nuit, après une longue veille et d'aussi longues prières, il s'endormit et eut une vision. Un ange du Seigneur lui apparut et lui dit : « Ecoute, ami de Notre Seigneur Jésus-Christ, et apprends que Dieu a vu tes larmes et exaucé tes prières. Voici que, dans huit jours, ton âme sera délivrée de la prison de ton corps; avec les yeux de l'esprit tu verras ce que tu as toujours souhaité depuis ton enfance; tu contempleras, dans sa majesté, la face adorable et désirée du Seigneur, ton Dieu. Confirme donc tes disciples dans la crainte et l'amour de Dieu; recommande-leur, comme tu as l'habitude de le faire, d'observer ses préceptes et d'accomplir fidèlement ses œuvres,

---

efforts réitérés, il a été impossible de la détacher. On ajoute que le varech, qui couvre le reste du rocher, ne croît pas dessus.

Ce n'est pas le seul miracle attribué à saint Gildas dans cette île. Pendant son premier séjour, qui dura environ six mois, il la purgea pour toujours de tous les animaux venimeux qui la peuplaient. Le miracle s'y perpétuait encore à la fin du XVIIe siècle. L'expérience en fut faite à diverses reprises; tous les animaux venimeux qu'on y introduisait ne tardaient pas à périr. La méchanceté avait elle-même tenté de repeupler et de doter l'île de ces êtres nuisibles; mais ses essais échouèrent toujours. Les habitants de Rhuys, quand ils allaient à Houat, remportaient de la terre pour la semer sur leurs champs et sur leurs prés pour les préserver contre les dévastations des taupes. (Manusc. de la bibl. imp.)

afin qu'ils se rendent dignes de participer un jour aux éternelles récompenses promises par lui. »

Le lendemain, après avoir de grand matin célébré le saint sacrifice de la messe, il fit inviter ses disciples de Rhuys et des autres localités de venir vers lui, et, les ayant réunis, il leur dit : « Mes chers enfants, je vais entrer dans la voie de tout homme en ce monde ; il m'est avantageux et il me tarde de mourir pour voir Dieu. Quant à vous, soyez les imitateurs de Jésus-Christ, comme des fils bien-aimés ; marchez sans cesse dans l'amour de Dieu et rappelez-vous toujours ces divines paroles : n'attachez vos cœurs ni au monde, ni aux choses du monde ; le monde passe et ses concupiscences avec lui. Mais aimez de toutes vos forces Notre Seigneur Jésus-Christ et sa parole sainte ; car il a dit lui-même : *celui qui m'aime met en pratique mes discours et, en retour, je l'aimerai aussi et me manifesterai à lui* (1). Considérez donc, mes chers enfants, la magnifique récompense que nous promet Jésus-Christ, qui est l'éternelle vérité, comme il l'affirme lui-même en se proclamant la *voix*, la *vérité* et la *vie* (2). Or, il promet de se donner lui-même à nous. Ne négligeons donc rien pour l'acquérir et le posséder. Conservez entre vous une perpétuelle charité ; car *Dieu est charité, et quiconque demeure dans la charité demeure en Dieu et Dieu demeure en lui* (3). Appliquez-vous

---

(1) S. Jean, XIV, 23.
(2) S. Jean, XIV, 16.
(3) S. Jean, Epît. I, C. IV, v. 16.

aussi à acquérir l'humilité et la douceur; car le Seigneur dit dans l'Evangile : « *Apprenez de moi que je suis doux et humble de cœur* (1). Souvenez-vous que la patience vous est recommandée par ces paroles : *vous posséderez vos âmes par la patience* (2). Obéissez toujours comme Notre Seigneur a été lui-même obéissant jusqu'à la mort. Soyez miséricordieux comme votre père céleste est lui-même miséricordieux. Ayez l'orgueil en horreur, car Dieu résiste aux superbes et donne sa grâce aux humbles. Fuyez l'avarice, que l'apôtre appelle une idolâtrie (3). Fuyez également la luxure, les excès de bouche et la fornication; car, comme le dit saint Paul : ni les impudiques, ni les ivrognes ne posséderont le royaume de Dieu (4). En un mot, abstenez-vous de tout vice capable de vous écarter du ciel. Soyez sobres et veillez, persévérant dans la prière; car, le démon, votre ennemi, tourne autour de vous comme un lion rugissant, cherchant qui il pourra dévorer; résistez-lui en demeurant fermes dans la foi (5). Efforcez-vous d'extirper de vos cœurs la haine, l'envie et la tristesse, et remplacez ces vices par la longanimité, la bonté et la bénignité. Appliquez-vous à acquérir les quatre vertus sans lesquelles personne ne peut

---

(1) S. Mathieu, xi, 29.
(2) S. Luc, xxi, 19.
(3) S. Paul, Epit. aux Coloss. iii, 5.
(4) I Corinth. vi, 10.
(5) S. Pierre, Epit. I, chap. v, v. 8, 9.

être sage, savoir : la prudence, la justice, la force et la tempérance. »

Ce fut ainsi que, pendant sept jours, malgré l'aggravation de sa maladie et l'épuisement de ses forces, il continua, pour accomplir les ordres de l'Envoyé céleste, à confirmer ses disciples. Sur ces entrefaites, Dieu avait aussi révélé sa mort prochaine aux religieux du monastère de la Couarde, ses anciens enfants, qui accoururent en nombre pour assister à ses derniers moments et dans l'intention d'emporter son corps à leur couvent (1). Le huitième jour, il se fit transporter à l'oratoire, se confessa au prieur de Rhuys, pria quelque temps et reçut le Saint-Viatique ainsi que l'Extrême-Onction, ayant sa pleine connaissance et avec une piété admirable. Puis, prévoyant et voulant prévenir les difficultés qui devaient surgir relativement à la possession de son corps, il dit à ceux qui l'entouraient : « Je vous supplie par Jésus-Christ, mes chers enfants, de n'avoir pas d'altercation au sujet de mon corps ; mais, immédiatement après mon dernier soupir, de le déposer dans un navire et d'y reposer ma tête sur la pierre qui m'a toujours servi de chevet. Qu'aucun d'entre vous ne reste dans la barque, que vous pousserez en pleine mer et laisserez aller où Dieu la conduira. Le Seigneur pourvoiera lui-même à ma sépulture

---

(1) Quelques auteurs prétendent que ces religieux, qui voulaient enlever son corps, étaient de la Cornouaille insulaire ; c'est évidemment une confusion ; ils étaient de la Cornouaille armoricaine et du monastère sur le Blavet.

au lieu qu'il lui plaira. Quelque part que je sois, j'ai la ferme espérance qu'il saura me ressusciter avec les autres au jour de la résurrection générale. Que le Dieu de paix et d'amour demeure à jamais avec vous tous ! » L'assistance ayant répondu : « Ainsi-soit-il ! » dans un âge avancé, plein de jours et de mérites, il s'endormit du sommeil des justes, le 29 janvier 565 (1). Il avait 72 ans.

Pour accomplir les dernières volontés du Saint, ses disciples, après l'avoir revêtu des ornements sacerdotaux, déposèrent son corps, avec regret et vénération, dans une barque qu'ils abandonnèrent aux vents et aux flots. Les religieux venus des bords du Blavet étaient en grand nombre, voulaient s'emparer du précieux dépôt et l'emporter dans leur pays. Mais, pendant qu'ils concertaient leur projet et se disposaient à le réaliser, par la volonté de Dieu, le navire coula doucement à fond. Ayant en vain passé plusieurs jours à parcourir les rivages voisins et à le chercher partout, ils perdirent espoir de le retrouver et retournèrent en leur couvent. Ceux de Rhuys continuèrent à le chercher pendant trois mois, mais inutilement. Enfin, pour se rendre le ciel favorable, ils se prescrivirent un jeûne et des prières de trois jours, au bout desquels l'époque et le lieu de l'invention furent

---

(1) Comme pour sa naissance, plusieurs autres dates ont été assignées à sa mort. Mabillon adopte celle-ci, parce que, dit-il, 565 est la seule année, aux environs de la mort du Saint, qui réalise la condition indiquée par le moine de Rhuys : les Rogations avant le 5 des ides du mois de mai.

révélés à l'un d'entre eux. Ils en furent grandement consolés.

Le temps des Rogations étant venu sur ces entrefaites, les religieux de Rhuys, selon leur coutume, se rendirent, le 11 Mai, en procession à la chapelle d'*Eroest*, aujourd'hui *Croisty*, c'est-à-dire, *Maison de la Croix*, qui était une de leurs stations (1) et que saint Gildas avait autrefois fait bâtir en l'honneur de la Croix, au midi du bourg d'Arzon. Quel ne fut pas leur bonheur, en apercevant, de cette hauteur et entre deux rochers qu'on montre encore dans la crique ou petite baie voisine, laissé à sec par la marée, un bâteau dans lequel ils trouvèrent le corps de leur bienheureux père aussi frais et aussi intègre que lorsqu'ils l'y avaient

---

(1) Les religieux de Saint-Gildas ont toujours continué, jusqu'à la grande révolution, à s'y rendre en procession pendant les Rogations, ainsi que le prouve leur cérémonial conservé au presbytère de la paroisse. La chapelle du Croisty a été plusieurs fois rebâtie. En 1666, elle se composait de trois parties d'époques différentes : le milieu était très ancien ; venait ensuite le chœur, puis le bas. La table du maître-autel était formée de deux pierres égales, dont aucune ne paraissait être celle qui avait servi de chevet au Saint, et qui ne s'y trouvait probablement plus. La chapelle avait deux autres petits autels. — On y faisait une fête très solennelle quand le premier jour des Rogations tombait le 11 mai, comme cela eut lieu en 1665, ainsi que le rapporte l'auteur du manuscrit cité souvent, lequel eut le bonheur d'y assister. De cette ancienne chapelle du Croisty il ne reste plus qu'un pan de mur, peu distant de la nouvelle chapelle, bâtie en 1826 et dédiée à la sainte Vierge. Dans cette dernière, le clergé d'Arzon chante la messe deux fois l'an : le 8 septembre, fête de la Nativité de Marie et le mardi de Quasimodo, pour les marins qui, dans l'année, ont péri en mer.

déposé! Pleins d'une sainte joie, ils l'enlevèrent avec vénération et le transportèrent au monastère de Rhuys, au chant des hymnes et des psaumes, et suivis d'une grande foule de peuple dans la jubilation d'avoir recouvré pour le pays un patron et un puissant avocat auprès du Seigneur.

Pour perpétuer en ce lieu le souvenir de cette nvention, les moines placèrent, sur l'autel de la chapelle, la pierre sur laquelle le Saint reposait sa tête et qu'ils retrouvèrent aussi dans la barque. De plus, chaque année, à la même date, ils allaient au Croisty, portant en procession les reliques du bienheureux. A partir de cette époque et au XIe siècle encore, on célébrait dans le diocèse de Vannes la fête de cette miraculeuse invention, le 11 mai, jour auquel le Seigneur se plaisait à opérer de grands et nombreux miracles au tombeau de son serviteur. Ce glorieux tombeau se trouvait alors dans l'église bâtie par le Saint au monastère de Rhuys et les fidèles Bretons, y accourant en foule, en firent un pélerinage très fréquenté.

## CHAPITRE XVII.

#### Vertus de saint Gildas.

Quelque soit, peut-on dire ici avec le vénérable curé de Saint-Sulpice, dans sa vie de saint François de Sales, l'intérêt offert jusqu'à présent par l'histoire de notre Saint, il est cependant vrai d'affirmer que la partie peut-être la plus utile de cette belle vie reste encore à traiter. Outre les faits, qui se rattachent à une époque particulière et dont le récit vient d'être fait, en suivant, autant que possible, le saint abbé de Rhuys depuis le berceau jusqu'à la tombe, il en est d'autres qui n'appartiennent à aucune époque proprement dite, parce que, constituant l'état habituel de l'homme, ils sont également de toutes les époques de sa vie. Les faits historiques ont une date fixe; mais le fait moral des belles qualités et des vertus n'en a point; on ne peut pas dire : ces vertus sont de telle année. Il leur faut donc une place à part, et c'est ici le lieu de les exposer. Ce qui reste à parcourir est du plus grand intérêt; car les faits historiques, déjà racontés, ne sont que comme les émanations des belles qualités ou des vertus encore à décrire. Si les ruisseaux sont gracieux et limpides, combien plus belles et plus ravissantes doivent être les sources elles-mêmes!

Ce tableau doit commencer par ses qualités naturelles, qui sont comme le fond sur lequel la grâce a travaillé, se continuer par l'exposé des moyens qui l'ont élevé à la sainteté, de ce qu'il a été par rapport à Dieu, au prochain et à lui-même, et se terminer par la douce satisfaction de voir ces vertus couronnées d'une gloire et d'une vénération qui ne s'attachent qu'aux saints.

Avant d'entrer en matière, un grand regret reste à exprimer; le lecteur lui-même ne sera pas sans l'éprouver et le partager. A cause de la grande distance qui sépare de la nôtre l'époque où vécut notre Saint, il est impossible de consulter, sur cette partie de sa vie, des sources nombreuses et telles qu'on les souhaiterait. Pour rester dans le certain, il faut se contenter du récit laconique donné, épars dans sa vie, par le moine anonyme de Rhuys.

### § I<sup>er</sup>. Ses qualités naturelles.

Saint Gildas était d'une constitution saine et d'une taille avantageuse, et sa physionomie, douce et agréable, d'une grande délicatesse et d'une beauté remarquable, lui attirait de promptes sympathies : témoin ce qui se passa, lorsque, tout jeune encore, il fut confié à saint Iltut qui ne put lui refuser ses affections, et plus tard, quand, parvenu à la maturité de l'âge, il tomba, près de Ravenne, dans une troupe de voleurs dont quelques-uns voulaient lui sauver la vie et le garder avec eux uniquement à cause de sa beauté frappante. Ces attraits du visage n'étaient que le reflet d'une âme plus belle encore et dans laquelle la nature semblait avoir rassemblé tous ses dons : jugement exquis, bon sens rare, esprit sérieux, facile et fécond ; imagination riche ; caractère doux, aimant et bon, et en même temps énergique et ferme ; cœur tendre et qui, en s'attachant à Dieu, devint le foyer des plus purs et des plus beaux sentiments ainsi que d'un zèle admirable pour la gloire de Dieu et le salut des âmes. Toutes ces belles qualités étaient relevées par une instruction profonde et variée. Versé dans la science de la sainte Écriture, dans les connaissances de l'histoire et dans l'art de bien dire, il écrivait et parlait avec délicatesse et autorité. De là, les fruits merveilleux et les succès de ses prédications ; de là aussi, la force des ouvrages qu'il nous a laissés et dans lesquels il se montre historien complet et judicieux, en même temps que commentateur distingué de la sainte Écriture, dont les textes, admirablement choisis et appliqués, pleuvent de sa plume avec surabondance.

### § II. Moyens par lesquels il s'éleva à la sainteté.

Considéré dans le paragraphe précédent, comme homme aimable et instruit, le bienheureux Gildas doit être maintenant étudié comme saint. Mais, ainsi que, avant de parvenir au sommet d'une haute montagne, il faut gravir les sentiers qui y conduisent, de même, avant d'exposer les différentes vertus constituant sa grande sainteté, il est nécessaire de le suivre dans les voies par lesquelles il s'y est élevé.

Sa rare intelligence comprit de bonne heure que la légèreté de l'esprit, les mauvaises tendances du cœur et les révoltes de la chair, formant les trois principaux obstacles à la vertu, il devait leur opposer la réflexion, la prière et la mortification : la réflexion, qui fixe et éclaire l'esprit ; la prière, qui détache l'âme des créatures, l'unit à Dieu et attire la grâce ; la mortification, qui dompte la chair et la soumet à la loi de Dieu, en l'assujétissant à la loi de l'esprit. Voilà pourquoi, dès sa plus tendre jeunesse, à peine entré à l'école de Lan-Iltut, et pendant toute sa vie, il s'adonna, avec ardeur et fidélité, à l'oraison et à la contemplation, exercice tout à la fois de réflexion et de prière. Grâce à ce moyen, il fit de si rapides progrès dans la vertu, qu'il devint bientôt le modèle de ses condisciples, comme il le fut plus tard de ses confrères, des peuples qu'il évangélisait et des religieux qui s'étaient mis sous sa conduite pour apprendre de lui et à son exemple le chemin de la perfection.

En outre, pour combattre la dissipation et assurer les fruits de ses oraisons, il contracta l'habitude du recueillement et de la présence de Dieu. De là, ce goût et cet attrait si prononcé pour la solitude. Fuyant les distractions du monde, qu'il craignait, les estimant nuisibles et dangereuses, il rechercha toute sa vie le silence et la retraite. Obligé parfois d'en sortir et de se livrer à des ministères qui dissipent, il s'était fait, au dedans de lui, comme un temple, une solitude intérieure, où rien n'entrait que son âme seule avec Dieu. Dans ce sanctuaire intime, toujours abîmé dans l'océan des perfections divines, il considérait Dieu tantôt comme son seigneur, son roi, son juge, et, en esprit, se prosternait anéanti à ses pieds; tantôt comme son père, son bienfaiteur, son ami, et il s'excitait à l'aimer sans cesse davantage. Ainsi, alors même qu'il était occupé d'affaires et conversait avec les hommes, il se tenait encore uni à Dieu, comme on en pouvait juger à ses fréquentes élévations d'esprit et de cœur et aux pensées d'amour et de foi entremêlées à tous ses entretiens. Il n'est pas un de ses discours, longs ou brefs et parvenus jusqu'à nous, qui ne soit une preuve de cette vérité.

Estimant son corps comme un esclave qui se révolte quand on le flatte, pour prévenir ses écarts et l'habituer à la soumission aux lois de l'esprit, il commença, encore enfant, à le macérer par des jeûnes prolongés, une sobriété presque inimitable, de longues veilles passées en prières et dans des postures fatigantes, par la pratique d'une rigoureuse pauvreté et par différentes autres mortifications, telles que cilice et coucher sur la dure, même sur la terre nue, avec une pierre pour chevet. Comme il n'ignorait pas que les efforts de l'homme, secondés par la grâce, peuvent bien réduire en servitude les concupiscences de la chair, mais non les anéantir, mais non en extirper jusqu'aux dernières racines, il ne cessa jamais de se tenir en garde contre cet ennemi qui, comme l'ange de Satan, ainsi que l'appelle saint Paul, nous accompagne pendant toute la vie et pourrait nous souffleter, même à la fin de notre course, si la bride lui était lâchée. De là, ces austérités, dont, plus que septuagénaire, et usé par une vie de crucifiement, il ne se départit point, pas même dans sa dernière maladie.

Tels sont les trois moyens principaux par lesquels

le bienheureux Gildas s'éleva à la sainteté ; tels sont les principes dont découlent les vertus qui vont être exposées.

### § III. Sa foi.

Telle qu'elle vient de nous apparaître, l'union intime de saint Gildas avec Dieu peut donner déjà la mesure de la vivacité de sa foi. Dans ce commerce habituel avec son Dieu, il puisait une telle surabondance de lumières surnaturelles, que, sans peine, avec gloire même, il soumettait son esprit et son cœur à la véracité de Dieu nous révélant les vérités à croire, et à l'autorité de l'Eglise nous les proposant. Ses écrits sont, non-seulement d'une irréprochable orthodoxie, mais encore ils attestent un auteur sincèrement attaché, pour le dogme comme pour la discipline, à l'enseignement infaillible de la sainte Église de Dieu. Jamais le doute ne projeta ses ombres sur son âme soumise. Exerçant le ministère de la parole au milieu des païens et des hérétiques, tant en Grande-Bretagne qu'en Irlande et dans notre Armorique, il nous est montré toujours couvert et armé du bouclier de foi. Pour combattre les hérésies qu'il rencontrait, il dut les étudier dans les ouvrages qui les renfermaient, comme il dut fréquenter les hérétiques et vivre parmi eux afin de les convertir, et cependant cette vertu de son âme n'en reçut aucune atteinte. Ce fut même son amour pour la foi catholique qui, avec le désir de sauver des âmes, le conduisit sur les champs de l'erreur. Mais c'est surtout dans les nombreux miracles opérés par lui que se montre la grande vivacité de sa foi. Il obtenait de Dieu ce qu'il lui demandait ; car, suivant le conseil de l'apôtre, il priait avec confiance et sans hésitation. Dès son enfance, on voit en lui des habitudes de foi. Il entend dire à son abbé Iltut que toutes les supplications adressées à Dieu au nom de Notre Seigneur Jésus-Christ, sont sûres d'être exaucées, il le croit si fermement que, tout aussitôt, le ciel vient lui-même confirmer sa foi par la dilatation miraculeuse du monastère. Dans les exhortations qu'il adressait à ses disciples, dans les reproches qu'il faisait à ses compatriotes, la foi est sans cesse et instamment recommandée.

### § IV. Son espérance.

Cette vertu chrétienne a deux parties distinctes : par l'une, elle aspire à la possession de Dieu dans le ciel et compte sur le secours de la grâce pour y parvenir, et c'est l'espérance dans le sens strict du mot ; par l'autre, elle s'abandonne, dans tous les événements de la vie, à la paternelle conduite de la providence divine, et c'est l'espérance dans un sens plus large, ou la confiance en Dieu. Sous ces deux rapports, saint Gildas fut l'homme de l'espérance.

La terre n'était pour lui qu'un lieu d'exil. De toute son âme, il soupirait comme saint Paul, après la dissolution de son corps, pour jouir plutôt de la vision béatifique et des liens de l'éternelle vie. Dans ses missions, outre la gloire de Dieu et le salut des âmes, il cherchait la glorieuse palme du martyre. Par ses austérités de nature à abréger ses jours, comme par ses retraites dans les lieux solitaires, il nous montre combien peu il tenait à la vie et au monde, pourvu qu'il gagnât et possédât Jésus-Christ.

Considérant Dieu comme un tendre père qui fait tout concourir au bien de ceux qu'il aime, il se reposait en tout et avec un filial abandon sur sa providence. Appelé à la vie apostolique, il s'y livra tout entier et sans sollicitude pour les soins de la vie. En Irlande, il fonde plusieurs monastères et ne s'y fixe pas. Attiré à Rome par sa vénération pour l'Eglise et ses premiers pontifes, il s'abandonne à la providence pour le cours de son voyage et se laisse guider par l'esprit de Dieu jusqu'à la petite île de Houat. C'est là surtout qu'il apparaît ne comptant que sur son Père céleste. Sur qui et sur quoi pourrait-il faire fond, lorsqu'il passa sur le continent pour y établir sa nombreuse communauté, sinon, comme toujours, sur la bonté de Dieu, qui n'abandonne jamais ceux qui espèrent en lui? Il ne fut pas confondu.

§ V. Son amour pour Dieu.

La charité est un arbre à deux branches, dont l'une va directement à Dieu et l'autre au prochain en vue de Dieu. L'amour de Dieu peut avoir deux principes distincts, selon que Dieu est aimé uniquement pour lui-même, parce qu'il est l'infinie perfection digne de ravir tous les cœurs, la bonté souveraine et la beauté incomparable ; ou à cause des bienfaits qu'il accorde dans cette vie et qu'il promet pour l'éternité. Le premier amour constitue la charité parfaite, c'est l'amour pur ; le second, moins parfait, est renfermé dans l'espérance chrétienne. Or, il est permis d'assurer que saint Gildas parvint de bonne heure aux plus hauts degrés de cette vertu. A coup sûr, en effet, il pratiquait lui-même le premier ce qu'il enseignait si bien et recommandait si instamment aux autres. Quelquefois, il est vrai, pour encourager ses disciples à aimer Dieu de tout cœur, il leur proposait les récompenses futures et les joies éternelles ; mais bien souvent aussi ses paroles trahissent des exhortations à un amour désintéressé et plus parfait. La preuve de l'existence de cet amour dans son propre cœur se trouve surtout dans son attention constante à observer, non-seulement les préceptes, mais encore les conseils évangéliques, et à fuir scrupuleusement jusqu'aux apparences du péché. C'est là le signe de la dilection donné par Notre Seigneur Jésus-Christ : *Celui qui m'aime, nous dit-il, met en pratique mes paroles* (1).

---

(1) Jean, XIV, 23.

## § VI. Sa charité pour le prochain.

Si saint Gildas accomplissait si bien le précepte de l'amour de Dieu, il n'était pas moins fidèle à celui qui, semblable au premier, nous prescrit d'aimer le prochain comme nous-mêmes et pour Dieu. Il savait que ces deux commandements renferment et la loi et les prophètes. Il n'ignorait pas que saint Jean, le disciple de la charité, accuse de mensonge quiconque prétend aimer Dieu et n'aime pas son prochain (1). Au reste, c'était pour lui un droit facile, à cause de la douceur, de l'aménité de son caractère, qui faisait dire de lui, comme de Moïse, qu'il était le plus doux des hommes de son temps (2). Mais cette qualité naturelle s'était élevée dans son cœur à l'état de vertu, tant il eut soin de mettre en pratique cette leçon sublime du divin Maître. « Apprenez de moi que je suis doux et humble de cœur. » A l'école de saint Iltut, il nous est déjà montré comme voué à une ineffable charité ; *ineffabili charitate devotus* (3). Sa charité ne se bornait pas à de stériles affections : elle le rendait bienfaisant et le mettait au service d'autrui. Les besoins spirituels des âmes obtenaient surtout ses préférences. Pour satisfaire sa charité, il dut bien

---

(1) Jean, Ep. I, chap. IV, v. 20.
(2) Le moine anonyme de Rhuys fait lui-même cette comparaison.
(3) Ce sont les propres termes du moine anonyme de Rhuys.

souvent imposer de pénibles sacrifices à ses attraits pour la solitude. Il n'hésite pas à quitter ses chères retraites, quand le service du prochain l'appelle. Ainsi, il passe plusieurs années à prêcher l'Evangile aux païens et aux hérétiques de la Grande-Bretagne et de l'Irlande ; ainsi, il sort de l'île de Houat, pour fonder sa communauté de Rhuys ; ainsi encore, il sait s'éloigner de temps à autre de sa solitude du Blavet, quand les besoins des âmes le réclament. Les malades et les pauvres avaient ensuite ses prédilections. Il les assistait de toute façon ; tantôt, c'était par ses prières, qui obtenaient de Dieu leur guérison ; tantôt, c'était, quand il le pouvait, par ses largesses, qui subvenaient à leurs nécessités. Toujours il avait pour eux, comme pour les affligés, des paroles de consolation et des conseils salutaires. Auprès de lui, on était assuré de trouver l'hospitalité la plus délicate et la plus empressée. Selon le moine de Rhuys, il était prodigue dans ses aumônes et plein de toutes sortes de bontés. Par ses exemples et par ses discours, il enseignait à rassasier ceux qui avaient faim, à donner à boire à ceux qui avaient soif, à vêtir ceux qui étaient nus, à visiter les malades et les prisonniers, à ensevelir les morts et à ne rendre jamais que le bien pour le mal. Tout à tous, il pleurait avec ceux qui étaient dans les larmes et se réjouissait avec ceux qui étaient dans la joie. Il était le père des pauvres et des orphelins, et le consolateur des affligés.

## § VII. Son humilité.

Après avoir vu ce que saint Gildas a été relativement à Dieu et au prochain, il reste à voir ce qu'il a été par rapport à lui-même. A l'école du saint Esprit, il comprit, jeune encore, que l'humilité est la première et la plus essentielle des vertus privées et le fondement nécessaire sur lequel doivent reposer les autres ainsi que tout l'édifice de la vie spirituelle. Habitué, dans le recueillement et sous le regard de Dieu, à s'étudier lui-même pour se connaître, à la vue des misères de notre pauvre humanité, il s'animait des plus humbles sentiments. Considérant que, par ses propres forces, il n'était rien et ne pouvait rien pour le ciel, il attendait tout de Dieu, qui résiste aux superbes, mais qui donne sa grâce aux humbles. Bien qu'il fût d'une illustre naissance et si grand aux yeux des hommes et devant Dieu, bien que la vertu divine opérât par ses mains tant et de si éclatants miracles, il ne se préférait à personne, mais s'efforçait de s'humilier au-dessous de tout le monde. Fondateur et abbé, il donnait à ses disciples l'exemple de la plus profonde humilité ; loin de permettre qu'on le servît, il avait soin lui-même de servir tous les autres, pratiquant à la lettre ce précepte du Seigneur : « Que le premier et le plus grand parmi vous soit le serviteur des autres (1). »

---

(1) Math. XXIII, 11.

Il faudrait aussi parler de ses mortifications, de son zèle et de sa dévotion envers les saints ; mais malheureusement le laconisme du premier auteur de sa vie ne permet point de rien ajouter à ce qui a été dit.

### § VIII. Culte de saint Gildas.

Parce que saint Gildas s'estimait le dernier des hommes et s'abaissait au-dessous de tous, Dieu, qui aime les humbles, prit plaisir à l'exalter pendant sa vie par de nombreux miracles, et, après sa mort, par la vénération des peuples. Les admirables prodiges qui s'opéraient par la vertu de ses reliques, rendirent son tombeau glorieux et y attirèrent, de toute la Bretagne et des pays voisins, un grand concours de fidèles.

Comme à cette époque reculée, l'Eglise de Rome ne s'était point encore réservé le droit sur le culte à rendre aux serviteurs de Dieu, mais abandonnait ce soin aux évêques des lieux et à la piété des peuples, on commença, aussitôt après son inhumation, à honorer saint Gildas comme un saint et à lui rendre un culte public. Dans le diocèse de Vannes, deux fêtes furent établies en son honneur : l'une au 29 janvier, pour célébrer sa naissance au ciel, et l'autre au 11 mai, en mémoire de l'invention et de la translation de son corps. De l'Eglise de Vannes, son culte passa bientôt à sa patrie et dans les autres diocèses de notre Bretagne. Il est invoqué dans les litanies anglaises du VII<sup>e</sup> siècle. L'ancien bréviaire de S.-Brieuc marque sa fête le 29 janvier. L'Eglise de Nantes, comme on le voit à son ancien bréviaire, adopta les deux fêtes du diocèse de Vannes et les a, depuis, réduites à une seule, qu'elle célèbre encore le 11 mai. De plus, de nombreux sanctuaires se sont élevés en son honneur et lui ont été dédiés. Les églises et les chapelles suivantes sont ou ont été sous son patronage : l'ancienne église de l'abbaye de Rhuys, aujourd'hui paroissiale ; l'église de la principale paroisse d'Auray, portant la date de 1636 ; l'église paroissiale de Gueltas, au canton de Pontivy; celle de Locqueltas, dans le canton de Grand-Champ; l'église paroissiale de la nouvelle paroisse de Saint-Gildas de Gavre, dans le canton de Port-Louis ; l'église de l'abbaye de Saint-Gildas-des-Bois, aujourd'hui paroissiale, dans le diocèse de Nantes; l'église paroissiale de l'île de Houat ; une chapelle avec une statue du Saint, en pierre, haute d'environ un mètre et paraissant remonter au XIII<sup>e</sup> siècle, sur la paroisse de Malguénac, au canton de Cléguérec ; une chapelle en ruine dans l'île de Houat ; l'église paroissiale de Bohal, dans le canton de Questembert ; la chapelle de Cohignac, jusqu'à la Révolution, sur la paroisse de Berric (1), même canton ; l'église paroissiale de Pénestin, dans le canton de La Roche-Bernard ; la chapelle de l'*île de Saint-Gildas*, sur la paroisse de Penvenan, dans le canton de Tréguier, au diocèse de

---

(1) Archives du presbytère de Berric.

Saint-Brieuc (1); enfin, les chapelles de plusieurs prieurés. Avant sa destruction par les Calvinistes, l'église de l'abbaye de Saint-Gildas, à Bourg-Déols, en Berry, lui était aussi dédiée.

---

(1) Le littoral du canton de Tréguier a une grande dévotion pour saint Gildas, et l'invoque contre les chiens enragés et pour la guérison de la rage.

## IIe PARTIE.

## HISTOIRE DE L'ABBAYE DE RHUYS.

### CHAPITRE Ier.

Introduction de la règle de saint Benoît à l'abbaye de Rhuys.
(818).

Quiconque veut écrire l'histoire de nos plus anciennes abbayes de France ne rencontre, surtout pour celles du nord et de l'ouest, que de rares documents jusqu'à la fin du Xe siècle. Les guerres civiles et les invasions normandes ont presque partout anéanti les mémoires de ces temps. Le monastère de Rhuys, loin d'échapper au sort commun, dut, au contraire, à cause de sa position sur la côte à l'entrée de la Loire et de la Vilaine, être fréquemment visité par les barbares et perdre ses archives. Le moine anonyme de Rhuys, qui écrivit au XIe siècle la vie du saint fondateur, trouva cependant encore des documents précieux qu'il consigna dans son travail ; mais cet ouvrage lui-même ne nous est parvenu que fort mutilé. Il en résulte que nous ne savons presque rien sur notre abbaye à partir du décès de saint Gilda jusqu'à la fuite des moines au temps de l'abbé Daoc, c'est-à-dire, au commencement du xe siècle. Albert de Morlaix parle bien, mais on ignore sur quels fondements, d'un certain abbé *Generosus*, successeur de saint Gildas et qui aurait donné l'habit monastique à un saint Patern II, plus tard évêque de Vannes; mais, comme il est démontré que ce Patern II est un personnage imaginaire, le récit de cet auteur est plus que suspect, même sur l'existence de son abbé *Generosus*.

Aux dernières années du vi[e] siècle, de 580 à 594, les satellites de Chilpéric et de Gontran pesèrent lourdement sur la Bretagne, surtout sur le Nantais et le pays de Broerech, et causèrent des maux si grands, qu'on les crut pronostiqués par le ciel, au rapport de Grégoire de Tours. Selon cet auteur, environ l'an 592, dans une île près de Vannes, l'eau d'un étang d'une coudée de profondeur se trouva convertie en sang, ce qui y attira un nombre considérable d'animaux carnassiers et surtout les oiseaux de proie; présage horrible des malheurs futurs (1).

---

(1) Saint Grégoire de Tours, *Histoire*, liv. viii, chap. 25. — Le même fait est relaté par P. Gauthier, *Table chronologique*, p. 523, et par Dupleix, *Clotaire II*, p. 168. — Or, aux environs de Vannes, il n'y a que la presqu'île de Rhuys, souvent nommée *île* simplement, qui ait des étangs. Alors elle en avait trois : auprès du village de Saint-Démétrius et qui n'existe plus, celui de Kpont desséché en 1667, et enfin l'étang enclavé dans la forêt de Rhuys, non loin de Sucinio et que l'on connaît encore en partie sous le nom d'*étang de Calsac*.

Au siècle suivant, grâce aux douceurs d'une paix relative, l'ordre se rétablit dans les affaires civiles, et la régularité, les lettres et la sainteté refleurirent au monastère de Rhuys. Les actes de saint Gobrien nous apprennent que, de son temps, il y avait là une savante école qui attirait l'élite des intelligences du pays. Un des religieux surtout expliquait avec distinction les Saintes Lettres et la théologie. Saint Gobrien, ayant achevé ses études ordinaires, fut son disciple, vers 660 ou 680, avant de s'agréger au clergé de la cathédrale et d'être promu au siége épiscopal de Vannes, comme le dit sa légende dans le propre du diocèse.

Louis-le-Débonnaire, campé sur l'Ellé, ne prescrivit pas seulement à Motmonoc, abbé de Landevenec, de changer de costume et de se conformer à l'Église romaine, mais encore d'abandonner son ancienne règle et de prendre celle de saint Benoît, patriarche des moines d'Occident. En passant à Vannes, où il avait donné rendez-vous à son armée, qui devait conquérir la Bretagne sur Morvan, et où il fit une petite station et réunit les principaux personnages du pays (1), il ordonna l'introduction de cette règle, en 818, dans les monastères de Saint-Gildas de Rhuys et de Locminé (2),

---

(1) *Habitoque Venetis generali couventu*, *vie de Louis-le-Débonnaire*, au recueil des historiens de France, t. VI, p. 102.

(2) L'abbé Mahé. *Essai sur les antiquités du Morbihan*, p. 388 ; Albert de Morlaix, *catalogue des Evéques de Vannes*, art. Winhaelhoc ; manuscrit de la Bibl. impériale, le disent

de même que, peu de temps après, victorieux et dans son camp sur l'Ellé, il en prescrivit l'adoption dans tous les couvents d'hommes du territoire qu'il venait de conquérir (1). Les rois de France de cette époque étaient les grands promoteurs de l'introduction de cette règle dans les monastères du royaume. Dans les conciles qu'il réunit, et dans ses capitulaires, Charlemagne s'occupe de la réforme des moines et de leur soumission à la règle de saint Benoît. Au concile d'Aix-la-Chapelle, en 817, Louis-le-Débonnaire, suivant les traces de son père, fit décréter que tous les monastères du royaume observeraient désormais la règle bénédictine, et chargea saint Benoît d'Aniane d'opérer cette réforme. Le concile nomma un visiteur pour chaque monastère, afin de s'assurer de l'observation de cette règle et de l'uniformité dans la discipline (2). Le roi, trouvant sans doute que la réforme ne s'introduisait pas assez vite, y mit la main, en passant chez nous, et son œuvre s'y perpétua, même après la suppression générale de ses ordonnances par les Bretons.

Une grande transformation s'opéra alors dans

---

formellement. Aux archives de la préfecture de Vannes, une supplique des religieux de Saint-Gildas au roi de France, vers 1773, affirme à faux que la règle de saint Benoît ne s'y introduisit qu'à la restauration du xɪe siècle.

(1) Pitre-Chevalier, *la Bretagne ancienne et moderne*, p. 143.

(2) Bluteau, *Abrégé de l'histoire de l'ordre de saint Benoît*, t. ɪɪ, p. 353.

notre abbaye. A l'ancien vêtement, aussi étrange par sa matière que par sa forme, on substitua le costume bénédictin, qui se composait d'une tunique blanche ou longue robe à manches, resserrée autour des reins par une étroite ceinture de cuir; d'une *coule* ou manteau noir, avec capuchon, pour le chœur; enfin d'un scapulaire consistant en deux bandes d'étoffe réunies autour du cou et pendant, l'une devant, et l'autre derrière le corps. Le moine ne quittait jamais cet habit, car il se livrait à son court sommeil, toujours vêtu et chaussé.

L'introduction de la règle de saint Benoît modifia d'ailleurs profondément, mais en le perfectionnant, l'ensemble du genre de vie établi par saint Gildas. Pour les moines capables de se livrer à l'étude, le travail des mains fut notablement réduit au profit du travail de l'esprit. L'activité individuelle n'y perdit rien; car l'emploi de chaque heure de la journée était minutieusement réglé. Après avoir, sept fois le jour, célébré les louanges de Dieu, c'est-à-dire chanté en commun les différentes parties de l'office divin, les religieux devaient se livrer pendant sept heures au travail et à deux heures de lecture, le tout sans préjudice de l'oraison mentale, que, du reste, la règle demandait courte et pure. Ainsi, les journées étaient longues au monastère : elles empiétaient sur la nuit. Dès deux heures du matin, les moines étaient au chœur et y restaient jusqu'à l'aube, pour le chant des veilles et des matines, etc. Ceux qui ne s'occupaient pas d'études étaient appliqués aux travaux manuels : aux jardins, aux champs, à la boulangerie, dans divers ateliers ; car, pour éviter les relations avec le dehors, l'abbaye devait, en général, se suffire à elle-même. Dans cette nouvelle vie, les mortifications tenaient aussi leur place. On jeûnait tous les jours, le dimanche excepté, depuis la mi-septembre jusqu'au commencement du carême, et, pendant le carême, l'unique repas ne se prenait qu'après vêpres. Les moines se servaient tour à tour les uns les autres à la cuisine et au réfectoire. Au repas, pendant lequel le silence était gardé pour écouter une pieuse lecture, on ne servait que trois mets, deux cuits et un cru, avec une livre de pain et une hémine (1) de vin par jour. Dans les mets cuits, la chair de tout animal à quatre pieds était prohibée.

L'abbé, élu à vie par les religieux, gouvernait la communauté ; mais, dans les affaires importantes, il devait consulter tous les moines réunis en chapitre ; tandis que, pour de moindres intérêts, il pouvait se contenter de l'avis de son conseil permanent, lequel se composait de *doyens* nommés par les religieux eux-mêmes. Sur l'avis de ses confrères, il désignait un *prieur* pour le remplacer en cas d'absence ou de maladie. Un autre moine, choisi parmi les plus dignes, portait le nom de *cellerier* et était chargé d'administrer les biens du monastère et de veiller à la nourriture, au soin du mobilier, en un mot à tous les détails de la vie matérielle.

---

(1) Environ un demi-litre.

Le monastère se recrutait par le noviciat. C'était là que s'éprouvait la vocation de ceux qui sollicitaient leur admission parmi les religieux. Comme on le verra plus loin, sous saint Félix, restaurateur de l'abbaye au XIe siècle, il y avait deux sortes de candidats à la vie monastique : les enfants confiés au monastère par leurs parents ou recueillis par la charité, lesquels étaient élevés avec une sollicitude minutieuse, et les jeunes gens ou les hommes, qui voulaient, à l'appel de Dieu, réel ou apparent, sortir du monde, et venaient frapper à la porte du cloître. Avant d'être admis au noviciat, ces derniers avaient à subir de dures épreuves. D'abord, sans leur ouvrir, on les laissait à la porte pendant quatre ou cinq jours. S'ils persistaient, ils étaient introduits dans l'appartement des hôtes et, au bout de quelques jours de nouvelles épreuves, admis au noviciat. Parvenu à ce point, le novice était confié à un religieux ancien et expérimenté, qui avait pour mission d'étudier sa vocation et son caractère, de le former aux vertus religieuses et de lui prédire les difficultés et les humiliations du cloître. Après deux mois de persévérance, on lui faisait de la règle entière une lecture qui se terminait par ces paroles : « Voilà la loi sous laquelle tu veux combattre ; si tu peux l'observer, entre ; si tu ne le peux, pars en liberté. » Cette épreuve se renouvelait trois fois pendant l'année du noviciat. Ce temps expiré, si le novice persistait, il était averti qu'il allait contracter de graves engagements. Introduit alors dans l'église, en présence de toute a communauté, il promettait la stabilité, en faisait le sa propre main la cédule, qu'il déposait sur l'autel ; puis, se prosternant aux pieds de chacun des frères, il leur demandait de prier pour lui. Dès ce moment, il faisait partie de la communauté.

Par cet acte, équivalant à la profession religieuse, les nouveaux moines se dépouillaient d'eux-mêmes et de tout ce qui leur appartenait, pour vivre dans la pauvreté et sous l'obéissance. L'abbé, selon la classe à laquelle ils avaient été agrégés, assignait à chacun son emploi et l'en pouvait changer quand bon lui semblait. Il y avait la classe des frères convers, plus ordinairement appliqués aux travaux manuels, et celle des religieux de chœur, affectés plus spécialement au chant de l'office divin et aux travaux de l'esprit. Tous ces derniers n'étaient point prêtres. Ceux seulement que l'abbé en jugeait dignes étaient élevés à la sublimité du sacerdoce, pour le service spirituel du couvent. Saint Benoît lui-même, le fondateur de cette règle, le patriarche des moines d'Occident et le père d'une innombrable multitude de religieux, ne fut jamais prêtre, mais diacre seulement. Plus tard, comme dans les autres monastères, tous ou presque tous les religieux, voués à la célébration des saints offices, étaient investis du caractère sacerdotal.

Tel fut le nouveau genre de vie substitué, par l'introduction de la règle de saint Benoît, à celui que saint Gildas avait, près de trois siècles auparavant, établi dans son monastère de Rhuys. Il resta en pratique jusqu'à la ruine de l'abbaye par les Normands, et y fut restauré par saint Félix, au XIe siècle, pour se perpétuer jusqu'à la grande révolution, soit avec son caractère primitif, soit modifié par la réforme de saint Maur, admise là en 1650.

## CHAPITRE II.

#### Ruine de l'abbaye et fuite des moines en Berry.
(Xe siècle.)

Au IXe et au Xe siècles, les Normands, établis à l'embouchure de la Seine, ravagèrent souvent notre Bretagne (1). Nos pères leur résistaient avec des alternatives de succès et de revers. L'histoire nous a conservé le souvenir d'une grande défaite que les premiers eurent à essuyer, vers 888, aux environs de Questembert. Alain III, comte de Vannes et depuis lors surnommé le *Grand* et roi des Bretons, y ruina leur armée, qui, de

---

(1) Quelques historiens attribuent ces ravages aux résistances des Bretons au traité de Saint-Claire-sur-Epte, par lequel le roi de France aurait cédé la Bretagne au duc de Normandie ; mais cette assertion n'est pas soutenable, car, 1° la Bretagne était alors indépendante et ne rendait hommage aux rois de France que pour le pays de Coutance et d'Avranches, en Normandie, et 2° le traité en question n'est pas un fait historique certain ; on le mentionne souvent, mais on n'en produit nulle part l'original, et, d'ailleurs, la clause qui concède la Bretagne à la Normandie est absurde.

15,000 hommes, se trouva réduite à 400 (1). Après leur avoir fait subir plusieurs autres défaites et en avoir purgé le pays, il reprit Avranches, répara les églises et les monastères qu'ils avaient ruinés, et mourut en 907. Voyant notre pays privé de son grand défenseur, les Normands revinrent, se répandirent sur toute la Bretagne, qu'ils ruinèrent de la Loire au Blavet et qui fut alors leur proie pendant plus d'un quart de siècle. Instruits de leur vandalisme par les précédentes invasions, pour ne pas tomber entre les mains de ces barbares, qui s'attaquaient surtout aux églises et aux couvents et mettaient tout à feu et à sang, les moines prirent la fuite, emportant ce qu'ils avaient de plus précieux : les reliques des saints et les objets du culte.

Daoc, alors abbé de Rhuys, après avoir caché sous l'autel de son église et dans le tombeau (2) du fondateur, huit des principaux ossements de saint Gildas, son bâton et son livre des Evangiles, emporta la moitié du chef (3, et le reste de ses reliques, ainsi que celles de saint Patern, évêque

---

(1) Tous les grands historiens normands de quelque réputation ont été consultés sur ce fait ; ils le passent sous silence. Comme nous, ils n'ont pas la loyauté de reconnaître leurs défaites ; ils n'aiment à relever que leurs victoires.

(2) Saint Félix, au siècle suivant, se contenta de relever l'Eglise de ses ruines, sans la déplacer. On en doit conclure que le tombeau actuel de saint Gildas est au lieu même où fut enseveli le saint abbé en 565.

(3) *Gallia Christiana* (vetus), t. IV, p. 341, citant la chronique d'Ademarc.

de Vannes, de saint Patrice, apôtre de l'Irlande, de saint Alban, diacre et premier martyr de la Grande-Bretagne, de sainte Brigide, abbesse d'Irlande et de plusieurs autres saints, avec les manuscrits, les ornements et les vases sacrés du monastère (1). Dans leur fuite, les religieux de Rhuys passèrent à Locminé, dont l'abbé Taneth et ses moines se joignirent à eux. Tous ensemble, ils gagnèrent le Berry (2). L'abbaye de Saint-Gildas de Rhuys et celle de Moréac ou de Locminé, furent entièrement détruites.

Il paraît que ces moines infortunés errèrent longtemps avant d'arriver en Berry; car l'histoire ne les montre là que vers 933 (3). A cette date, l'abbé Daoc nous est représenté comme arrivant, avec sa colonie, sur les confins du diocèse de Bourges. Presque tout ce pays dépendait alors

---

(1) Parmi les objets vénérables emportés par eux, les moines de Rhuys prétendaient avoir le *calice* de la dernière Cène, dans lequel Notre Seigneur changea le vin en son sang Cette prétention a été enregistrée par le *Patriarchium Bituricense*, chap. 52 et 53, par le *Gallia Christiana* (nova), t. II, p. 152, et par le P. Labbe, *Bibliotheca nova*, t. II, p. 71 et 73.

(2) *Patriarchium Bituricense*, cap. 52. — *Gallia Christiana* (nova), t. II, p 152. — Le manuscrit de la bibliothèque impériale suppose qu'ils passèrent à Fleury-sur-Loire et y laissèrent quelques manuscrits sur leur monastère de Rhuys.

(3) Cette date est insinuée ou donnée par le *Patriarchium Bituricense*, le P. Labbe, *in Bibliotheca nova* et le *Gallia Christiana* (vetus), art Bourges. — Mabillon, *Annales bénédictines*, t. III, p. 332, donne celle de 917; la chronique de Tours, 935, et le manuscrit de la bibl. imp., 907.

d'Ebbon, seigneur puissant et pieux, qui accueillait avec bienveillance dans sa principauté les prêtres et les moines chassés de tous côtés par les Normands. Ebbon résidait à Déols ou Bourg-Dieu, ville ancienne, alors capitale du Bas-Berry et située sur les bords de l'Indre. En apprenant ses bonnes dispositions à l'égard des serviteurs de Dieu, Daoc conçut l'espoir de voir la fin de ses tristes pérégrinations et de pouvoir se fixer dans ce pays. Il se rendit auprès de lui et le supplia de lui accorder, sur ses terres, l'hospitalité pour les reliques des saints qu'il portait, sans oublier le calice, pour ses moines et pour lui-même (1). Heureux de voir ses états enrichis d'un tel trésor, le prince pleura de joie et en rendit grâces à Dieu. Il se hâta de faire restaurer, dans un petit bois sur l'autre rive de l'Indre, une ancienne chapelle dédiée à la sainte Vierge et les cellules de deux

---

(1) Voici, d'après le *Patriarchium Bituricense*, loc. cit., le texte du discours que lui tint l'abbé Daoc : « Ego miser et socii mei per Dei misericordiam persecutionem Normannorum..... evasimus, deferentes nobiscum *calicem Dominicæ cænæ* in quo vinum aquæ mixtum in veri sanguinis sui substantiam Christus permutavit dicens : Hic est sanguis meus novi et æterni testamenti ; corpusque eximii confessoris Gildasii utriusque Britanniæ doctoris egregii. item corpora SS. Patricii apostoli Hibernorum, Albani martyris, Paterni Venetensis episcopi, et B. Brigidæ Scotorum abbatissæ..... Rogamus ergo magnificentiam tuam, o gloriosissime princeps, ut tantis hospitibus tibi a Deo transmissis, locum mansionis et venerationis in terra tua tribuas.... »

On verra plus loin ce que devinrent ces reliques de saint Gildas. Quant à ce calice de la Cène, il n'en est plus question ni dans les historiens, ni dans la tradition du Berry.

ermitages alors inhabités (1). En attendant mieux, il y plaça Daoc avec ses moines et pourvut à toutes leurs nécessités.

## CHAPITRE III.

**Fondation et histoire de l'abbaye de Saint-Gildas de Déols.**
**(935.)**

Les moines bretons vivaient depuis deux ans dans cet ermitage, lorsque, tout près de là et au nord, Ebbon jeta, pour eux, en 935 et à ses propres frais, les fondements d'un monastère en l'honneur du Sauveur du monde et de saint Gildas (2).

Sur ces entrefaites, les Normands, qui avaient déjà ruiné la ville de Tours, firent irruption sur le territoire de Bourges. Ebbon réunit précipitamment une troupe nombreuse et, après avoir imploré le secours du Sauveur par l'intercession des apôtres Pierre et Paul et de saint Gildas, marcha à leur rencontre. Grâce à un renfort, que lui envoya le roi de France, il put leur opposer une armée considérable et les repousser jusqu'à la Loire. Dans une bataille livrée près d'Orléans, il remporta sur eux la victoire et leur tua beaucoup

---

(1) *Gallia Christiana* (nova), t. II, p. 152. — Mabillon, *Annales bénédictines*, t. III, p. 332, n° XIII.

(2) Selon le manuscrit de la bibl. imp. contredisant le *Patriarchium*, la charte de sa fondation est datée de 913.

de monde ; mais il fut lui-même gravement blessé au milieu du combat. Transporté à Orléans et sentant sa fin approcher, il réunit autour de son lit Raoul, son fils, Laune, son frère et archidiacre de Bourges, ainsi que saint Géronce, archevêque de cette même ville, et conjura son fils de terminer le monastère de Saint-Gildas, d'y introduire l'abbé Daoc avec ses moines et de les doter de revenus suffisants pour qu'ils pussent y servir Dieu en paix. Il recommanda à saint Géronce et à Laune d'être les bienveillants protecteurs de cette abbaye, qu'il plaçait sous le patronage et la juridiction de l'archevêque de Bourges. Ayant ensuite reçu les derniers sacrements, il rendit son âme à Dieu et fut enseveli, au lieu de sa mort, dans l'église de Saint-Aignan.

Raoul, dit le Large, succéda à son père et exécuta fidèlement ses dernières volontés. Il mit l'abbé Daoc et ses religieux en possession de la nouvelle abbaye, et y fit transporter solennellement les précieuses reliques que son père avait fait placer dans la chapelle de l'ermitage. Cédant alors à d'autres religieux de Déols le château qu'il habitait en cette ville, il s'en fit construire un nouveau sur la rive opposée de l'Indre et à un kilomètre de là. Bientôt des maisons nombreuses se groupèrent autour de ce dernier château et formèrent une ville qui effaça Bourg-Dieu et, de son fondateur, prit le nom de Châteauroux (château de Raoul), aujourd'hui chef-lieu du département de l'Indre avec 18,200 habitants, tandis que Déols n'est plus qu'un gros bourg d'environ 2,600 âmes. L'abbaye de Saint-Gildas se trouva elle-même plus tard enclavée dans le territoire de la nouvelle cité. Ses ruines se voient encore au faubourg de Saint-Christophe (1).

Grâce aux générosités de Raoul-le-Large, à des donations et à des acquisitions postérieures, cette abbaye avait une étendue considérable. Son enclos mesurait vingt arpents et les bâtiments du monastère était ceints de fossés et munis de fortifications, de tours et de pont-levis. Parmi les restes, qui sont très visibles, on voit encore deux chapelles en ruine, de Saint-Marc et de Saint-Eutrope, quelques tours et une partie des murs d'enceinte du jardin. La prairie, qui environnait le monastère, porte encore le nom de *prairie de Saint-Gildas*. A en juger par la solennité de sa consécration, l'église de l'abbaye devait être un beau monument; car, à cette dédicace, qui se fit par Vulgrin, archevêque de Bourges, le 25 mars 1128, fête de l'Annonciation, assistèrent seize évêques et cinquante-six abbés (2). La même année, Girard, évêque d'Angoulême et légat du Pape, présida un concile qui se réunit au monastère de Saint-Sauveur ou de Saint-Gildas de Bourg-Dieu (3).

---

(1) *Patriarchium Bituricense* et le *Gallia Christiana* (nova), loc. cit.
(2) *Gallia Christiana* (vetus), t. I, p. 165.
(3) *Gallia Christiana* (nova), t. II. p. 152.
Selon l'auteur anonyme du manuscrit de la Bibl. imp., cette église ne serait pas la première de l'abbaye tombée en ruines par l'incurie des moines en moins de 200 ans; mais une seconde que l'abbé Hugues dut faire édifier et que **Pascal II consacra en 1107.**

Comme sa sœur aînée fondée à Déols même, en 917, par Ebbon, pour les bénédictins en l'honneur de la sainte Vierge et des saints apôtres Pierre et Paul, ruinée par les Normands, en 941 ou 955, et rebâtie en 992, cette abbaye dut, à différentes reprises, recevoir d'illustres visites. Bien que de beaucoup moins importante, il est très naturel de supposer qu'elle participait, à un certain degré, aux faveurs dont l'autre était comblée, et qu'elle eut l'honneur de recevoir aussi dans son enceinte les papes Pascal II, en 1107, Alexandre III (1), en 1161, Honorius III, en 1223, et, en 1306, Clément V, qui, accompagné de treize cardinaux et de plusieurs évêques, séjourna deux mois à Déols (2).

Elle reçut d'autres visites moins agréables. A peine ses murs sortaient-ils de terre, en 935, que les Normands ravagèrent Bourg-Dieu. Ils revinrent, en 941, firent de nouvelles dévastations et ruinèrent l'autre monastère bénédictin, qu'Ebbon venait aussi de faire construire et que Raoul-le-Large releva bientôt après. On ne dit pas ce que la nouvelle abbaye de Saint-Gildas eut à souffrir de ces deux invasions. En 1569, les calvinistes

---

(1) Alexandre III fit un long séjour à l'abbaye de Déols, selon *les vies des Saints* du P. de Giry, par Mgr P Guérin, t. v, p. 569. Il y passa tout le mois de septembre, d'après Dom Beaunier, *Recueil historique, chronologique,* etc , *des archevêchés, évêchés, abbayes et prieurés de France,* etc., art. *Bourg-Déols.*

(2) *Vies des Saints.* Id.

surprirent Déols (1); mais les gens de Charles IX, roi de France, les en délogèrent presque immédiatement. Il n'en fut pas de même en 1590. Les fortifications de l'abbaye de Saint-Gildas ne tinrent pas contre ces terribles ennemis de la religion catholique. Les moines soutinrent un siége et se défendirent vaillamment, jusqu'à ce que, accablés par le nombre, ils durent se retirer, laissant morts sur la brèche quelques-uns des leurs. Le monastère fut détruit. Fort heureusement, les religieux avaient pu prendre la fuite ; autrement, entre les mains de ces nouveaux barbares, cent fois plus cruels que les Normands, ils eussent tous trouvé la mort au milieu d'atroces et ignomineux supplices. Quant aux reliques nombreuses, que possédait leur église, ils durent, avant de se retirer, les enfouir en lieu sûr ou les emporter ; car toutes ne périrent point. Quelques années plus tard, ignorant ce qui devait sitôt leur arriver, ils relevèrent leur abbaye de ses ruines, sous l'abbé commendataire François de Chenevière, qui mourut le 26 juillet 1616 (2). Quatre ans après, sur les frauduleuses instances du prince Henri de Bourbon, prince de Condé, duc de Châteauroux et gouverneur des pays de Bourges et de Bordeaux, présent à Rome, elle fut, ainsi que sa sœur aînée de Déols, sécularisée par

---

(1) De Thou, *Histoire*, t. III, p. 294.

(2) *Gallia Christiana* (nova), t. II, p. 152 et seq. — Selon Dom Beaunier, ibid., les revenus de son abbaye était de 4000 livres et sa taxe à Rome s'élevait à 450 florins.

une bulle de Grégoire XV, en date du 24 août 1622, et ses biens avec ses droits furent annexés au duché de Châteauroux (1). Avant de la convertir en collégiale avec une dignité et douze chanoines pour remplacer les religieux, ce prince cupide eut soin de s'emparer de toutes les archives ; mais il fut moins fidèle à remplir les conditions que lui imposait la bulle de sécularisation. Au lieu d'achever, comme l'exigeait le pape, la restauration du monastère, de relever l'église de Saint-Gildas, et d'y fonder un collège de Jésuites avec 4,000 livres tournois de rente, il se contenta de créer deux chaires de théologie au collège des Jésuites de Sainte-Marie à Bourges et se fit, en Berry, avec les revenus des grands biens des deux abbayes sécularisées, une fortune très considérable, tandis qu'il laissa, malgré la bulle qui leur assurait 6000 livres de rentes annuelles, dans la pauvreté les chanoines établis par lui à Déols et à Châteauroux (2) pour desservir la chapelle de Notre-Dame-des-Miracles et celle de Saint-Martin dans la ville de Châteauroux. On ignore ce que devinrent les religieux de Saint-Gildas après la suppression de leur monastère.

Les nombreuses reliques, apportées en Berry par l'abbé Daoc, ont laissé, dans ce pays, des

---

(1) *Gallia Christiana* (vetus), t. IV, p. 842. — Dom Beaunier, ibid.

(2) Le *Gallia Christiana* (vetus), loc. cit. dit qu'il n'établit qu'une seule collégiale dans l'église de Saint-Martin de Châteauroux, en 1623.

traces qui sont loin d'être effacées. A la prière de Laune, son oncle, archidiacre alors et peu après archevêque de Bourges, Raoul-le-Large accorda, vers 936, une partie de ces reliques et en particulier le chef et les principaux membres de saint Patern à l'église dédiée à Saint-Martin, dans le monastère bénédictin de Sainte-Marie, au faubourg d'Issoudun (1). Dès ce moment, l'église et le faubourg de Saint-Martin prirent le nom de Saint-Patern. L'église est détruite maintenant; mais le faubourg sur lequel elle était se nomme encore *faubourg de Saint-Patern*. Cette église se trouvant exposée aux ravages des barbares, les reliques de saint Patern furent transportées d'abord dans une maison de la ville dite *le Pignon-l'Abbé*, prieuré de Sainte-Marie, puis dans une abbaye défendue par des tours dans la même ville d'Issoudun, c'est-à-dire, dans le château-fort de la ville converti depuis en abbaye. Pendant leur séjour dans ce monastère réduit en prieuré, qui prit de là le nom de Saint-Patern, ces reliques furent placées dans un tombeau en pierre élevé sur quatre piliers. Le chef et l'un des bras étaient dans des reliquaires séparés et on les portait en procession. A la suppression des ordres religieux, l'église du *monasterium turritum*, où elles se trouvaient alors, ayant été fermée, les reliques du saint furent déposées dans celle de Saint-Cyr d'Issoudun et ensuite dispersées par les révolutionnaires. Des

---

(1) A sept lieues de Châteauroux.

personnes pieuses sauvèrent des débris du chef et le bras entier, qu'on expose encore aux fêtes solennelles dans l'église paroissiale actuelle d'Issoudun, dont une des chapelles est dédiée au saint (1). Les reliques de saint Patrice et de sainte Brigide étaient encore au XVIII$^e$ siècle dans le monastère bénédictin d'Issoudun (2). Sainte Brigide a une chapelle dans l'église paroissiale de cette ville; et, dans le canton, il y a une église sous le vocable de saint Alban (3).

Comme les archives de l'abbaye de Saint-Gildas en Berry ont disparu, les données historiques sur ce monastère sont rares. C'est à peine si on connaît quelques abbés successeurs de Daoc, depuis 933 jusqu'en 1616. Voici les dix-huit, dont les noms nous ont été conservés (4).

1. *Daoc* dit aussi *Daioc*. On suppose que, avec les reliques de saint Gildas, saint Félix fit aussi transporter son corps à Rhuys. L'année de sa mort est ignorée.

---

(1) Tresvaux, *vies des Saints*, t. I, p. 28 et autres renseignements.

(2) Dom Martène et Dom Beaunier. — Il n'y a plus, depuis longtemps, de reliques de saint Gildas dans le Berry. (Petits Bollandistes, 17 mars, p. 279.)

(3) Plusieurs de ces renseignements sur l'abbaye de Saint-Gildas en Berry ont été donnés par M l'abbé Damourette, prêtre savant et distingué de Châteauroux. Qu'il trouve ici l'expression d'une légitime reconnaissance. C'est à ses bienveillantes communications que ce chapitre doit d'être moins incomplet.

(4) Ce catalogue est tiré, en majeure partie, du *Gallia Christiana* (nova), t. II, p. 152 et seq.

2. *Durand.* Il assista, l'an 1040, à la dédicace de l'église dédiée à la Très-Sainte-Trinité dans le monastère bénédictin de Vendôme, faite la veille des calendes de juin, à l'occasion de la fête d'été de la Trinité, par Théodoric, évêque de Chartres, en présence de plusieurs autres évêques (1).

3. *Vital.* Il était originaire du pays de Bourges et signa, comme abbé de Saint-Gildas de Bourg-Dieu, le 5 mars 1067, la charte par laquelle Foulque-Réchin, comte d'Angers, restitua à l'abbé Sigon et aux moines bénédictins de Saint-Florent de Saumur, une celle que Gaufridus, son parent, leur avait enlevée sur le territoire de cette ville pour la donner à des chanoines séculiers (2).

4. *Hugues.* Le manuscrit de la bibliothèque impériale le dit huitième abbé, et ajoute que ce fut sous lui que s'acheva et fut consacrée la nouvelle église par Pascal II, en 1107. De son temps se tint aussi dans l'abbaye un concile qui fut présidé par Girard Blais, évêque d'Angoulême.

5. *Nicolas.* Il est mentionné comme abbé de Saint-Gildas, en 1178, au catalogue des abbés cisterciens de la Prée, abbaye du diocèse de Bourges.

6. *S.* Dans les lettres de Raoul, seigneur de Bourg-Dieu, en faveur de l'abbaye de la Prée, en 1202, il est question d'un abbé de Saint-Gildas dont le nom commence par cette lettre.

---

(1) Mabillon, *Annales bénédictines*, t. IV, p. 403 et 404.
(2) Mabillon, *id.* t. V, p. 6 et 7.

7. *Gaufredus*. Il est nommé, comme abbé de Saint-Gildas, en 1206, dans les lettres de Raoul, seigneur d'Issoudun, en faveur du monastère de la Prée, et désigné comme tel, en la même année, par la lettre G. dans une charte de l'abbaye cistercienne de Landais, au diocèse de Bourges.

8. *Emeno*. Une charte de l'abbaye de Landais le donne comme abbé de Saint-Gildas, en 1210.

9. *P.* Il fit, en 1219, une transaction avec les moines de la Prée au sujet de la Grenetière, abbaye bénédictine sur le diocèse de Luçon. Il est aussi fait mention de lui, sous cette lettre, en 1223, dans le catalogue des archevêques de Bourges.

10. *Théobald*. Il est nommé, sous la date de 1231, dans une charte de l'abbaye de Landais.

11. *Pierre*. La chronique de l'abbaye bénédictine de Saint-Satur-sous-Sancerre, au diocèse de Bourges, le nomme comme ayant été fait, en 1234, son exécuteur testamentaire par Guillaume de Calviniac, seigneur de Châteauroux.

12. *Guido*. Il partage, en 1256, la table des moines du monastère de la Prée.

13. *Gaufridus*. Il est nommé, en 1263, dans une charte du monastère de la Prée.

14. *Jean*. Il est mentionné, en 1409, dans les actes du concile de Pise, parmi les abbés qui y députèrent des procureurs avec pleins pouvoirs. Dans ses propres lettres de 1426, conservées autrefois dans la bibliothèque des bénédictins de Chezal-Benoît, au diocèse de Bourges, il porte le

surnom de *de Thasnerus*. On le trouve aussi dans une charte de Landais, à la date de 1429.

15. *Thomas de Lesse*. Il paya le cens en 1456 et mourut le 9 des calendes de mars 1462, selon le nécrologe des Frères Mineurs de Châteauroux.

16. *François Guérin*. En même temps qu'il était abbé de Saint-Gildas, en 1512, il l'était aussi du monastère cistercien de Notre-Dame-des-Pierres, au diocèse de Bourges.

17. *Jean II Niquetius*. Il fonda, en 1571, le collège de Sainte-Marie des Jésuites à Bourges.

18. *François de Chenevières*. Abbé commendataire, il releva le monastère et répara l'église détruits par les hérétiques, et mourut le 26 juillet 1616.

Il fut le dernier abbé de Saint-Gildas en Berry; car Grégoire XV, comme on l'a vu, sécularisa cette abbaye par une bulle du 24 août 1622.

## CHAPITRE IV.

### Restauration de l'abbaye de Rhuys.
(XIᵉ siècle.)

Après de longues et sanglantes luttes qui désolèrent notre pays, les Bretons et les Normands ayant fait la paix, ces derniers se retirèrent chez eux. Néanmoins les maux de la Bretagne ne furent pas immédiatement réparés. Pendant de nombreuses années encore, l'ambition et les rivalités de ses comtes la divisèrent et prolongèrent ses malheurs. Enfin, aux dernières années du Xe siècle, Geoffroy Ier, comte de Rennes, s'étant allié à Richard, duc de Normandie dont il épousa la sœur, étendit sa domination sur presque tout le pays et prit le titre de duc. Après avoir bien assis son autorité, il songea à restaurer les affaires religieuses et à rétablir les monastères de son duché, surtout ceux de Rhuys et de Locminé. A cet effet, il s'adressa à Gauzlin, alors abbé du monastère bénédictin de Fleury-sur-Loire, au diocèse d'Orléans, et plus tard archevêque de Bourges, pour lui demander un de ses religieux qu'il connaissait et estimait capable de remplir cette mission. C'était saint Félix, né vers 968 de parents riches et vertueux du comté de Léon, dans la Cornouaille armoricaine (1).

Ayant achevé ses études et passé quelques années dans le monde, Félix s'abandonna à ses attraits pour la vie érémitique et se retira, tout jeune encore, à l'âge de 21 ans, dans l'île d'Ouessant, sur les côtes du diocèse de Quimper, mais alors du diocèse de Léon. Il y vécut, pendant cinq ans, au milieu des ruines du monastère fondé là au VIe siècle par Paul Aurélien, condisciple de saint Gildas à Lan-Iltut, et qui lui-même avait passé

---

(1) Dom Mabillon, *Annales bénédictines*, t. IV, p. 188. — Dom Lobineau, *vies des Saints de Bretagne*.

plusieurs années dans cette île avant de fonder le siége de Léon (1).

Ces circonstances lui inspirèrent une grande vénération pour le saint évêque. Ayant donc appris que ses reliques se trouvaient à l'abbaye de Fleury-sur-Loire, où elles furent transportées par Mabbon, évêque de Léon, vers le milieu du x<sup>e</sup> siècle (2), lorsque les Normands ruinèrent le monastère de l'île (3), il résolut de se faire religieux de cette abbaye. Pendant son voyage, il courut en mer plusieurs dangers dont il fut délivré par la protection de saint Paul. Entre l'île d'Ouessant et Saint-Pol-de-Léon, où il se rendait, pour recevoir les conseils et la bénédiction de son évêque (4), il vit sa barque renversée par les vagues, et néanmoins aucun de ses compagnons ne périt ; son livre de prières, tombé avec lui dans les flots, ne fut même pas mouillé.

Arrivé enfin, à travers d'autres périls, sain et sauf au but de sa navigation, il fut bien accueilli par saint Abbon, alors abbé de Fleury-sur-Loire. Admis successivement au noviciat et à faire profession, il édifiait ses confrères par sa parfaite régularité et ses grandes vertus. Sa devotion à saint Paul ne fit que s'accroître ; aussi le saint

---

(1) Dom Mabillon, *Annales bénédictines*, loc. cit.

(2) Dom Mabillon, *id.* loc. cit. — Tresvaux, *Église de Bretagne*, p. 196.

(3) Le lieu où était ce monastère se nomme encore *Land-Paol*.

(4) Dom Mabillon, *Annales bénédictines*, loc. cit.

évêque daigna-t-il le guérir d'une maladie déclarée incurable.

Tout entier aux exercices de la vie monastique et à la pratique des œuvres de perfection, il vivait là depuis quatorze ans, lorsque, en 1008 (1), il fut envoyé, avec six autres religieux, presque tous bretons et des premières familles du pays, par Gauzlin, son abbé et successeur de saint Abbon, au duc de Bretagne qui l'avait demandé (2). Geoffroy Ier le reçut avec distinction, le chargea de relever de leurs ruines les monastères de Rhuys et de Locminé, dans le diocèse de Vannes et, en attendant, lui fournit, probablement à Vannes, une demeure convenable et d'où il pouvait surveiller les travaux de ses deux monastères. De plus, il lui donna toutes les dépendances de ces deux abbayes avant leur destruction par les Normands, et promit de lui fournir, au retour d'un voyage

---

(1) Sur le faux titre de 1001, souvent produit par les moines de Rhuys, d'Argentré et Albert de Morlaix prétendent que saint Félix vint en Bretagne en l'an 1000 ou 1001 ; mais ils ont contre eux le moine anonyme de Rhuys, contemporain de saint Félix et qui dit formellement que ce fut en 1008. Pour cette même date, on peut citer Mabillon, la bibliothèque de Fleury-sur-Loire, la chronique générale de l'ordre de saint Benoît, la chronique de Rhuys tirée d'un vieux manuscrit de l'église de Nantes, Yepès, Benoît Gonouus, d'Achery, etc. D'ailleurs, il fut envoyé par Gauzlin, qui ne devint abbé de Fleury qu'à la mort de saint Abbon, en 1004, selon les Bollandistes.

(2) Le duc Geoffroy le connut peut-être dans la maison du comte Alain Caignard, où, dit-on, il passa quelque temps avant de quitter le monde.

qu'il allait entreprendre, tous les secours dont il aurait besoin (1).

Ce fut à cette époque que se fit, entre le duc et les religieux, l'échange qui donna lieu au faux titre de 1001. Selon ce titre, le duc, qui avait besoin de bois de construction pour ses châteaux-forts, pria les religieux de lui céder leur forêt de Rhuys. Ceux-ci, on le comprend, n'avaient rien à lui refuser. En retour, il leur donna toutes ses terres de Prorozat, aujourd'hui Saint-Armel, du Hézo, avec sa juridiction sur ces lieux, plus dix livres de rente sur la ville de Vannes, seize sur celle d'Auray et quarante sur ses terres et ses rentes dans la presqu'île de Rhuys, le tout payable chaque année par ses châtelains. En outre, le duc, tout en manifestant le dessein de clôturer ladite forêt, promet de laisser à l'usage de l'abbaye une ouverture de neuf pieds; car les religieux se réservent le droit d'y prendre leur bois de chauffage, de construction et de réparation, ainsi que celui d'y faire paître des troupeaux ou de *panage*. Dans cet échange, il fut aussi question du *prieuré de Saint-Pabu* ou de la *Fosse-au-Serpent* et du grand étang enclavé dans la forêt, aujourd'hui appelé l'*étang de Calzac*.

Le titre dit de 1001, qui consacre cet échange,

---

(1) Geoffroy aurait dû naturellement faire restaurer ces deux monastères par des religieux demandés à l'abbaye de Saint-Gildas de Bourg-Dieu; mais tous les anciens moines de Rhuys et de Locminé étaient morts, et, d'ailleurs, les nouveaux pouvaient manquer alors déjà de la ferveur et du zèle requis pour une telle œuvre.

est tout simplement une charte du duc Geoffroy Ier.
Il a été bien des fois produit par les religieux à
l'appui de leurs droits et presque toujours admis.
Aujourd'hui et depuis longtemps, il est néanmoins
contesté, et les historiens modernes le regardent
généralement comme faux. C'est ici le lieu d'en
dire notre façon de penser ; nous l'avons assez
étudié pour avoir ce droit. De même que ceux qui
le rejettent, nous ne l'admettons pas comme authentique tel qu'il nous est parvenu. Nous avouons
qu'il ne peut être de 1001, saint Félix n'étant
venu en Bretagne que sept ans plus tard, et qu'il
renferme des données fausses, par exemple celle
qui attribue à Grallon la fondation de l'abbaye en
faveur d'un Gildas, hibernois, son vice-chancelier,
avec une concession de terres très considérable.
Mais nous croyons aussi que l'échange, mentionné
plus haut, a réellement eu lieu et laissé des traces
écrites dans ce titre qui a pu facilement se falsifier
avec le temps, par la traduction qui en a été faite
du latin et les nombreuses copies qu'il en a fallu
tirer. A cause des malheurs des temps, les moines
de Rhuys ont eu plus d'une fois à déplorer la perte
de leurs titres ; les copies elles-mêmes ont disparu
ainsi qu'il est arrivé pendant la guerre de succession entre Charles de Blois et Jean de Montfort.
D'ailleurs, si on rejette simplement ce titre avec
toutes ses clauses, il faut aller à l'encontre d'une
foule d'actes d'une justification impossible. Par
exemple, comment alors expliquer le *droit d'usage*
dans la forêt de Rhuys toujours revendiqué par

l'abbaye, non comme une concession, mais comme un droit rigoureux ? Quelle origine assigner à leur droit de propriété et à leur juridiction sur Prorozat et le Hézo, à leurs rentes sur Auray, Vannes et le domaine ducal de Rhuys ? Cependant ils ont pendant des siècles, tantôt paisiblement, tantôt malgré de vives contestations, joui de tous ces droits. De plus, ainsi que le montrera la suite de cette histoire, cet échange et ce titre ont été bien des fois officiellement reconnus et consacrés à des temps beaucoup plus rapprochés du leur. Donc, malgré de justes réserves, nous croyons à la réalité de l'échange susdit entre le duc Geoffroy I$^{er}$ et les religieux de Rhuys, et que le titre de 1001 ne doit pas être purement et simplement écarté.

En partant pour son pèlerinage de Rome, Geoffroy recommanda Félix à la duchesse Havoise, aux seigneurs du pays et à son frère Judicaël, évêque de Vannes. Mais le duc étant mort sur le chemin de Rennes à son retour, le moine, privé de cet appui nécessaire, se déconcerta et voulut retourner à Fleury. A force d'instances et de promesses, la duchesse et Judicaël, qui l'affectionnait singulièrement, parvinrent à le retenir. Continuant donc son œuvre, il rendit bientôt habitables les deux monastères de Rhuys et de Locminé. Pour obtenir ce résultat, il eut beaucoup à faire. Les églises et les bâtiments étaient depuis longtemps sans toiture, les murs laissés debout par les Normands avaient souffert des pluies et se trouvaient en grande partie renversés, les broussailles avaient tout envahi, y compris même la maison de Dieu. Des arbres déjà vieux avaient jeté leurs racines dans les fentes des murailles et pris de telles proportions qu'ils fermaient l'entrée de certains bâtiments. Ces lieux étaient déserts et ne servaient de refuge qu'aux animaux sauvages. Un Jérémie aurait pu pleurer sur ces ruines et ces sanctuaires dissipés.

Dans ses restaurations, outre l'assistance de la duchesse et de l'évêque, Félix trouva bientôt un puissant secours dans les nombreux jeunes gens des premières familles du pays, qui vinrent s'adjoindre à ses six compagnons et auxquels il donna l'habit de saint Benoît. On a conservé les noms suivants qui sont ceux des frères venus de Fleury et des frères qui se joignirent à eux après leur arrivée : frère Olivier de Largoët, frère Pierre de La Chapelle, frère François des Salles, frère Alain de Loc-Maria, frère Foulques Conan, frère Vital de Léon, frère Richard des Portes, frère Rumallon Rocher, frère Claude Raguenel (1), qui tous se distinguèrent par leurs vertus et devinrent ensuite, pour la plupart, abbés des autres monastères

---

(1) A ces noms, tirés du faux titre de 1001, se trouve joint celui du frère Mathelin de Penthièvre, qu'Albert de Morlaix dit avoir été le premier abbé de Locminé, après la restauration ; mais, remarque Tresvaux, *vies des Saints de Bretagne*, t. II, p. 331, ce nom est postérieur ; car la maison de Penthièvre ne commence qu'à Eudon, second fils du duc Geoffroy I<sup>er</sup> et qui alors était encore enfant. D'ailleurs, après cette restauration, le monastère de Locminé ne fut jamais abbaye, mais un prieuré membre de Saint-Gildas-de-Rhuys.

bénédictins de Bretagne (1). Avec eux et grâce au concours du pays, qu'ils lui valurent, il releva quelques bâtiments, fit des cellules, planta des vignes et des vergers, mit les terres en culture, et ouvrit des écoles qui lui attirèrent d'autres religieux.

Cependant la paix, si nécessaire à l'œuvre de saint Félix, fut encore troublée en Bretagne. Les grands abusaient de leur puissance pour opprimer et ruiner le peuple. Celui-ci se souleva en masse et se jeta sur les châteaux, qu'il incendiait, après les avoir pillés. Les seigneurs, qui tombaient entre ses mains, étaient mis à mort avec leurs familles entières. Pour se défendre, les grands se réunirent et formèrent une armée sous les ordres du jeune Alain, fils aîné de la duchesse. Les révoltés étaient en grand nombre. Ils se concentrèrent en un même point et opposèrent à leur prince des forces imposantes. Alain, avec moins de monde, les attaqua, leur fit éprouver de grandes pertes et les dispersa. Ils comptaient sur le nombre ; mais ils étaient sans chef comme sans ordre, et ce fut la cause de leur ruine. Après leur défaite, ils durent se soumettre. A peine les troubles eurent-ils cessé de ce côté, que, à leur tour, les seigneurs, ayant à leur tête Juhaël, frère du duc défunt, se révoltèrent aussi. Alain, qui avait si bien débuté dans les armes, en eut bientôt raison et tout rentra dans l'ordre.

---

(1) Albert de Morlaix, *vie de saint Félix*.

Au milieu de ces agitations qui l'entravaient, saint Félix prit de nouveau la résolution de quitter un pays où il ne trouvait point la paix et de rentrer à Fleury-sur-Loire. Après seize ans (1) de pénibles et incessants labeurs, il n'avait pas atteint le but qu'il s'était proposé et son zèle n'était point satisfait. Peut-être aussi avait-il à se plaindre de n'avoir pas reçu de la cour tous les secours promis par le duc Geoffroy ?

Ayant eu connaissance de son projet, la duchesse Havoise fit, pour le retenir, d'inutiles efforts. Mais comme elle avait fort à cœur de conserver à son pays un si saint homme et de voir achever l'œuvre qu'il avait commencée, elle chargea à l'insu de Félix, le frère Filim (2), qui l'accompagnait, d'une lettre pour Gauzlin, son ancien abbé, récemment sacré archevêque de Bourges. Elle suppliait ce prélat de ne le point garder, mais de lui donner la bénédiction abbatiale et de le renvoyer à ses deux monastères. Dans la même lettre, la duchesse s'excusait de n'avoir pu jusque-là, à cause des guerres civiles qui avaient épuisé les finances, réaliser toutes les promesses de son époux, et assurait que ses enfants Alain et Eudon, devenus grands, étaient animés des meilleures dispositions à l'égard de Félix et accompliraient fidèlement les intentions de leur père.

Le retour de Félix causa une grande joie à ses

---

(1) Mabillon, *Annales bénédictines*, t. IV, p. 189 et 282.

(2) Albert de Morlaix dit que Filim était religieux de saint Félix.

anciens confrères. Gauzlin, qui s'y trouvait, lui fit d'abord bon accueil; mais ayant lu la lettre de la duchesse, il l'appela chez lui et lui demanda pourquoi il était revenu, avait quitté le pays auquel il l'avait envoyé, et s'était séparé de la communauté dont il l'avait chargé. Le Saint lui ayant répondu que c'était parce qu'il n'y pouvait servir Dieu en paix, Gauzlin lui répliqua : « Espérez-vous donc en ce monde ce que Jésus-Christ lui-même n'y a pu trouver? Si vous voulez arriver à Jésus-Christ, vous devez suivre la voie qu'il a lui-même tenue. Or, l'apôtre dit que c'est par les tribulations que nous devons parvenir au royaume de Dieu (1). Supportez donc, mon cher frère, partout et avec patience les adversités, et soyez-nous obéissant comme vous l'avez voué à Dieu dans votre profession. Recevez la bénédiction et la charge d'abbé, afin que vous puissiez parvenir à la vie éternelle avec tous ceux que nous vous avons confiés. » Il se mit à s'excuser, prétendant qu'il ne pouvait accepter ce titre dont il n'était pas digne; mais le prélat le prit, malgré ses protestations d'indignité, le conduisit à l'autel et lui donna la bénédiction abbatiale, le 4 juillet 1025 (2). Incontinent après, saint Félix

---

(1) Act. Apost. xiv, 21.
(2) Albert de Morlaix place ce retour à Fleury en 1028 et la bénédiction en 1029. Mais le moine de Rhuys, qui devait le savoir, et Mabillon, dans les *Annales bénédictines*, t. iv, p. 282, disent formellement qu'il y retourna après seize ans de séjour en Bretagne. Mabillon, loc. cit. ajoute que sa bénédiction, faite le dimanche, selon la prescription du pontifical romain, et le 4 juillet, dut avoir lieu en 1025, année où le iv des nones de juillet tombait un dimanche.

revint en Bretagne avec la bénédiction de son abbé et de tous les religieux de Fleury, et des lettres de recommandation pour les princes bretons et l'évêque de Vannes.

Auparavant, il avait habité simultanément les monastères de Rhuys et de Locminé et ne s'était fixé en aucun. A son retour, indécis entre l'un et l'autre, il consulta le duc Alain et l'évêque de Vannes. Ceux-ci ayant tenu conseil avec les nobles du pays et quelques évêques, donnèrent la préférence à Saint-Gildas-de-Rhuys, à cause de son ancienneté, de la fertilité du sol, de l'abondance du froment, du vin et des fruits, et du poisson que fournissait la mer. Il fut ensuite conduit à Rhuys et solennellement installé dans son abbaye.

Le nouvel abbé y réunit presque tous ses religieux et fit bientôt de Saint-Gildas une communauté considérable. Alors s'éleva la magnifique chapelle, dont le chœur et le transsept nord font encore partie de l'église actuelle, et fut construit le monastère, qui tombait en ruine et fut relevé vers le milieu du XVIIe siècle. L'église formait une croix comme aujourd'hui, avec nef à deux ailes et hémicycle autour du chœur. Au bas de la nef, il y avait un porche composé de piliers superposés et faisant double étage, dont l'inférieur servait d'entrée à l'église et l'autre de défense en temps de guerre. Elle fut consacrée solennellement, le 30 septembre 1032, par Judicaël, évêque de Vannes, au milieu d'un grand concours de fidèles. Depuis lors jusqu'à la révolution française, l'anniversaire de cette dédicace a toujours été célébré comme une des grandes fêtes de l'abbaye. Ce fut aussi en ce jour que saint Félix fit faire, par les évêques présents à la cérémonie, la translation des reliques de saint Gildas. On trouva, dans le tombeau, sous l'ancien autel, les huit gros os, la moitié du crâne, le livre des Evangiles et le bâton du saint fondateur, que l'abbé Daoc y avait ensevelis. Après avoir été longtemps en vénération et un instrument de miracles dans le trésor de l'abbaye, ce bâton a disparu, sans qu'on sache ce qu'il est devenu. Le livre des Evangiles fut donné beaucoup plus tard à la cathédrale de Vannes, où il n'est plus depuis longtemps ; il partage le sort du bâton susdit. Les ossements furent alors déposés dans la châsse que toujours depuis on portait aux processions des Rogations. De plus, en relevant l'église de ses ruines, saint Félix, à la prière de la duchesse Havoise, fit construire, sous le chœur, le caveau des ducs de Bretagne et dont l'entrée se trouve devant la grande grille. Là furent ensevelis les cinq princes dont les tombes se voient encore dans le chœur, et il est probable que plusieurs autres personnages célèbres les y précédèrent. Alors, le maître-autel n'était pas, comme aujourd'hui, sur le tombeau du saint fondateur, mais de trois ou quatre pas plus avant dans le chœur ; cette disposition permettait de circuler autour du tombeau.

Des vocations nombreuses peuplèrent le couvent de saints religieux. L'abbé Félix, conformément à la règle de son ordre, y établit une école célèbre, qui continua les traditions de celle fondée au même lieu par saint Gildas, et Rhuys devint le rendez-vous des enfants des seigneurs bretons et des premières familles de toute la contrée (1).

La sainteté refleurit sur cette terre de bénédiction. Le supérieur avait acquis une haute perfection, et il dirigeait les siens dans les sentiers de la justice. Avec leur père, trois moines de cette époque, les frères Ehoarn, Gulstan et Gingurien ont été et sont encore vénérés dans le pays. L'antique ennemi du genre humain, chassé de ces ruines où il avait été seul maître pendant près d'un siècle, les voyait avec dépit, et s'efforçait, pour les obliger à abandonner ces lieux ou du moins pour les y troubler, de les épouvanter par toutes sortes de fantômes et de spectres nocturnes. Ainsi, un soir, pendant que les frères Ratfroid et Mangise, encore novices, assis à une table, étaient exercés à la psalmodie par le frère Ranulphe, autre novice, il leur apparut et se mit à jouer avec la chandelle qui les éclairait, avançant plusieurs fois jusqu'à la flamme, par-dessus leurs épaules, et la retirant aussitôt, comme s'il se fût brûlé, une main noire, hideuse et couverte de poils. A ce moment survint un vieux moine, le Père Jouethen, maître des novices, lequel, les voyant épouvantés, leur dit : « Mes enfants, armez-vous du signe de la croix et continuez à chanter les psaumes de David. » Alors

---

(1) Albert de Morlaix, *vie de saint Félix*.

le démon éteignit la chandelle et, content de cet exploit, il éclata de rire de manière à être entendu de tout le monastère ; puis, se ruant sur un tas de pierres qui se trouvait dans la cour voisine, il fit un grand tapage en remuant toutes ces pierres. Il passa le reste de la nuit au réfectoire à agiter les écuelles avec tant de bruit que personne ne put dormir. Près du réfectoire se trouvait un vase rempli de vin ; le malin sut le vider sans qu'on put découvrir ce qu'il avait fait du contenu. Saint Félix était absent cette nuit. Ayant appris, à son retour le lendemain, ce qui s'était passé, il fit de l'eau bénite, en aspergea tout le monastère, tant à l'extérieur qu'au dedans, et, à partir de ce jour, la maison fut tranquille par la grâce de Dieu.

Saint Félix gouvernait ainsi son abbaye avec sagesse et la faisait prospérer, lorsque le Seigneur l'appela à l'éternelle récompense, le 12 février 1038 (1). Judicaël, qui vivait encore, fit ses obsèques, auxquelles assista le duc Alain avec toute sa cour (2). Il fut inhumé dans l'aile gauche de son église, où se trouve encore son tombeau, portant, sur son couvercle en pierre, outre une croix pattée, cette inscription en grandes capitales romaines du XIe siècle : *II id. Feb. obiit Felix, abb. istius loci,*

---

(1) Dom Lobineau, citant les chroniques de Rhuys et de Quimperlé. — Tresvaux, *Église de Bretagne*, p. 42. Il mourut en 1033, selon Albert de Morlaix, et en 1034, selon le manuscrit de la bibliothèque impériale.

(2) Mabillon, *Annales bénédictines*, t. IV, p. 392 — et Albert de Morlaix.

c'est-à-dire : la veille des ides de février mourut Félix, abbé de ce lieu. Sa sainteté fut bientôt attestée par un grand nombre de miracles opérés à son tombeau, près duquel les Bretons accouraient en foule (1). Et cependant, ce saint, qui a tant mérité de la religion et dont la vie est bien connue dans notre pays, n'est honoré d'un culte public dans aucun diocèse de Bretagne ! Il y a de ses reliques dans la sacristie de l'église bâtie par lui, et le grand reliquaire de Saint-Gildas porte sa statue. Il pourrait y en avoir aussi dans son tombeau, ouvert, pour la première fois, le 7 août 1655, par les religieux, qui trouvèrent une partie des ossements, le reste étant tombé en poussière.

## CHAPITRE V.

### Rétablissement du pèlerinage de Saint-Gildas.

Dès que le monastère de Rhuys eut été restauré, la nouvelle église livrée au culte et les reliques du fondateur réunies, saint Félix rétablit les fêtes d'autrefois en l'honneur de saint Gildas. Comme

---

(1) Mabillon, *Annales bénédictines*, t. IV, p. 392. — Le dimanche du *Cruizo*, qui précède immédiatement le 24 juin, ils avaient, depuis l'établissement de cette fête par André Hamon, évêque de Vannes, vers 1523, contracté la pieuse habitude de faire une procession privée du tombeau de saint Gildas à celui de saint Goustan et de là à celui de saint Félix. (Manuscrit de la bibl. imp.

aux temps anciens, les peuples accoururent à ces solennités et au tombeau du bienheureux. Par la vertu de Dieu et l'intercession de son serviteur, la chaîne des miracles, plus d'un siècle interrompue, se renoua, et la solitude de Rhuys se trouva de nouveau très fréquentée. A l'appui de ceci, le moine anonyme de Rhuys relate deux faits qui se passèrent sous ses yeux.

« On était, dit-il, à la veille de la fête qui solennise l'invention du corps saint sur le rivage de la mer et sa translation au monastère. Pour la célébrer avec nous, de tous côtés, le peuple accourait en foule. Or, dans le pays, se trouvait un pauvre infirme, depuis longtemps retenu au lit. En voyant partir pour la fête ses voisins et ses amis, il les supplia de l'emmener avec eux; car, disait-il, si je puis parvenir au tombeau du Saint, je serai aussitôt guéri; j'en ai confiance, j'en suis sûr. Ses amis l'emmenèrent donc et le placèrent auprès du tombeau. Avant le jour et pendant qu'on chantait les matines au chœur, le malade, toujours resté à la même place, s'étendit à terre et son corps devint raide comme celui d'un mort; il cessa de se plaindre de ses douleurs; ses yeux tournèrent, ses mains et ses pieds se refroidirent et tout son corps paraissait un cadavre. La foule, qui l'entourait, se mit à crier qu'il était mort et qu'il fallait le transporter dehors. Criant toujours, une telle multitude s'était réunie auprès de lui, que, pendant trois heures, il nous fut impossible de l'approcher. Enfin, un religieux nommé Lejeune, ayant pris le bâton dont le Saint se servait dans sa vieillesse et étant monté sur l'autel, fit, avec ce bâton, trois signes de croix sur le malade ; aussitôt, à la grande admiration des spectateurs, cet homme se leva et dit : « N'avez-vous pas vu saint Gildas, debout sur la pierre de son tombeau, me relever de sa propre main ? » Ayant ainsi recouvré la santé en présence de tous, plein de joie et de reconnaissance, il se mit à marcher, prit un cierge à la main et alla lui-même le déposer sur l'autel. Après la fête, cet homme, qui avait été porté là malade, s'en retourna à pied chez lui et parfaitement guéri. Plus tard, le moine qui rapporte ce miracle le racontait un jour à quelques personnes de condition devant l'église de Plumergat, et l'heureux malade, se trouvant là, confirma lui-même la vérité son récit. »

« C'est une chose notoire, ajoute le même moine, et très connue dans toute la Bretagne, que, s'il survient quelque maladie mortelle dans cette paroisse ou dans la contrée, les habitants accourent ici avec la plus grande foi et obtiennent de Dieu la cessation de l'épidémie. Dans un cas semblable, les fidèles de la paroisse d'Ilfintine (1), se mirent un jour en route. Pendant le voyage, un des pèlerins nommé Dongual fut tout-à-coup saisi de la maladie et précipité à terre devant l'église de

---

(1) Cette paroisse, si elle existe encore, a dû changer de nom ; car, dans le diocèse de Vannes, on n'en connait aucune ainsi nommée. Elle devait cependant être assez voisine de Saint-Gildas, comme le montre la suite.

Sarzeau. Ses compagnons, le laissant dans cette ville, continuèrent leur chemin jusqu'à Saint-Gildas et, arrivés au couvent, ils prièrent le moine, qui lui-même rapporte le fait, de leur prêter un cheval pour aller le chercher. Lorsqu'il eut été descendu à terre, il ne pouvait ni marcher, ni se tenir debout. On le mit dans le bâtiment des hôtes. Il faisait peur à voir et rendait le sang à pleine bouche. Personne ne lui prêtait vie jusqu'au lendemain ; d'un moment à l'autre on s'attendait même à le voir mourir. Toute la communauté le visita, pria pour lui et un des moines l'administra. De cet instant, il commença à revenir à lui-même, à recouvrer des forces et, au bout de quelques jours, il put en pleine santé retourner chez lui. Ses compagnons, qui l'avaient devancé, ayant quitté le lieu du pèlerinage le jour même de leur arrivée, avaient annoncé sa mort à sa femme, lui ajoutant qu'il devait être enterré à Saint-Gildas. Aussitôt cette pauvre femme, désolée et en larmes, s'y rendit, afin de prier sur la tombe de son mari et de faire au couvent une aumône pour le repos de son âme. Quel ne fut pas son bonheur, quand, au lieu de le trouver mort, non-seulement il vivait, mais encore était en parfaite santé ? Pleins de joie, ils retournèrent ensemble dans leur paroisse, et ce nouveau miracle fit grand bruit dans tout le pays. Naguère encore, ajoute le moine de Rhuys, j'ai vu cet homme en très bonne santé, rendant grâce à Dieu, proclamant les vertus du bienheureux Gildas et racontant à tout le monde le miracle de sa guérison. »

Par l'intercession de son serviteur, Dieu exerçait sa miséricorde en faveur d'un grand nombre d'infirmes, surtout à l'égard de ceux qui étaient atteints de *folie*. Comme ces derniers se rendaient en foule au tombeau du Saint et y trouvaient guérison, à leur infirmité on donna le nom de *Mal de saint Gildas*. Ordinairement la vertu divine opérait sur eux après une neuvaine passée à l'abbaye et trois bains pris dans une eau spécialement bénite à cet effet. Les fous s'y rendaient de tous les pays circonvoisins et en si grand nombre, que les religieux durent prendre des dispositions précises pour leur séjour au monastère. Le Père infirmier en vit augmenter ses attributions ; car il fut chargé de bénir l'eau destinée aux bains. L'autorité compétente approuva la formule et les cérémonies établies pour cette bénédiction. C'était surtout aux fêtes du Saint que la multitude affluait. Bientôt même, de semblables guérisons commencèrent à s'opérer, dans des conditions pareilles, partout où il y avait des reliques du saint abbé. A peine fondée, l'abbaye de Saint-Gildas-des-Bois, dont il sera question plus tard, emprunta à celle de Rhuys le cérémonial de cette bénédiction et vit s'accomplir les mêmes miracles. Plus accessible, à la longue elle fut même plus fréquentée. L'église paroissiale de Saint-Sauveur-de-Roche-Servière, en Vendée, possédait, de temps immémorial, un os du bras de saint Gildas. Là aussi les fous recouvraient l'esprit en faisant, avec dévotion, une neuvaine auprès de la sainte relique. Comme preuve, on peut citer le fait suivant. Madame de Vieille-Vigne, quoique protestante, conseilla à un de ses fermiers, qui était devenu fou furieux, de s'y rendre en pèlerinage et d'y faire la neuvaine d'usage. Le conseil fut salutaire, car cet infortuné se trouva guéri le neuvième jour. Dans le premier quart du XVIIe siècle, Dieu authentiqua autrement encore cette miraculeuse relique. Des soldats l'ayant enlevée, on ne sait dans quel dessein, ils ne purent passer la rivière d'Yon, qu'ils devaient traverser, et durent la reporter eux-mêmes au lieu où ils l'avaient prise (1).

La dévotion des fidèles et leur confiance aux mérites du Saint ne se sont pas éteintes depuis, bien que les miracles cités ne s'opèrent plus, et le glorieux tombeau de Rhuys n'a jamais cessé d'être un lieu de pèlerinage.

## CHAPITRE VI.

### Saint Ehoarn et Léopard, son meurtrier.

Peu après la restauration de l'abbaye de Rhuys par saint Félix, un serviteur de Dieu, nommé Ehoarn, s'établit avec la permission de son supérieur et pour mener la vie solitaire, dans une petite cellule qu'il adossa au mur de l'église. Une

---

(1) Manuscrit de la bibliothèque impériale.

nuit, de cruels voleurs, triste reste du brigandage introduit par les Normands, entrés dans le monastère pour piller, se jetèrent sur lui et le traînèrent hors de sa pauvre cellule. Parmi eux, un brutal, à juste titre surnommé *Léopard*, s'armant d'une hache, lui en déchargea un coup sur la tête et l'abattit mort à ses pieds sur le seuil de l'église. Aussitôt possédé du démon, le meurtrier roule sur la terre à côté de sa victime. A peine relevé, il prend son couteau, s'en frappe au cœur et se serait tué lui-même, si ses compagnons ne l'en eussent empêché. Ils le lièrent comme un furieux et le conduisirent chez lui. Il demeura fou le reste de sa vie. Pendant vingt ans, les nouveaux moines de Rhuys (ce qui le suppose de la presqu'île) le virent sans aucun vêtement et sans chaussures ; car, chose étrange ! en hiver comme en été, il était toujours tout nu. Si, par compassion, quelqu'un lui donnait des habits, sur place, il les mettait en pièces. Avant de s'en dessaisir et de cesser son œuvre, il les effilait, s'ils étaient de lin ou de laine, et les déchirait en petites pièces, s'ils étaient en cuir ou en peau. Il errait ainsi à travers le pays sous les ardeurs de l'été et les rigueurs de l'hiver, vivant rarement dans sa maison, et le plus souvent, à la façon des bêtes, dans les bois et les champs. Quel épouvantable châtiment ! « O ineffable clémence, ô immensité de la bonté et de la miséricorde de Dieu ! O glorieux mérites du bienheureux Gildas, s'écrie le moine de Rhuys ! Sur un seul et même homme, vous punissez tous les crimes et châtiez tous les impies ; car son supplice est pour eux un avertissement de ne le pas imiter dans sa faute, s'ils ne veulent le suivre dans sa peine. » Nous croyons cependant, ajoute-t-il, que Dieu, qui ne se venge pas deux fois du même crime, aura sauvé cet homme dans sa miséricorde.

Quant au pieux ermite, sa vie entière, dérobée aux regards du monde et sous l'œil de Dieu seul, fut pure et sainte comme sa mort. Pour s'être attaché à la maison de Dieu, il mérita de remettre son âme au Seigneur sur le seuil du sanctuaire. Le martyrologe gallican (1), à la date du 11 février, le mentionne comme saint, avec le double titre d'ermite et de martyr. Dom Hugues Ménard, parlant aussi de lui, le qualifie de saint. Il dut être enterré au lieu de sa mort et être l'objet de la vénération des fidèles de son temps. A Saint-Gildas, il est maintenant, et probablement depuis des siècles, complètement inconnu. On ignore s'il a jamais, dans l'église, reçu un culte quelconque.

---

(1) Ce martyrologe est d'André Souassay. — Mabillon, *Annales bénédictines*, t. IV, p. 282, parle de lui, ainsi que l'auteur du manuscrit de la bibliothèque impériale.

## CHAPITRE VII.

#### Saint Gingurien, religieux de Rhuys.

Parmi les premiers religieux de saint Félix au monastère de Saint-Gildas, se trouvait le frère convers Gingurien qui, rempli des dons du Saint-Esprit et orné de toutes les vertus, y mena une vie aussi pure et innocente qu'elle était humble. Ce bon moine servait Dieu avec ferveur et fidélité dans l'emploi le plus bas du monastère (1). Il fut, dès son entrée en religion, chargé des abeilles et devait donner ses soins aux ruches nombreuses que possédait la maison. Il avait déjà quelques années de profession, lorsque le Seigneur voulut éprouver sa patience par les infirmités et le donner en exemple à ses confrères. A cet effet, le saint Esprit lui révéla le jour de sa mort et la longue maladie qui devait la précéder.

Un jour, pendant que l'abbé et les religieux étaient réunis pour le chapitre, il se prosterna devant saint Félix et tous les frères, et leur demanda très humblement pardon des peines qu'il avait pu causer et des scandales qu'il avait donnés. On

---

(1) Cette petite biographie est tirée, en majeure partie, du moine anonyme de Rhuys. — Mabillon, *Annales bénédictines*, t. IV, p. 392, parle aussi de ce saint frère.

n'avait rien à lui pardonner, toute sa vie monastique ayant été sainte, édifiante et pleine de charité. Tous les frères lui ayant néanmoins répondu : « Que le Seigneur vous remette toutes vos fragilités et vous absolve de tous vos péchés, » il leur ajouta : « Apprenez, mes très chers frères, que, à partir d'aujourd'hui, je ne pourrai plus vivre au milieu de vous. Je conjure donc votre charité de me recommander à Dieu dans vos prières et de me donner le sacrement de l'Extrême-Onction. » Ces dernières paroles les étonnèrent; car ils voyaient ce frère en bonne santé. Il leur fit des instances pour obtenir l'Onction sainte pendant qu'il pouvait encore parler.

A la sortie du chapitre, il apporta tous les instruments de son emploi et les déposa aux pieds de son abbé, en lui disant : « Mon père, voici les objets dont vous m'aviez chargé ; je vous en prie, confiez-les, ainsi que mon emploi, à un autre des frères. » Ensuite, comme c'était l'heure de la messe conventuelle, il y assista, s'approcha pour la communion et, ayant reçu la sainte hostie de la main du prêtre et s'étant croisé les bras sur la poitrine, il tomba, étendu à terre, près des marches de l'autel. Les frères le transportèrent à l'infirmerie et aussitôt, car alors on le comprit, l'Extrême-Onction lui fut administrée. A partir de de ce jour, comme il l'avait prédit, atteint d'une paralysie totale, il passa, sur son lit, une année entière, sans pouvoir ni se retourner, ni même porter la main à la bouche.

A la fin de cette année, Dieu lui envoya, pendant la nuit, l'Archange saint Michel pour lui révéler de nouveau le jour de sa mort. Le lendemain matin, il fit prier le Père Riaul de se rendre auprès de son lit et lui parla ainsi : « Mon frère, ayez la bonté de dire à la communauté de rendre à jamais grâces à Dieu et de se réjouir dans le Seigneur ; car, la nuit dernière, pendant qu'on chantait matines, saint Michel Archange était au chœur avec elle. Avant que la cloche eût cessé de sonner l'office, il m'est apparu au milieu d'une éclatante lumière et sous la forme d'un très gracieux enfant, s'est fait connaître à moi et m'a dit : « Ne crains point, mais prépare-toi, parce que, à la fin de ce jour, tu sortiras de la prison de ton corps pour aller à une vie meilleure. » Puis, avec la lumière qui l'accompagnait, il est entré dans l'église par la croisée du levant et, durant les matines, cette lumière n'a pas cessé d'y briller. Annoncez donc toutes ces choses à nos frères et, de ma part, remerciez-les de tous les charitables services qu'ils m'ont rendus pendant cette année. Je vous prie aussi de m'apporter le saint Viatique et de m'assister, après les vêpres, à mes derniers moments. » A l'issue des vêpres, il appela celui qui le servait et lui dit : « Priez mes frères de se rendre auprès de moi ; car voici le moment où je vais sortir de ce monde. » Toute la communauté s'étant réunie autour de lui, son âme bienheureuse, à l'heure prédite, s'envola, dans la soirée du 28 septembre, de cette vie vers le Seigneur, son Dieu.

Saint Félix le fit enterrer dans une des chapelles du chœur de l'église, derrière le tombeau de saint Gildas. A l'endroit où la tradition du pays indiquait sa tombe sans marque, le vénérable curé actuel de la paroisse a fait placer, il y a quelques années, une dalle portant cette inscription : *Sanctus Gingurianus, monachus istius loci*, c'est-à-dire, saint Gingurien, moine de ce lieu. Cette dalle, dont la moitié paraît enclavée dans le mur, se voit au côté de l'Evangile.

Parmi les nombreuses reliques de saint Gildas, il doit probablement s'en trouver des siennes ; mais rien ne les distingue ; elles ne sont même pas mentionnées sur les titres gardés à la sacristie. Peut-être ses reliques sont-elles encore dans son tombeau ?

Le nom de ce saint est cité, avec quelques traits de sa vie, par Dom Hugues Ménard et André Souassay. Ce dernier, par erreur, place sa mort au 27 septembre, comme le P. Ferrarius y fixe sa fête (1).

Saint Gingurien, petit sur la terre, vous avez cependant gagné le ciel. Comme vous êtes notre modèle, auprès de Dieu soyez notre protecteur. Petits en ce monde aussi, du ciel, où vous êtes puissant, obtenez-nous la grâce de marcher sur vos traces et de bien servir Dieu dans l'humilité de notre condition.

---

(1) Dom Lobineau, *vie de saint Félix.*

## CHAPITRE VIII.

**Saint Gulstan, autre religieux du même monastère.**

Saint Gulstan, plus connu dans le pays sous le nom de saint Goustan, naquit en 974, de parents Saxons dans la Cornouaille insulaire (1). Agé de dix-huit ans, il fut enlevé par des pirates Normands qui, pendant quelques années, le gardèrent à bord pour les manœuvres (2). Dieu voulant le retirer de leur compagnie, lui envoya une infirmité. Un de ses pieds enfla considérablement et le mit hors de service. Pour se débarrasser de lui, le capitaine le jeta sur l'île d'Ouessant (3). Saint Félix y menait alors la vie érémitique et se l'attacha. A son école et sous sa direction, Gulstan fit de rapides progrès dans la vertu et prit, pour la solitude, la mortification et la vie d'oraison, un attrait qui ne le quitta plus. Après le départ de saint Félix pour Fleury, il entreprit le pèlerinage des saints Lieux, retourna à l'île d'Ouessant et enfin rejoignit son maître au monastère de Rhuys, à l'âge de 52 ans

---

(1) Montalembert, *Moines d'Occident*, t. II p. 311. — Manuscrit de la bibliothèque impériale.

(2) Quelques auteurs disent qu'il s'était spontanément uni à ces pirates.

(3) Mabillon, *Annales bénédictines*, t. IV, p. 392. — Manuscrit de la bibliothèque impériale.

Ici, il n'était que frère convers, et cependant il ne cessait, nuit et jour, de prier et de chanter les louanges de Dieu ; car il avait appris par cœur tout le psautier et grand nombre d'autres prières. A Saint-Gildas, il prenait à peine trois heures de sommeil chaque nuit, en hiver comme en été, et alors même qu'il eut atteint un âge fort avancé. C'était pour lui un bonheur de pouvoir rendre service à ses frères, mais plus spécialement au sacristain et à l'infirmier : il prenait grand plaisir à entretenir la lampe du sanctuaire et à soigner les malades. Souvent ceux-ci recouvraient la santé plutôt grâce à ses prières qu'aux remèdes humains.

Après quelques années passées au monastère de Rhuys, il obtint de saint Félix la permission de suivre son attrait pour la solitude et de se retirer, avec le frère Riocus, à Hœdic, île déserte alors à cause de sa stérilité et qui de temps immémorial appartenait à l'abbaye. Riocus avait pour mission de faire défricher et peupler l'île, et d'y établir un prieuré, dont il fut le premier titulaire (1). Le diable, qui voyait avec dépit ce nouvel établissement, fit tous ses efforts pour les chasser de cette île. Il cherchait à les épouvanter par des spectres effroyables et des fantômes horribles ; mais le serviteur de Dieu les faisait disparaître par la vertu du signe de la croix. Pour l'expulser lui-même de

---

(1) L'île de Houat devait être alors habitée, puisqu'il ne la choisit pas. Albert de Morlaix, qui parle de la retraite de ces deux moines à l'île de Hœdic, fait une grande erreur chronologique en la fixant à l'année 608.

ces lieux, il parcourait un jour son île, un bénitier à la main et aspergeant de tout côté, lorsque le démon lui apparut sous une forme humaine et essaya, mais en vain, de lui persuader qu'il se faisait illusion en se livrant à une vie si austère. Voyant qu'il ne gagnait rien, ce méchant esprit jeta le masque et lui dit : « Quoi ? n'est-ce pas assez pour vous autres moines de nous avoir chassés de tout le reste du monde, et faut-il que vous veniez encore nous persécuter jusque dans les îles les plus sauvages et les plus stériles ? » Sans lui donner le temps de continuer, le Saint lui ordonna au nom de Jésus-Christ de se retirer, et aussitôt il disparut. Une autre fois, il prit la forme d'un cheval traînant son licol et vint passer auprès de l'ermite qui lisait un livre, assis à la porte de sa cellule. Croyant, sans autre réflexion, que ce cheval avait échappé aux ouvriers qui défrichaient l'île sous les ordres de Riocus, il voulut l'arrêter et prit le licou. C'était là que le diable l'attendait; car il tira si brusquement, qu'il blessa le bras du Saint, puis il disparut.

Dans cette île, Dieu se plut à multiplier les miracles entre les mains du saint solitaire, surtout en faveur des marins. C'était au point, dit le moine de Rhuys, qu'il eût été impossible de les recueillir tous, tant ils étaient nombreux. Aussi sa vertu et sa sainteté étaient-elles proclamées partout par les navigateurs qui fréquentaient ces contrées. Au milieu d'une foule d'autres, les suivants nous sont transmis par le moine anonyme de Rhuys, qui a abrégé sa vie écrite plus au long de son temps par un autre religieux du même monastère, et dont le légendaire de l'abbaye conserve des fragments considérables.

Frère Rioc étant tombé malade, Gulstan se désolait de ne pouvoir lui donner les soins réclamés par sa position : ils manquaient de tout, même d'aliments convenables. Comme le malade s'en plaignait, le Saint lui dit d'avoir, comme lui-même, confiance en Dieu qui avait envoyé la manne aux Israélites dans le désert, et fournissait encore leur nourriture aux animaux sauvages ; puis il descendit sur le rivage, se mit à genoux et pria le Seigneur de venir à son secours. Aussitôt un gros poisson vint expirer à ses pieds. Il le porta à son ermitage, le mit en pièces, en garda une provision pour le malade et fit passer le reste au monastère de Rhuys.

Plusieurs navires du comté de Cornouaille ou de la Normandie, faisant un jour voile vers l'embouchure de la Loire, furent obligés par le mauvais temps de relâcher à la rade de son île. Les vents restèrent si longtemps contraires que, les vivres se trouvant épuisés, la position devenait critique. Dans cette extrémité, les capitaines se rendirent auprès du Saint et le supplièrent de prier Dieu pour eux, lui promettant de ne pas l'oublier au retour. A la prière du moine, les vents changèrent et devinrent si favorables que, en une marée, tous ces navires purent gagner la rade de Saint-Nazaire. Dans leur reconnaissance, les marins firent bien l'emplette promise ; mais, à leur retour, ils se trouvaient encore si bien favorisés par le vent, que le capitaine, qui devait toucher terre pour la remettre au Saint, jugea à propos de continuer sa route. Bientôt il dut s'en repentir ; car il s'éleva une furieuse tempête qui le força à descendre à Hœdic. Comprenant sa faute, il demanda pardon à Dieu et à son serviteur et remit le drap acheté pour faire à l'ermite l'habit promis. Immédiatement la mer se calma et il put achever heureusement son voyage.

Un autre jour, la violence du vent ayant éteint la lampe de son oratoire, il n'avait aucun moyen de la rallumer et ne pouvait, à cause de la tempête, sortir de son île pour aller quérir du feu. Il lui en coûtait cependant beaucoup de laisser sa petite chapelle sans lumière. Dans son embarras, il recourut avec foi à son secours ordinaire ; il se mit à prier, et d'elle-même la lampe se ralluma, et il put ainsi fournir du feu aux ouvriers de l'île qui en manquaient aussi bien que lui.

Une autre fois encore, par suite d'une violente tempête qui durait depuis plusieurs jours, il lui fut impossible de se rendre à Rhuys. Cependant toutes les provisions étaient consommées et, moins patient que lui, frère Rioc commençait à se désoler à cause de ses ouvriers. Sans se décourager, le Saint, selon sa coutume, fit une prière et descendit au rivage. Voyant un gros navire passer au loin et à pleines voiles, il lui fit signe et incontinent, le vent ayant changé, le capitaine vint relâcher à

Hœdic et donna des vivres aux pauvres solitaires. En retour, Gulstan demanda pour lui un vent favorable et il put aussitôt continuer sa route.

Enfin, un matelot ayant, un jour, abattu un surreau qui ombrageait la porte de la chapelle, il fut pris tout-à-coup d'une violente colique, dut reconnaître sa faute et demander pardon. Le Saint pria pour lui et il se trouva guéri.

Vital, son nouvel abbé et successeur de saint Félix, le rappela de son île et l'envoya à Beauvoir en Poitou pour les affaires de l'abbaye, bien qu'il fût déjà fort avancé en âge ; car, pour remplir cette mission, il fallait la sagesse et la prudence qu'on lui connaissait. Sur le point de retourner, il fut saisi d'une grosse fièvre qui le réduisit à l'extrémité. Il demanda et reçut les sacrements ; puis, les yeux et le cœur tournés vers le ciel, il rendit son âme à Dieu, au milieu de la nuit, le 27 novembre, vers l'an 1048 (1), dans le prieuré de Saint-Pierre-les-Champs, dépendant de l'abbaye bénédictine de Saint-Pierre-de-Maillezais et fondé à Beauvoir sur la fin du siècle précédent.

A peine avait-il paru à Beauvoir, que sa réputation de sainteté était dans toutes les bouches. Aussi dès qu'on eut annoncé sa mort, à l'instant même de son bienheureux trépas, les habitants du

---

(1) Mabillon, *Annales bénédictines*, t. IV, p. 392, dit que ce fut sous le duc Conan, qui ne succéda à Alain, son père, qu'en 1039. — De ce prieuré il ne reste plus d'autre trace à Beauvoir, que le nom de saint Pierre conservé à la maison bâtie sur son emplacement et au quartier environnant.

lieu, les nobles et les gens du peuple, hommes et femmes, tous se levèrent à la hâte et se précipitèrent en foule, avec des cierges et des lampes, pour rendre leurs devoirs au serviteur de Dieu. Ils accoururent en si grand nombre que le couvent pouvait à peine les contenir. Les moines du prieuré de Saint-Filibert, fondé dans la même ville, vers 684, par les religieux de Noirmoutiers et alors dépendant de l'abbaye de Tournus, voyant, autour du saint corps, une grande quantité d'ornements, d'argent et de cierges donnés en offrandes par les fidèles, persuadèrent à la multitude de le transporter dans leur propre église (1). Les religieux, dont il était mort l'hôte, ainsi que les serviteurs du couvent, leur résistèrent et voulaient le garder jusqu'à ce qu'ils l'eussent fait transporter dans son monastère. Mais les autres ayant ameuté la foule, l'enlevèrent de force, avec toutes les offrandes qui l'entouraient, le portèrent à leur église, où, pendant trois jours, ils le laissèrent exposé, recueillant là encore de nouvelles et considérables offrandes ; puis ils l'enterrèrent.

L'abbé Vital, ayant appris sa mort, se rendit sur les lieux, pour réclamer et amener à Rhuys

---

(1). Selon Mabillon, loc. cit., mais à tort, ces moines de Saint-Filibert habitaient le prieuré bénédictin de Noirmoutiers, alors dans le diocèse de Poitiers et maintenant dans celui de Luçon. L'abbaye de Noirmoutiers, ruinée par les Normands, ne fut ensuite qu'un prieuré, le siége abbatial ayant été fixé à Tournus, au diocèse de Châlons-sur-Saône. Cette église de Saint-Filibert, devenue paroissiale il y a environ trois siècles, existe encore.

le corps de son religieux. Il le demanda humblement ; mais les moines de Saint-Filibert qui voulaient le garder, moins par vénération pour lui qu'à cause des sommes considérables tous les jours déposées sur son tombeau, ne rendirent point de réponse. Pour obtenir justice, il dut recourir à l'autorité d'Isambert Ier, évêque de Poitiers. Le prélat cita à son synode ces religieux, qui antérieurement déjà avaient désobéi à ses ordres ; il y appela aussi, outre l'abbé Vital, Berner, abbé du monastère de Tournus, au diocèse de Châlons-sur-Saône, dont dépendaient ces moines de Saint-Filibert. Lorsque, devant lui et son chapitre, ils eurent de part et d'autre plaidé leurs causes, il ordonna de rendre le corps de saint Gulstan aux religieux de Rhuys. Vital le fit transporter à Saint-Gildas, et l'enterra dans la chapelle du nord de l'église et non loin de saint Félix. On y voit encore son tombeau qui ne porte aucune inscription (1).

Dieu permit à son serviteur de révéler peu après à un des frères de l'abbaye la gloire dont son âme jouissait au ciel. Dans l'église, pendant que ce moine, déjà vieux et chargé de la sacristie à cause de ses grandes vertus, lisait, une nuit, le psautier auprès de la lampe, il vit le bienheureux, entouré d'une brillante lumière, sortir de son tombeau, se diriger vers les marches de l'autel et là, prosterné,

---

(1) C'est regrettable ; car cette tombe en pierre, placée au milieu de plusieurs autres, n'est pas reconnaissable. Il serait à désirer qu'une inscription l'indiquât aux étrangers.

adorer trois fois le saint Sacrement. Il s'épouvanta ; mais le Saint, s'approchant de lui, le rassura, loua sa dévotion et rentra dans son tombeau.

Ce tombeau, déjà glorieux, devint plus glorieux encore à cause des grands miracles qui s'y opérèrent. L'auteur du manuscrit conservé à la bibliothèque impériale de Paris, nous raconte celui d'un agneau promis au Saint par un habitant de Hœdic. Des pèlerins, qui se rendaient de cette île au tombeau du Saint, ayant refusé d'y conduire l'offrande de leur compatriote, celui-ci fixe deux cierges aux cornes de l'agneau, qui nage après le navire, va s'agenouiller devant le tombeau de saint Goustan, sans qu'on puisse le chasser, et reste à l'abbaye, souvenir vivant d'un gracieux miracle.

Le même auteur dit encore que deux personnages des environs du château de la Roche-Bernard, ayant été pris par des voleurs, furent étroitement liés et enfermés dans un grand coffre. Ils invoquèrent saint Gulstan, qui aussitôt leur apparut, les rassura, brisa leurs chaînes avec la pointe d'un couteau et les mit en liberté. Ainsi sauvés, ils accoururent à Rhuys pour remercier leur libérateur.

La fête de saint Gulstan se célèbre le 27 novembre, jour anniversaire de sa mort. Depuis 1855, elle est, sous le rite semi-double, dans le propre du diocèse de Luçon.

Sous le nom de Goustan, il était le patron de

10*

— 174 —

l'ancienne église paroissiale de Saint-Gildas (1), comme il l'est encore et depuis l'an 1460 au moins de celle de la seconde paroisse d'Auray. Jusqu'au XVIIe siècle, il était également le patron de l'église de Hœdic, que les Anglais démolirent et dont il existe encore quelques ruines sous la nouvelle cantine. La nouvelle église de l'île, bâtie au même siècle, lui était également dédiée; mais elle est placée, depuis plus de cent ans, sous l'invocation de la sainte Vierge, et saint Goustan n'en est aujourd'hui que le patron secondaire. Dans le diocèse de Nantes, sur le canton du Croisic, se trouve une chapelle de saint Goustan, à l'ouest de la ville et sur le bord de la rade. Voici, selon la légende, le fait qui donna lieu à sa construction. Dans une traversée entre Hœdic et Rhuys, le Saint fut surpris par une tempête et jeté sur la côte du Croisic. C'était pendant la nuit et il s'endormit sur un rocher nu; mais la vertu de Dieu avait amolli la pierre qui, par miracle, conserve toujours depuis l'empreinte de son corps. Pour perpétuer le souvenir de son passage sur leur terre, les Croisicais lui élevèrent cette chapelle sur le rocher même où il s'était endormi. Mais contre leur projet, la volonté de Dieu s'étant manifestée en renversant deux fois les travaux commencés, ils n'y purent renfermer que la moitié de l'empreinte miraculeuse. Quoique

---

(1) L'architecture de cette église, bâtie dans le cimetière actuel et démolie depuis peu, était celle du XIe siècle, d'où on infère qu'elle devait être à peu près contemporaine de l'église de l'abbaye. On en voit encore des restes.

profanée et transformée depuis la grande révolution en magasin d'artillerie, cette chapelle attire encore de nombreux pèlerins qui s'y rendent pour demander des guérisons au Saint (1). Dans l'église du Croisic, la statue du Saint décore l'autel de Notre-Dame-du-Rosaire où les fidèles font souvent offrir le saint sacrifice en son honneur.

On conserve de ses reliques dans l'église paroissiale de Saint-Gildas et dans celle de Hœdic. Son corps tout entier était encore dans l'abbaye, le 22 juillet 1619 (2). En 1809, l'église de saint Goustan d'Auray reçut de Rhuys une partie du chef de son saint patron.

Depuis le XIe siècle, saint Goustan a toujours été le patron des matelots de Rhuys et des contrées voisines (3).

---

(1) On dit que les femmes stériles, en particulier, fréquentent ce pèlerinage avec une grande espérance.

(2) Procès-verbal de la reconnaissance de toutes les reliques de l'abbaye, faite, à cette date, par Ch. de Clermont, abbé de Saint-Gildas.

(3) Témoin cette ronde que chantent encore les femmes des marins du Croisic :

>Saint Goustan,
>Notre ami,
>Ramenez nos maris ;
>Saint Goustan,
>Notre amant,
>Ramenez nos enfants.

## CHAPITRE IX.

### Abbaye de Saint-Gildas-des-Bois.

**§ 1. — Fondation de cette abbaye.**

En 1026, Simon, fils de Bernard qui donna son nom à la seigneurie de la Roche-Bernard, fonda, pour huit religieux bénédictins, une abbaye dans une forêt nommée Lampridic, entre Redon et Nantes et à environ quinze lieues de cette dernière ville. Comme ses nouveaux miracles rendaient alors illustre le saint fondateur de notre abbaye de Rhuys, Simon donna saint Gildas pour patron à son monastère, qui, pour cette raison et à cause de la forêt dont il était entouré, prit le nom de Saint-Gildas-des-Bois (1). Avec le temps, il s'éleva, auprès de l'abbaye, une petite bourgade qui reçut le même nom, devint depuis chef-lieu de canton et se vit naguère doter d'une station du chemin de fer. Sur la demande du fondateur, l'abbaye bénédictine de Saint-Sauveur de Redon, qui florissait alors sous le gouvernement du célèbre abbé Catvallon, lui donna, pour premier abbé, Hélogon, homme d'une grande sainteté, et quelques autres religieux. Alain V, duc de Bretagne, fils et successeur de Geoffroy Ier, approuva cette fondation

---

(1) *Abbatia sancti Gildasii de Nemore.* — On trouve aussi *Abbatia sancti Gildasii de Landa.*

par une charte qu'il signa à Redon, avec Simon lui-même, avec Mathias, comte de Nantes, avec Varin, évêque de Rennes, et avec Gauthier, évêque de Nantes. Peu après, le fondateur et l'abbé firent ensemble le voyage de Rhuys, pour demander à saint Félix quelques-uns de ses religieux et des reliques de saint Gildas. On ignore si la première partie de leur demande fut exaucée ; mais on sait qu'ils obtinrent un bras du Saint et une partie de son crâne, qu'ils firent enchâsser dans un bras et dans un chef d'argent, plus quelques autres fragments, encore conservés dans le trésor de l'église à la fin du XVIIe siècle. La réception solennelle de ces précieuses reliques eut lieu le 1er juillet, on ne sait de quelle année, et l'anniversaire de ce jour a toujours été depuis, pour l'abbaye, une de ses plus grandes fêtes jusqu'à la révolution française.

Simon avait choisi pour lieu de sa sépulture l'église de cette abbaye, fondée et libéralement dotée par lui. Il fut enterré devant le maître-autel, dans un caveau recouvert d'une grande pierre d'ardoise, qui se voyait encore vers le milieu du XVIIe siècle, et qui alors était brisée en deux fragments et portait encore des traces d'une inscription effacée et illisible.

Grâce à des protections puissantes et à de pieuses générosités, cette abbaye devint bientôt riche et acquit de grands et nombreux priviléges. Son abbé portait crosse et mître et pouvait officier pontificalement ; c'était le seul abbé du diocèse de Nantes à pouvoir user des ornements pontificaux depuis le concile de Bâle (1). La taxe de ses provisions à la cour de Rome était de 100 florins, en 1726, et il jouissait, à cette date, d'un revenu annuel de 3000 livres (2), qui s'éleva encore de 500 francs avant la grande révolution (3). Cette abbaye eut un abbé régulier jusqu'en 1592. Jean Bohier, protonotaire du Saint-Siége et archidiacre de Nantes, fut son premier abbé commendataire. La réforme de saint Maur s'y introduisit en 1646, sous l'abbé Sébastien Joseph du Cambout, dont le père, avec l'approbation du pape et du roi, signa, à Paris, le 28 décembre 1645, le contrat passé avec la Congrégation de Saint-Maur. Le général de cette Congrégation y donna son assentiment, le 3 janvier 1646, et la prise de possession se fit, le 29 mai suivant, par Dom Fabien Buteux, prieur de Saint-Sauveur de Redon. Le nombre de religieux ne fut ni augmenté ni diminué ; comme à l'origine, il était encore de huit en 1790. Ainsi qu'on l'a déjà dit, à cause des reliques du saint fondateur du monastère de Rhuys, cette abbaye devint, de bonne heure, un pèlerinage très fréquenté. Dans

---

(1) Manet, *Histoire de la petite Bretagne*, t. II, p. 230. — Hervé II de Beaubois, abbé de ce monastère, obtint, pour lui et ses successeurs, ce privilége au concile de Bâle, auquel il assista en qualité d'ambassadeur de Jean V, duc de Bretagne. Mais pendant longtemps, on n'en fit aucun usage ; parce que le pape Nicolas V avait annulé les actes du susdit concile et ses concessions. *(Manuscrit de la bibl. imp.)*

(2) Dom Beaunier, *Recueil historique des archevêchés, abbayes et prieurés de France*, etc.

(3) L'abbé Tresvaux, *Histoire de l'Eglise de Bretagne*.

un petit hôpital, voisin des bâtiments réguliers et maintenant détruit, les religieux recevaient les fous, qui, bien souvent, recouvraient l'esprit par la vertu de Dieu et les mérites de saint Gildas.

Supprimée comme toutes les autres de France, l'abbaye de Saint-Gildas-des-Bois, avec ses dépendances, fut, en 1790, comme bien national, mise en adjudication par le district de Savenay et achetée par un propriétaire du pays, qui la revendit, en 1798, à Guy Maillard de La Morandais, habitant de Saint-Gildas. Ce fut au fils de ce dernier que, en 1828, l'abbé Deshayes, fondateur des Sœurs de l'Instruction chrétienne acheta l'abbaye et son enclos. Ces religieuses en ont fait la Maison-mère de leur société et la résidence de leur supérieure générale. Les autres biens, qui étaient considérables et se trouvaient disséminés dans la commune et dans les communes environnantes, furent aussi vendus à l'époque de la grande révolution.

Remontant au moins au XIIe siècle et non cependant à l'origine du monastère, la chapelle de l'abbaye est devenue église paroissiale. Elle n'a rien de bien remarquable que son antiquité, sa destination primitive, son clocher, qui a près de 43 mètres d'élévation, la boiserie de l'avant-chœur et la grille de fer établie en 1711. Les reliques de saint Gildas, dont il a été parlé plus haut, disparurent lors du pillage de l'abbaye, en 1790. Plus tard, à la demande de l'Evêque de Nantes, Monseigneur de la Motte, évêque de Vannes, accorda à la paroisse de Saint-Gildas-des-Bois un ossement du même Saint pris au trésor de Saint-Gildas de Rhuys. Dûment authentiquée, cette précieuse relique s'y conserve avec vénération et donne encore lieu au pèlerinage d'autrefois, bien que avec un moindre concours de fidèles.

§ 2. — Abbés de Saint-Gildas-des-Bois.

Les abbés sont les supérieurs des monastères. Il y en a de deux sortes : les abbés titulaires et les abbés commendataires. Les premiers sont eux-mêmes religieux ; les seconds sont des ecclésiastiques séculiers auxquels l'autorité compétente confie le soin des abbayes. A l'origine, ces derniers étaient nommés pour administrer seulement pendant la vacance de la charge abbatiale. Plus tard, on leur confia les abbayes ruinées pour que, grâce à leur influence, ils les retirassent, avec leurs biens, des mains des laïques, qui s'en étaient emparés, s'y étaient établis avec leurs femmes, leurs enfants et leurs domestiques, après en avoir chassé les moines ou y en avoir laissé seulement un petit nombre pour le service divin. Souvent aussi les abbés commendataires étaient des personnages qui avaient rendu des services au pays, lui avaient sacrifié leurs fortunes, surtout dans les guerres, et que les princes récompensaient en leur accordant ces honneurs et une partie des revenus des riches abbayes. Comme on abuse de tout, même des meilleurs choses, la collation des commendes ne fut pas toujours légitime : la faveur les conféra parfois et jusqu'à des laïques. L'usage de donner des abbayes en commende est très ancien dans l'Église. Le père Thomassin (1) cite un grand nombre de commendes conférées par le pape saint Grégoire-le-Grand pour des monastères ruinés par les barbares, qui, de son temps, ravagèrent toute l'Italie et les provinces voisines. Cet usage devint commun en France au VIII<sup>e</sup> siècle, sous les rois Pépin et Charlemagne. A cause des grands et nombreux abus qu'il ne tarda point d'engendrer, l'Église réclama souvent par la voix de ses pontifes et de ses conciles; mais elle fut impuissante à le supprimer, et il était encore en pleine vigueur dans notre pays lorsque éclata la grande révolution. Il fut alors aboli en France, comme en plusieurs autres contrées, et il n'a pas été restauré depuis. A l'origine, les commendes n'étaient pas ordinairement perpétuelles et à vie, ainsi qu'il a déjà été dit; avec le temps cette condition changea et les abbés commendataires devinrent perpétuels comme les abbés titulaires ou réguliers auxquels ils succédaient.

Les abbés ont des droits très étendus sur leurs abbayes. A eux appartient la nomination aux offices claustraux, aux prieurés, à tous les bénéfices et même aux offices de judicature qui dépendent de leurs monastères. Les saints canons leur attribuent

---

(1) *Ancienne et nouvelle discipline de l'Église*, part. II, liv. II, chap. 10. — Les évêchés eux-mêmes étaient donnés en commende dès le IV<sup>e</sup> siècle, au temps de saint Ambroise, évêque de Milan.

la jouissance de tous les droits honorifiques. Anciennement ils jouissaient de tous les revenus, à la charge de fournir aux religieux la subsistance nécessaire. Mais les moines ayant eu souvent à se plaindre des abbés qui s'emparaient de tout, les abandonnaient à l'indigence et laissaient, faute de réparations, les bâtiments tomber en ruine, on commença, vers le milieu du XVI<sup>e</sup> siècle, à partager ces revenus en trois lots : le premier était pour l'abbé qui en disposait à son gré ; le second appartenait aux religieux pour leur propre subsistance ; le troisième, dit *tiers-lot*, incombait encore à l'abbé avec les charges suivantes : 1º de réparer et même de réédifier au besoin l'église abbatiale et les bâtiments réguliers ; 2º de payer les décimes ordinaires et extraordinaires, les dons gratuits et autres subventions que le prince lève sur le monastère ; 3º de solder les pensions des oblats (1) ; 4º de fournir les aumônes réglées, soit par les fondations, soit par l'ancienne coutume ; 5º d'entretenir la sacristie d'ornements, livres et linges nécessaires au service divin dans l'église abbatiale ; 6º de supporter les frais d'hospitalité, etc. Les charges propres au tiers-lot et au premier lot in-

---

(1) Par ces oblats, il faut entendre ici des individus que les princes faisaient pensionner par les abbayes. Sans être religieux, ils avaient de droit de vivre dans les monastères, où, pour leur entretien, ils devaient être traités comme les moines. Comme ordinairement ils ne se souciaient guère de ce genre de vie, bien qu'ils n'eussent rien à démêler avec la régularité claustrale, ils aimaient mieux vivre ailleurs avec la pension que leur payait l'abbaye.

combent encore à l'abbé, et les religieux sont tenus de subir celles du second lot. Assez souvent les abbés et les religieux font, pour le tiers-lot, des transactions, en vertu desquelles ces derniers jouissent de ce lot et en prennent les charges. Cette condition leur est très avantageuse; car de la sorte, ils n'ont pas à se plaindre des abbés qui perçoivent des revenus sans en acquitter les obligations; tandis que, dans le cas contraire, il arrive fréquemment que, par la faute des abbés, les couvents tombent en ruines. Les deux abbayes de Saint-Gildas, en Bretagne, nous en fourniront la preuve. Les biens du *petit couvent* n'entrent point dans le partage dont il vient d'être question. On appelle ainsi les biens qui ont été acquis par les religieux ou leur ont été donnés pour messes, obits, anniversaires, etc., depuis le partage des revenus de leur monastère, et on les en laisse jouir comme d'une espèce de préciput, et avec raison, puisqu'ils les ont acquis à leurs propres frais ou acquittent seuls les fondations pour lesquelles ils ont été donnés. Les revenus du premier lot constituent ce qu'on nomme *mense abbatiale*, et ceux du second la *mense conventuelle*.

Il faut ajouter que presque tous les abbés jouissent des *pontificaux*, c'est-à-dire portent crosse et mitre, peuvent officier pontificalement, etc. Les abbés réguliers exercent la juridiction ordinaire des supérieurs sur les religieux de leurs abbayes. Quand l'abbé est commandataire, cette juridiction est en partie exercée par le prieur claustral, qui est lui-même régulier et réside dans le monastère. L'abbé commendataire, qui conserve une partie de sa juridiction déterminée par le droit, n'est pas tenu d'y résider; il est même bon, pour la régularité, qu'il réside ailleurs.

L'abbaye de Saint-Gildas-des-Bois, comme celle de Saint-Gildas de Rhuys et généralement toutes les autres de France avant 1790, a eu à sa tête ces deux sortes d'abbés, ainsi qu'on l'a vu déjà et que le montre le catalogue suivant.

Abbés réguliers.

1. Hélogon (1026). — On ne sait sur lui que ce qui en a déjà été dit. L'année de sa mort est ignorée (1).

2. Debidanon (1063). — Avec le titre d'Abbé de Saint-Gildas-des-Bois, il assiste, en 1063, à l'évêché de Nantes, avec Quiriace, évêque de ce diocèse, et Rainald, évêque de Saint-Malo, devant Gérard, évêque d'Angoulême et légat du Saint-Siége, à la conclusion du différend qui, depuis

---

(1) On n'a pas la prétention de donner une lettre exacte de tous les abbés titulaires de Saint-Gildas-des-Bois, mais seulement un catalogue aussi complet qu'il a été possible de le dresser avec les rares documents qu'on trouve sur cette époque. Il n'est pas non plus possible d'assurer la durée du gouvernement de chacun. Les dates données ici indiquent seulement que ces abbés gouvernaient alors, sans affirmer qu'ils ne gouvernèrent ni avant, ni après, sauf certains cas. Les archives de cette abbaye furent très négligées par les premiers religieux et jusqu'à l'introduction de la réforme de saint Maur.

plusieurs années, divisait les abbayes de Marmoutiér et de Redon, au sujet du prieuré de Béré, situé en Bretagne entre le Clain et la Sèvre-Nantaise, dans la paroisse de Châteaubriant. Ce prieuré, fondé, en 1056, par Innoguende, mère de Briant qui donna son nom à sa terre appelée depuis Châteaubriant, et achevé, en 1144, par le petit-fils de Briant lui-même, fut attribué à Guillaume, abbé de Marmoutier, lequel, de son côté et suivant les clauses de l'accord, céda une terre de son abbaye à Hervé, abbé de Saint-Sauveur de Redon. (Dom Mabillon, *annales bénéd.*, t. IV, p. 593.)

3. ROUAULD (1095). — Sous lui, Alain Normand fit certaines donations à son abbaye et remise des huit deniers qu'elle devait lui payer, chaque année, pour un repas auquel il avait droit comme gardien et défenseur du monastère. A partir de cette époque, Alain rendit gratuitement ce service, à la réserve des chevaux que les religieux devaient lui prêter. L'abbé Rouauld vivait encore en 1095. Le nécrologe de Landevenec marque sa mort au 27 mai, sans en dire l'année.

4. GEOFFROY. — 5. MORVAN. — Les noms de ces deux abbés sont inscrits au catalogue donné par le manuscrit de la bibliothèque impériale ; mais on n'en dit rien.

6. SIMON (1116-1133). — Il signe, en 1126, une charte, par laquelle Olivier de Pontchâteau fait donation à l'abbaye de Redon de la seigneurie de Ballac sur la paroisse de Pierric, au canton de

Guémené-Penfao, assiste, en 1127, à la réconciliation de l'église de la même abbaye (1) par Hildebert, archevêque de Tours, et, en 1133, à la consécration de la chapelle des Infirmes et du maître-autel de l'église abbatiale de Saint-Sauveur, faite par le même prélat.

7. Tual (1160). — Il souscrivit une donation faite, vers 1160, au monastère de Redon, par Eudon, seigneur de Pontchâteau, en présence de Bernard, évêque de Nantes, et de Rouauld, évêque de Vannes.

8. Gestin (1171). — Sous lui, Bernard, évêque de Nantes, donne à l'abbaye la moitié des dîmes de la paroisse de Missillac, au canton actuel de Saint-Gildas-des-Bois, donation confirmée de son vivant par Robert, neveu et successeur de ce prélat, et longtemps après, en 1383, par Jean, aussi évêque de Nantes. Robert n'ayant succédé à son oncle Bernard qu'en 1170, il en résulte que Gestin était abbé avant cette date. Certains catalogues lui donnent le nom d'Hervé.

9. Germain (1176). — Il obtint d'Alexandre III

---

(1) Cette église avait été profanée par les gens d'Olivier de Pontchâteau qui, furieux de l'emprisonnement de leur seigneur, y massacrèrent un détachement de l'armée de C nau III, duc de Bretagne, et convertirent ce temple en une caverne de brigands. Olivier ayant donné à l'abbaye, à titre de réparation, la terre de Ballac, et le Pape l'ayant recommandé, la réconciliation de ce sanctuaire se fit par le prélat susdit en présence des comtes et des barons, et, le lendemain de la cérémonie, le prisonnier fut mis en liberté. Ce châtiment ne le rendit pas meilleur.

une bulle par laquelle le Souverain-Pontife prend son abbaye sous la protection du Saint-Siége et lui confirme tous les bénéfices qui en dépendent : les prieurés, les églises paroissiales, les chapelles, ainsi que les terres et les revenus qui lui appartiennent. Le Pape lui accorde aussi la faculté de choisir les clercs à présenter aux évêques pour ces églises et ces chapelles.

10. MAIN ou *Mevennus* (1200). — Il donna l'habit monastique à Bernard, seigneur de la Roche-Bernard et dont les fils, à son défaut parce qu'il était mourant, portèrent eux-mêmes sur l'autel la cédule de sa profession que leur piété approuvait et confirmait. Avant de mourir, quelques jours plus tard, Bernard, qui comptait le fondateur de l'abbaye parmi ses ancêtres, fonda et dota généreusement le prieuré de la Roche-Bernard sous le patronage de saint Jacques. Il fut enterré devant le maître-autel de l'église abbatiale et à côté de Simon ; on y voyait encore sa tombe à la fin du xvii$^e$ siècle.

Sous cet abbé, Olivier de la Roche, proche parent de Bernard, dont il vient d'être question, fonde deux chapelles, dépendantes de l'abbaye : l'une dans l'église du monastère et au service de laquelle il affecte certaines dîmes en la paroisse d'Herbignac ; l'autre au prieuré de Saint-Jacques de la Roche-Bernard et qu'il dote de la moitié de ses dîmes sur la paroisse d'Assérac.

11. VINCENT (1217-1225). — Il fit, avec Hervé, seigneur de Blain, et ses proches parents, une

convention par laquelle il les déclare participants aux prières et aux bonnes œuvres de ses religieux, à la suite d'une transaction, de 1217, avec ce seigneur pour le champ du cimetière que Hervé et ses frères disputaient à son monastère. On dit qu'il vivait encore en 1225.

12. Guillaume (1225). — L'acte par lequel Constant de Pontchâteau confirme à l'abbaye les biens à elle donnés par Eudon, son père, fait mention de Guillaume avec le titre d'abbé de ce monastère.

13. Daniel (1231-1236). — Sur sa demande, Henri, évêque de Nantes, unit, en 1231, la paroisse de Drefféac à son abbaye. En 1236, il obtient du Pape Grégoire IX une bulle de confirmation semblable à celle accordée par Alexandre III à Germain, un de ses prédécesseurs.

14. Jean Ier (1245-1254). — Pendant l'année 1251, il transige avec Eudon, seigneur de Pontchâteau, pour la juridiction de son abbaye, et fait échange, avec Galerand, évêque de Nantes, de deux chapelles qui dépendent de son monastère, celle de Saint-Jacques de Breschalan et celle de l'île de Saint-Denis dans la paroisse de Sucé, au canton de La Chapelle-sur-Erdre, contre une chapelle à Nantes même, et le surplus de la valeur de ses deux chapelles. Il céda aussi, en 1254, aux Bernardins de Lanvaux, près Auray, la chapelle de Saint-Nicolas et Saint-Gildas de Pluvigner, avec les terres et les revenus de son abbaye dans cette paroisse. En outre, il fit ratifier, par les évêques

de Nantes, de Vannes, de la Cornouaille, de Léon et de Tréguier, les lettres de fondation de son abbaye.

15. Samson .....
16. Simon (1288).
17. Justin (1295).

Sur ces trois abbés on ne sait que leurs noms et ceux des deux dates tirées du manuscrit de la bibliothèque impériale.

18. Pierre Troussier (1331-1349). — A la première de ces dates, il règle la pension du vicaire de la paroisse de Drefféac, unie à l'abbaye, et fait accord avec ses religieux à la seconde.

19. Hervé Ier du Port (1363-1376). — Il reçut, en 1364, 200 florins d'or de Jeanne de Dinan pour la fondation d'une messe par semaine dans son église. En 1368, un différend survenu entre lui et ses religieux, d'une part, et les paroissiens de Saint-Gildas-des-Bois de l'autre, se termine, grâce à la promesse qu'il fait, pour lui et ses moines, de fournir les ornements, les livres, etc., nécessaires au service divin et à l'administration des sacrements dans l'église paroissiale.

20. Robert (1383). — Son nom, avec cette date, se trouve au manuscrit cité de la bibliothèque impériale.

21. Guillaume (1393). — Il fut recommandé, en cette année, au duc de Bretagne, Jean IV, par Clément VII, anti-pape d'Avignon et reconnu par la Bretagne.

22. Jean II (1401). — A cette date, il achète de Jégo et sa femme les bois de Pénestin.

23. Hervé II de Beaubois (1424-1446). — Ambassadeur de Jean V, duc de Bretagne, au concile de Bâle, en 1431, il s'y fit rendre, avec l'aide de Philippe de Coëtquis, archevêque de Tours et ambassadeur du roi de France, la préséance sur l'ambassadeur du duc de Bourgogne, qui la lui contestait, et obtint, pour lui et ses successeurs, l'usage des pontificaux, privilége pendant longtemps sans exercice, parce que Nicolas V avait révoqué et cassé les décisions, etc., du susdit concile. On trouve un accord entre lui et ses religieux, d'une part, Alain et Jean de Berche, de l'autre. Sous lui, en 1436, les habitants de Saint-Gildas-des-Bois demandent à Jean V, à cause d'une mortalité qui vient de sévir contre les bêtes, décharge d'une partie du fouage de 37 livres auxquelles ils sont taxés et remise de 25 livres d'arriéré qu'ils lui doivent. Le duc leur remet 12 livres et 10 sols de fouage et donne à l'abbé les 25 livres d'arriéré, plus 15 autres livres, afin d'accomplir le vœu qu'il a fait de donner à l'abbaye 40 livres pour réparer la grande vitre du portail de l'église. Envoyé de nouveau par le même duc en ambassade auprès du Souverain-Pontife, il se rendit en Italie, y mourut et ne fut point enseveli dans son abbaye. C'est ce qui fait comprendre pourquoi sa famille, fixée entre Pontchâteau et le monastère, ne lui fit cependant élever aucun monument A la fin du xviie siècle, on voyait encore, en plusieurs endroits du couvent et sur un ancien calice d'argent, ses armes : de

gueules à trois bandes d'argent chargé de vair et azur. Quelques actes du monastère le citent comme abbé en 1424 et 1446. C'est à tort que le Père Albert, de Morlaix, place son nom au catalogue des Abbés de Rhuys.

24. Guillaume d'Estouteville (1456-1468). — Successeur d'Hervé de Beaubois, il fut successivement évêque de Térouanne, d'Angers, de Béziers, de Lodève, et enfin archevêque de Rouen et cardinal. En 1462, il fut, comme abbé de Saint-Gildas-des-Bois, invité aux états généraux convoqués à Vannes par le duc François II, et dispensé à cause de son titre de cardinal. Il résigna, en 1468, en faveur du suivant. C'est à faux que certains catalogues et quelques historiens le rangent parmi les abbés commandataires de cette abbaye ; car 1º son prédécesseur et son successeur étaient des abbés réguliers, et 2º on prétend que les cardinaux, auxquels on confie des abbayes, sont à comparer aux abbés titulaires, bien qu'ils n'aient point fait profession.

Ce grand homme étant doyen des cardinaux à la mort de Calixte III, eut alors six voix au conclave, c'est-à-dire trois de moins que l'élu. Il en eut encore aux élections de Pie II, Paul II et Sixte IV, qui le choisit pour le sacrer. Il mourut à Rome, en 1484, ayant porté la pourpre pendant 44 ans.

25. Jean III le Sénéchal (1468-1492). — Ayant pris possession, sans l'agrément du duc de Bretagne, celui-ci envoie, le 3 août, Olivier du Breuil, son procureur général, et Jean Blanchet, son

procureur à Nantes, pour procéder contre lui et, au besoin, le faire conduire aux prisons de Nantes. Mais il trouve moyen de satisfaire le duc et de garder son abbaye. Comme il était très mauvais administrateur, sous son long gouvernement, l'abbaye tomba dans un déplorable état et fut presque entièrement ruinée. Aussi dût-il, à la fin, citer à Rome, en 1774, plusieurs religieux, des curés, des prêtres, des gentilshommes et des habitants de la paroisse, pour les faire contraindre, sous peine d'excommunication, à restituer, non-seulement les biens immeubles, les terres, les possessions, les revenus, qu'ils avaient usurpés, mais aussi les meubles, les ornements sacrés et jusqu'à la crosse abbatiale dont ils s'étaient emparés. Selon les lettres pontificales d'Alexandre VI, il résigna en faveur du suivant, en 1492, se réservant un tiers du revenu de la mense abbatiale sur Pénestin, sur les salines et les marais de Guérande. Avant de l'être de Saint-Gildas-des-Bois, il fut aussi abbé de Saint-Sauveur de Redon; mais il administra si mal cette première abbaye, que les religieux le firent interdire avec son économe.

#### Abbés commendataires.

1. Jean BOHIER (1492-1500). — Il était protonotaire du Saint-Siége, archidiacre de Nantes et recteur de Saint-Martial, au diocèse de Saint-Flour. Aussitôt après sa nomination et sur sa demande, Charles VIII, roi de France, lui accorde

par lettres de janvier 1492 et vérifiées à la chambre des comptes de Nantes, au mois de mars suivant, l'institution d'un marché chaque mardi au bourg de Saint-Gildas-des-Bois. Le 4 novembre de la même année, il obtint mainlevée de son abbaye. Il mourut en 1508. C'est à faux qu'on le cite quelquefois comme abbé de Saint-Gildas de Rhuys.

2. Jean DE LANGEAC (1509-1519). — Comte de Lyon, protonotaire du Saint-Siège, aumônier du roi et prévot du chapitre de Saint-Julien de Brives, il eût, vers 1515, un grand procès avec Denis ou Guillaume Briçonnet, évêque de Saint-Malo, qui se disait canoniquement pourvu de l'abbaye de Saint-Gildas-des-Bois et en percevait les revenus depuis quatre ou cinq ans. Il y eut entre eux une transaction ou bien Briçonnet fut condamné; car, en 1517, Jean de Langeac obtint de François Ier, roi de France, la création d'une foire annuelle à Saint-Gildas-des-Bois, le 1er juillet, fête de la réception des reliques de ce saint, ainsi que les immunités et les franchises ordinaires pour cette foire et le marché du mardi. En 1519, il obtint du même roi la confirmation de tous les priviléges de son abbaye. Nommé évêque d'Avranches transféré à Limoges, il mourut le 22 juillet 1542. C'était un saint évêque.

3. André HAMON (1526). — Évêque de Vannes et simultanément abbé des deux monastères de Saint-Gildas en Bretagne, il fait, en 1526, accord avec les religieux de Saint-Gildas-des-Bois au sujet de la quantité de froment et de vin qu'il leur doit

fournir pour leur nourriture. Comme on prétend qu'il obtint, le 24 mai 1515, mainlevée de cette abbaye, on peut supposer que Jean de Langeac, son prédécesseur, n'en jouit pas paisiblement après avoir évincé Briçonnet de Saint-Malo. On met sa mort au 26 septembre 1531.

4. Guillaume EDER (1533-1546). — En 1533, il fit refaire et rétrécir la grande vitre du portail, réparée, en 1436, avec les 40 livres données à cet effet par le duc Jean V. Par ses ordres, ses armes et la date furent gravées sur la pierre centrale de cette croisée. Sur le modèle du château de Beaumanoir, il fit construire, du côté du cloître et vers le midi, son logis abbatial avec deux beaux balcons et bien travaillés aux extrémités. Ses armes étaient imprimées sur les carreaux de terre cuite, faits exprès pour le carreler, gravées sur les manteaux des cheminées et peintes sur les vitres. Pour se mettre au large, il s'était emparé des bâtiments réguliers, des cloîtres, de l'ancien réfectoire et du dortoir, et avait relégué les moines en maisons basses construites pour eux du côté du levant et du verger. Il fit faire aussi, au milieu du jardin, une magnifique fontaine avec bassin, base, colonnes et chapiteaux; le tout en pierres d'ardoise dure et avec ses armes sur les chapiteaux. Comme on le verra plus loin, à leur introduction, les religieux de la Congrégation de Saint-Maur se logèrent dans cette maison abbatiale, qu'ils approprièrent à cet effet, convertissant le haut en dortoirs et faisant, au bas, le réfectoire, la salle des

hôtes et plusieurs officines. A la fin du xviie siècle, la fontaine du jardin n'existait plus. Eder, qui était en même temps abbé du Boquen, fut sacré évêque de Cornouaille, le 25 décembre 1541 (1), et mourut en 1546. C'est à faux qu'on le désigne aussi parfois comme abbé de Saint-Gildas de Rhuys.

5. Baudouin-Guillaume DE GOULAINE (1548-1552). — A ces deux dates, il est mentionné avec le titre d'abbé de ce monastère ; on voyait autrefois ses armes au grand vitrail de la nef de l'église.

6. Laurent LENEGAT (1556). — Son nom se trouve avec cette date et sans autres renseignements au manuscrit souvent cité de la bibliothèque impériale.

7. Charles D'ESPINAI (1566-1591). — En décembre 1566, il obtint de Charles IX, roi de France, une foire annuelle, qui devait se tenir au bourg de Saint-Gildas-des-Bois, le 11 mai, fête de l'invention du corps de saint Gildas. Le roi confirme en même temps la foire du 1er juillet et le marché de chaque mardi. Pour son abbaye et les prieurés de Gahard et de Saint-Jacques de Bécherel, au diocèse de Rennes, et dont il était titulaire, il fit, en 1558, serment de fidélité au roi et aveu en 1575. Il assista au concile de Trente, en 1563, et devint plus tard évêque de Dol.

---

(1) Selon M Eugène Talbot, *Petite Géographie de la Loire-Inférieure*, p. 189, ce fut en 1539 et dans la chapelle du château de Goulaine, sur le canton de Vertou.

8. Yves Boulanger (1594). — Il obtint, le 2 mars 1594, la reprise de la foire du 1er juillet et du marché du mardi, interrompus par les guerres.

9. François du Cambout (1600-1608.) — Protonotaire apostolique et oncle du baron de Pontchâteau, il fit, en 1600, comme abbé de ce monastère, serment de fidélité au roi, et assista aux États de Rennes en 1608.

10. René de la Motte de Lannoy (1618-1627). — Il fit, en cette qualité, serment de fidélité au roi en 1618. Plusieurs actes de baptême, encore conservés à Saint-Gildas-des-Bois, furent signés par lui entre 1618 et 1627.

11. François du Cambout. — Sur lui on sait seulement qu'il était fils du baron de Pontchâteau.

12. Sébastien Joseph du Cambout. — Frère du précédent, il fut, encore enfant, pourvu de cette abbaye, qui s'était considérablement relâchée et que les guerres civiles avaient ruinée. Avec l'approbation du pape, du roi, du général des bénédictins, son père Charles, baron de Pontchâteau, négocia, avec la Congrégation de Saint-Maur, l'introduction de la réforme dans ce monastère. Le contrat fut passé et signé à Paris, le 28 décembre 1645. Le général de la Congrégation donna son assentiment le 3 janvier 1646, et la prise de possession se fit, le 29 mai suivant, par Dom Fabien Buteux, prieur de Saint-Sauveur de Redon. Avant de s'y établir, les nouveaux religieux, qui ne devaient être ni plus ni moins nombreux qu'à la fondation, obtinrent de l'abbé le logis abbatial

pour en faire un logement régulier. Ils changèrent les croisées et firent d'autres modifications, comme on l'a déjà dit. Ils trouvèrent les archives de l'abbaye dans un déplorable état : il n'y avait que fort peu de pièces et elles étaient dans un coffre sans clef et à la merci de tous.

La famille de Cambout de Pontchâteau, ayant acquis la seigneurie de la Roche-Bernard, et, par là, succédé aux droits des fondateurs, mit partout, surtout à l'église, ses armes vis-à-vis celles de ces derniers.

Sébastien Joseph du Cambout, qui était janséniste avancé, résigna, en 1662, les nombreux bénéfices dont il était pourvu, pour se faire jardinier à Port-Royal, sous le nom de maître *Mercier*. Poursuivi, à la ruine de Port-Royal, il se retira, sous le nom de monsieur de Fleury, à Orval, abbaye de Citeaux, dans le Luxembourg, puis revint à Paris, où il vécut quelque temps ignoré, et mourut, le 27 mai 1640, administré par le curé de Saint-Gervais qui ne le reconnut pas.

13. Pierre DU CAMBOUT (1690-1706). — Neveu du précédent, cardinal et évêque d'Orléans, il succéda certainement à son oncle, mais on ne sait à quelle époque ; on peut supposer que ce fut vers 1662, lorsque Sébastien résigna tous ses bénéfices. Il mourut le 4 février 1706.

14. Henri-Ignace DE BRANCAS (1706-1760). — Sous lui se firent, en 1711, les deux autels de l'église actuelle adossés au porche occidental, et alors aussi ou un peu plus tard, un chancel en fer et des stalles

qui existent encore. En 1726, ses revenus annuels étaient de 3000 livres et ses provisions à Rome avaient été taxées à 100 florins. Nommé évêque de Lisieux, en 1715, il mourut dans sa ville épiscopale le 1er avril 1760. Il était sous-doyen des évêques de France.

15. N. DE COETLOSQUET (1760-1763). — Il était trésorier de la cathédrale de Tréguier et le second dignitaire du chapitre de cette église. Il mourut à l'âge de 32 ans, le 29 juillet 1763.

16. François-Marie DE VALORY-LA-POMERAYE (1763-1790). — Breton et prêtre du diocèse de Rennes, il fut, de bonne heure, produit à la cour, devint aumônier de la comtesse d'Artois et prévôt de la collégiale de Saint-Pierre de Lille. Il était encore abbé de Saint-Gildas-des-Bois lorsque éclata la grande révolution française.

§ 3. — Bénéfices dépendants de l'abbaye de Saint-Gildas-des-Bois.

Outre les offices claustraux, on trouve aux abbayes deux sortes de bénéfices : les *prieurés* et les *chapellenies*. En général, les prieurés sont de petits monastères qui dépendent des abbayes et sont régis par un supérieur nommé *prieur* (1). On les divise en prieurés *conventuels*, prieurés *simples* et prieurés-*cures*. Les prieurés conventuels sont ceux auxquels convient la définition ci-dessus

---

(1) Les prieurés autres que les prieurés-cures se nomment aussi *celles*, *cellules*, *granges*, *obédiences*, *cabanes*, *chaises-Dieu* et *monstreuils*.

et dans lesquels s'observe la conventualité, c'est-à-dire la vie régulière ou de communauté. Les prieurés simples sont dépourvus de religieux. Comme on le verra plus bas, ce sont presque toujours des prieurés conventuels dans lesquels la conventualité a été supprimée. Les prieurés-cures sont des paroisses desservies par des religieux ou des prêtres députés par les abbayes dont ils dépendent. Les premiers sont toujours *réguliers*, c'est-à-dire ont toujours pour *titulaire* ou prieur un religieux ou un ecclésiastique nommé par les monastères dont ils sont membres. Dans ce dernier cas, on les dit en *commende* et les titulaires portent le nom de prieurs *commendataires*. Les seconds sont *réguliers* ou *séculiers*, selon que les titulaires sont nommés par des abbayes ou d'autres collateurs.

L'origine des prieurés conventuels n'est pas toujours la même. Tantôt ce sont de petites fondations faites par les abbayes trop nombreuses, en faveur des anciens religieux qu'on y place pour finir leurs jours dans une plus profonde retraite. Tantôt ce sont des particuliers qui, voulant fonder des abbayes, n'ont pas les ressources nécessaires et ne fondent que de petits couvents qu'ils soumettent, à titre de prieurés, aux abbayes voisines. Parfois ce sont des abbayes ruinées ou trop pauvres en sujets qui s'annexent à des abbayes plus considérables et en deviennent de simples prieurés. Le plus souvent ce sont des propriétés ou des fermes éloignées de l'abbaye. Pour en retirer des revenus plus considérables au profit du monastère, l'abbé y place quelques religieux, qui les cultivent eux-mêmes ou en surveillent l'exploitation. Or, à ces religieux ainsi séparés de la communauté, il faut un supérieur, des bâtiments réguliers et une chapelle pour les devoirs religieux. Le supérieur, nommé par l'abbé ou élu par ses confrères, porte le nom de prieur, et la propriété celui de prieuré.

Les prieurés-cures eurent souvent la même origine que les prieurés conventuels. Les fidèles du voisinage fréquentaient les chapelles de ces derniers. Avec le temps, les moines furent autorisés par les ordinaires à leur administrer les sacrements comme dans les paroisses, et ainsi les prieurés devinrent parfois des paroisses proprement dites et avec charge d'âmes, c'est-à-dire des prieurés-cures. D'autrefois aussi, les évêques qui manquaient de prêtres, unissaient des paroisses aux abbayes et les moines se chargeaient de les desservir. Ceux que les abbés y députaient menaient la vie régulière sous la direction d'un prieur. Dans ce cas, l'abbaye était curé primitif de la paroisse, et les moines qui la desservaient remplissaient les fonctions de vicaires. Plus tard, les religieux cessèrent de desservir par eux-mêmes ces paroisses et furent remplacés par des prêtres séculiers que les abbayes nommaient, avec l'agrément des évêques, et pensionnaient. Ces prêtres avaient le titre de *vicaires*, l'abbaye demeurant curé-primitif. On les appelait vicaires *perpétuels*, s'ils étaient inamovibles ou nommés à vie. La pension que l'abbaye leur payait portait le nom de *portion congrue*. C'était l'abbaye qui percevait les revenus réservés ou affectés au curé dans ces paroisses.

Les chapellenies régulières étaient et sont encore des bénéfices qui consistent en chapelles fondées en faveur des abbayes, et dotées, mais avec charge aux moines de les desservir suivant les stipulations des fondateurs. Il y a aussi des chapellenies fondées dans les églises paroissiales; mais elles ne sont pas dites régulières, parce qu'elles ne doivent point être desservies par des réguliers.

De l'abbaye de Saint-Gildas-des-Bois dépendaient des prieurés conventuels, des prieurés-cures et des chapellenies, comme l'indique le catalogue suivant, extrait du manuscrit, souvent cité, de la bibliothèque impériale.

Prieurés dépendant de l'abbaye.

1. De Saint-Pierre-de-Freigné, près de Candé, en Maine-et-Loire, avec la cure du même lieu (1).

2. De Saint-Gervais, près de Candé.

3. De Beaulieu, entre les paroisses de Nozay et de Pierric, au diocèse de Nantes.

4. D'Herbignac, au diocèse de Nantes, avec la cure et le vicariat de la paroisse.

---

(1) C'est-à dire que l'abbaye présentait à cette cure. Plusieurs de ces bénéfices n'ont pu être assez exactement localisés; la lecture de leurs noms, trouvés seulement au manuscrit de la bibliothèque impériale, n'est pas même toujours sûre.

5. De Monthonac, sur la paroisse de Nivillac, au diocèse de Vannes.

6. De Fégréac, dans le canton de Redon, au diocèse de Rennes.

7. De Beaumont.

8. De Saint-Jacques de la Roche-Bernard, au diocèse de Vannes. Il fut fondé par Bernard, seigneur de la Roche, vers 1200. Olivier de la Roche y fonda, peu à près, une chapelle au service de laquelle il affecta la moitié de ses dîmes sur la paroisse d'Assérac, dans le diocèse de Nantes. Sa chapelle, maintenant dédiée à saint Michel, est devenue église paroissiale de la Roche-Bernard.

9. De Saint-Jean de Sévérac et la cure du même lieu, au canton de Saint-Gildas-des-Bois.

10. De Angulo Chalon.

11. De Saint-Georges et la cure du même lieu.

12. De Pulchro nono et la cure du même lieu.

13. De Saint-Denis de Chastelin et la cure du même lieu.

14. De Saint-Jacques de l'hermitage.

15. De Missillac, au diocèse de Nantes, et la cure de la paroisse. Bernard, évêque de Nantes, avait, antérieurement à 1170, donné à l'abbaye la moitié des dîmes de cette paroisse. Cette donation fut confirmée, en 1171, par son neveu et son successeur Robert, et, en 1383, par Jean, aussi évêque de Nantes.

16. De Notre-Dame de Camors, *alias* de Bault, Coëtbaut ou Combaut, et les prébendes de Bault (1).

17. De la Jaille, au canton de Saint-Mars-la-Jaille, au diocèse de Nantes.

18. De Saint-Germain de Vay et la cure du même lieu, au canton de Nozay.

19. De Grilleau, près de Chantenay.

20. De Saint-André-de-Bouvron et la cure du même lieu, au canton de Blain.

Autres cures à la nomination de l'abbaye.

1. De Guerroyet ou du Haut-Bois.

2. De Béganne, dans le canton d'Allaire, au diocèse de Vannes, avec son vicariat.

3. Du Gâvre, fondée, en 1225, par Pierre Mauclerc, et érigée en cure, l'année 1730, au diocèse de Nantes et dans le canton de Blain.

---

(1) C'est sans doute le prieuré de Baud, dans le diocèse de Vannes. On a prétendu, en effet, que ce prieuré fut donné à perpétuité par le chapitre de la cathédrale de Vannes aux religieux de Saint-Gildas-des-Bois. L'auteur du manuscrit de la bibliothèque impériale prétend citer la charte originale de cet accord. Une autre preuve, selon lui, que ce prieuré dépendait de Saint-Gildas-des-Bois, c'est que, au chartier de cette abbaye, on trouvait un grand nombre de pièces concernant ses provisions et ses prises de possession. Il y en avait aussi au chartier de Saint-Gildas de Rhuys, qui le donnent comme membre de ce dernier monastère et qu'on trouve aux archives de Vannes. Nous y avons lu les lettres de provisions accordées pour ce prieuré par l'abbé Michel Ferrand au frère Pierre de Trévégat, le 9 novembre 1650. C'est le plus ancien titre trouvé.

4. De Marmusson, au canton de Saint-Mars-la-Jaille.

5. De Saint-Hermeland du Guenroët, au diocèse de Nantes, dans le canton de Saint-Gildas-des-Bois.

6. De Drefféac, au diocèse de Nantes. Henry, évêque de Nantes, l'unit à l'abbaye au commencement du XIIIe siècle. En 1331, l'abbé Pierre Troussier régla la pension de son vicaire.

7. De Pihiriac ou Piriac, dans le canton de Guérande.

8. De Moustrorome.

### Chapellenies dépendant de l'abbaye.

1. Chapelle régulière de Saint-Jean.
2. Chapelle régulière de Saint-Michel-de-la-Lande.
3. Chapelle régulière de Saint-Pierre.
4. Chapelle régulière de Saint-Jacques.
5. Chapelle de Notre-Dame-de-Cannes.
6. Chapelle de Férel, aujourd'hui paroissiale et dédiée à Notre-Dame-de-Bon-Garant, au canton de la Roche-Bernard.
7. Chapelle de Saint-Pierre-du-Moustier, aujourd'hui église paroissiale de Théhillac, au canton de la Roche-Bernard; c'était alors une trêve de Missillac.

## CHAPITRE X.

Abélard, abbé de Saint-Gildas de Rhuys.

Après saint Félix, mort en 1038, les religieux de Saint-Gildas élurent, pour lui succéder, le Père Vital, qui dut être bénit par Judicaël, encore évêque de Vannes. Sous son nouvel abbé, le monastère continua à vivre dans la ferveur et la régularité. Vital signe, en 1065, une charte de Conan II, duc de Bretagne, sur les droits des moines de Redon, et est témoin, le 11 mars 1067, de la paix faite entre les chanoines et les moines de Saumur. Comme nous l'avons dit, ce fut lui qui envoya saint Gulstan à Beauvoir, alla lui-même réclamer son corps, le fit transporter à Rhuys et enterrer dans l'église de l'abbaye. De son temps mourut aussi le frère Rioc, compagnon de saint Goustan à l'île de Hœdic et, en quelque sorte, fondateur du prieuré établi là. Ce religieux dut vivre bien saintement, car il fut estimé digne d'être enseveli, lui aussi, dans l'église de l'abbaye et auprès de saint Félix. On y voit encore sa tombe, dans une arcade pratiquée dans la muraille, couverte en biseau avec une croix pattée en relief et cette inscription : *Riocus abba* (1). Vital mourut lui-même, vers 1060, et fut le premier abbé enterré dans le cloître après la restauration. Sa tombe, semblable à celles de saint Félix et du moine Rioc, était bâtie contre la muraille du cloître, près de la croisée de l'église, et portait cette inscription : *Vitalis abbas* (2).

De son vivant, un moine de l'abbaye composa, sur les renseignements des contemporains, une biographie complète de saint Gulstan. Les louanges qu'il accorde aux vertus du Saint montrent que, à cette époque, la communauté ne s'était point encore relâchée. Le moine anonyme de Rhuys abrége cette biographie dans sa vie de saint Gildas,

---

(1) La tradition attribue faussement cette tombe à saint Bieuzy. L'ancien cérémonial de l'abbaye en parle à l'occasion du lavement des pieds le jeudi-saint. Cette cérémonie se faisait dans l'église auprès de la porte et devant le tombeau du moine Rioc : *ante sepulchrum Rioci monachi*.

(2) D'après Dom Mabillon, *Annales bénédictines*, t. IV, p. 415, Vital, bien que jouissant d'une grande réputation, quitta Saint-Gildas, en 1042, importuné par ses inférieurs, se rendit auprès de Guillaume-le-Chauve, seigneur de Talmont, dans le Poitou, aujourd'hui de la Vendée et à trois lieues des Sables-d'Olonne, et obtint de lui, le VI des calendes d'avril de la même année, l'église de Sainte-Marie d'Olonne, et ses dépendances, à deux heures des Sables-d'Olonne. Guillaume-le-Jeune, fils du précédent, le chargea, sans l'en nommer abbé, de former le monastère bénédictin de Sainte-Croix, fondé à Talmont, en 1046, par son père, qui, avant de mourir, y prit l'habit religieux. Il garda jusqu'à sa mort, en 1068 ou 1069, le titre d'abbé de Saint-Gildas de Rhuys. Sa tombe, trouvée dans le cloître, nous met en garde contre cette version des *Annales bénédictines*.

faite vers 1060 ou 1065, aussi avant le relâchement du monastère.

L'abbé Raoul succéda à Vital et mourut le 3 avril 1085, selon le *Monasticon benedictinum*. C'est tout ce qu'on raconte de lui. Cependant, sous lui, la charte du duc Geoffroy I$^{er}$, dite de 1001, fut renouvelée et confirmée, en 1084, par une autre charte d'Alain-Fergent.

Après Raoul, on trouve l'abbé Fraval, qui assista, en 1092, aux obsèques d'Anne de Léon, comtesse de Porhoët et seconde femme du prince Eudon, faites à l'église de Sainte-Croix de Josselin, par Morvan, évêque de Vannes, et auxquelles furent présents, outre quatre autres abbés, les évêques de Saint-Malo et de Saint-Brieuc, avec leurs archidiacres et plusieurs clercs. Il est mentionné, avec le titre d'abbé de Saint-Gildas de Rhuys, au procès-verbal de ces obsèques et dans la charte par laquelle cette princesse fait donation de dîmes au prieuré de Sainte-Croix de Josselin. Pendant la même année, il fut pris pour témoin par le comte Odon, concédant des dîmes aux moines de Redon. Le nécrologe de Landevenec marque sa mort au 3 mars, sans en dire l'année. Il fut aussi enterré dans le cloître, où sa tombe, découverte en 1660, quand on bâtit la muraille de ce cloître du côté de l'église, portait cette inscription : *Fragalus abbas*.

En même temps que le tombeau de l'abbé Fraval, on trouva aussi, dans le cloître et près de lui, ceux de deux autres abbés avec ces inscriptions :

*Guthenocus* et *Jacobus*. On ignore l'ordre et la durée du gouvernement de chacun d'eux, et s'ils ont été seuls à la tête de l'abbaye entre Fraval et Abélard, en 1128 (1). Sous l'un d'eux et en 1118, il se déchaîna sur la presqu'île de Rhuys une tempête si violente qu'elle renversa les maisons, selon la chronique du monastère.

Pierre Abélard naquit, en 1079, d'une famille noble du bourg du Pallet (2), à quatre lieues de Nantes, et se livra de bonne heure aux études avec ardeur et succès. Alors l'Université de Paris, déjà célèbre, attirait en foule les élèves des provinces et de l'étranger. Guillaume de Champeaux, archidiacre de Notre-Dame et qui fut depuis

---

(1) Certains catalogues des abbés de Saint-Gildas de Rhuys placent encore un autre, du nom d'Hervé, avant Abélard, entre 1113 et 1128 ; mais le plus souvent cet abbé Hervé est reculé jusqu'au commencement du XIIIe siècle. (*Gallia Christiana*, continué par M. Haureau, diocèse de Vannes.)

(2) On montre encore au Pallet, derrière l'église, quelques ruines un peu suspectes de la maison paternelle d'Abélard ou de l'ancien château de ses parents ; c'est une enceinte formée de vieilles murailles à demi rasées. On en a fait aujourd'hui un cimetière.

Si on s'étend ici assez longuement sur Abélard, c'est parce qu'il fut un des hommes les plus célèbres du XIIe siècle, c'est parce que, Breton, il fait honneur à notre pays, c'est, enfin, parce que nous estimons comme une gloire pour l'abbaye de Rhuys de l'avoir eu à sa tête. D'ailleurs, nous saisissons avec plaisir l'occasion qui s'offre, pour montrer que ce grand homme, malgré ses égarements et ses erreurs, vaut mieux que sa réputation, même au point de vue religieux.

évêque de Châlons-sur-Marne, tenait le sceptre de l'Ecole. Alébard, pour le génie duquel la Bretagne était un théâtre trop étroit, vint s'asseoir parmi ses disciples et s'attira son estime d'abord et ensuite sa jalousie et sa haine. A peine âgé de vingt-deux ans, il voulut lui-même ouvrir une école, et, à cet effet, se retira à Melun. Ses succès furent tels que la grande réputation de Champeaux s'éteignit insensiblement. Peu après, pour se rapprocher de Paris, il transporta son école à Corbeil. Epuisé par ses travaux et ses veilles, il dut, sur l'avis des médecins, prendre deux ans de repos et respirer l'air du pays natal. De retour à Paris, il se fait de nouveau disciple de son ancien maître, et finit par le réduire au silence et s'emparer de sa chaire. Bientôt la jalousie de ses ennemis l'obligea à retourner à Melun. Champeaux tombé en discrédit et obligé à son tour de quitter Paris, Abélard y rentra et établit son école sur la montagne de Sainte-Geneviève. Ce fut probablement alors qu'il devint chanoine de Notre-Dame de Paris. A cette époque, il fut rappelé au lieu de sa naissance. Suivant l'usage assez général du temps, Béranger, son père, venait d'embrasser la vie monastique, et Lucie, sa mère, allait aussi se consacrer dans un cloître au service des autels. A son retour, Champeaux étant devenu évêque, il se trouve sans concurrent, brille de tout son éclat, se laisse entraîner par son amour-propre, s'enfle d'orgueil et tombe dans les humiliations de la chair. A la suite de certains malheurs que lui attirèrent ses coupables relations avec Héloïse, nièce de Fulbert, chanoine de Paris, il se fit, en 1117 et à l'âge de 38 ans, moine bénédictin au célèbre monastère de Saint-Denis, et y reçut la prêtrise, après avoir fait de sa victime, qu'il avait épousée, une religieuse du couvent d'Argenteuil (1). Son abbé et ses confrères le pressèrent, pour la gloire qui en devait rejaillir sur leur abbaye, de rouvrir son école. Mais sincèrement converti, il ne put souffrir les désordres de son couvent, et on vit alors un spectacle singulier, le séducteur d'Héloïse prêchant la morale la plus austère et reprenant de leurs dépravations ses confrères avec tant d'insistance et d'énergie, qu'il leur devint importun, à charge et odieux. Les moines et l'abbé se soulevèrent contre lui, et il dût se retirer au prieuré de Saint-Eugène de Dueil, dépendant de son abbaye. Pour les nombreux disciples qu'il y groupa bientôt autour de sa nouvelle chaire, il composa son *Traité de l'Unité et de la Trinité*, que, sans avoir été préalablement entendu, il dût brûler de ses propres mains, en 1122, au concile de Soissons, qui, en outre, le livra lui-même, comme coupable et convaincu d'hérésie, à l'abbé de Saint-Médard,

---

(1) Ils eurent un fils auquel ils donnèrent le nom d'Astrolabe (astre brillant). A l'exemple de son père, auquel il survécut, il embrassa l'état ecclésiastique, comme il résulte de la correspondance d'Héloïse avec Pierre-le-Vénérable. Il ne réalisa pas le sens de son nom. Selon la *Chronique de Tours et les actes de Bretagne*, t. 1er, col. 587, il fut pourvu d'un canonicat dans l'Eglise de Nantes. On ignore en quelle année il mourut.

qui était présent, pour être enfermé dans son monastère comme dans une prison (1); il avait alors quarante-deux ans. Promptement revenu de son erreur, Conan, évêque de Préneste et légat du Pape, qui avait présidé le concile de Soissons et l'avait condamné, le retira de Saint-Médard pour le renvoyer à Saint-Denis. Les nouveaux reproches, qu'il adressa à ses confrères sur les déréglements de leur vie, allaient lui créer d'autres adversaires et de nouvelles persécutions. Ayant eu le tort, dans une leçon publique, d'attaquer l'aréopagitisme du fondateur et du patron de l'abbaye, il leur prêta une trop belle occasion de s'élever contre lui et de l'accuser. Pour se soustraire aux sévères mesures qu'ils préparaient contre lui, il se sauva du monastère furtivement pendant la nuit et se retira en Champagne, auprès de Troyes, dans un monastère dont le prieur était son ancien ami. Sur ces entrefaites, en 1123, mourut Adam, abbé de Saint-Denis; le célèbre Suger lui succéda. L'évêque de Meaux, son ami, l'accompagna auprès du nouvel abbé pour lui demander l'autorisation, qui lui fut refusée, de ne pas rentrer à Saint-Denis et de vivre ailleurs. « Alors, mes amis et moi, dit Abélard lui-même (2), nous nous adressâmes au roi

---

(1) On prétend montrer encore à Saint-Médard, à Paris, cette prison dans laquelle il passa quelques jours; c'est une chambre très étroite et à peine aérée.

(2) *Historia calamitarum mearum* C'est à cette longue lettre, écrite très probablement de Saint-Gildas même, que nous empruntons les fragments qui composent cette

en son conseil et j'obtins enfin ce que je désirais.
Etienne de Garlande, maître d'hôtel du roi et l'un
de ses ministres, demanda familièrement à l'abbé
de Saint-Denis pourquoi il voulait me retenir
malgré moi, tandis que de l'opposition de mon
genre de vie avec celle de ses moines, avec la
sienne propre, il ne pouvait que résulter beaucoup
de scandale sans aucune utilité. Je savais qu'on
regardait, dans le conseil du roi, les désordres de
l'abbaye de Saint-Denis comme rendant plus faciles
la soumission des moines et les moyens d'en tirer
de l'argent. C'est ce qui, dans mon opinion,
devait aider au succès de ma demande, et je ne
me trompais pas. Mais afin que Saint-Denis ne
perdît pas la gloire de m'avoir possédé exclusivement, il fut décidé et convenu, en présence du
roi et de ses ministres, que la permission de me
choisir une solitude ne m'était accordée qu'à la
condition de ne me soumettre à la règle d'aucun
autre monastère. »

» Je me retirai donc près de Provins, dans un
désert que j'avais déjà visité, et là, sur un terrain
dont la concession me fut faite par ses possesseurs,
je construisis, avec le consentement de l'évêque,
un oratoire fait de roseaux et de chaume, que
j'appelai *l'oratoire de la Trinité.* » Tels furent,
sur les bords de l'Arduzon et à une lieue de Nogent-

---

petite biographie. Si Abélard y maltraite parfois notre pays,
c'est qu'il n'était pas irrépréhensible alors sous tout rapport;
sur cette époque, l'histoire ne parle pas autrement que le
sévère abbé de Rhuys.

sur-Seine, les commencements de la fameuse abbaye du Paraclet.

» Lorsque, poursuit-il, mes disciples connurent ma retraite, on les vit accourir de toutes parts, quittant les villes et les châteaux pour se construire d'humbles cellules dans mon désert. On les vit abandonner des couches de duvet pour des lits de feuillages, les tables où ils étaient assis pour des tertres de gazon, et des mets délicats pour de grossiers herbages. En construisant leurs petites cellules sur les bords de l'Arduzon, ils ressemblaient plutôt à des ermites qu'à des écoliers; mais plus leur nombre allait croissant, plus leur vie était dure et sévère, et plus mes ennemis semblaient voir leur honte s'étendre avec ma gloire. Bientôt l'envie vint me trouver dans ma retraite. « Que nous a servi de le persécuter? disaient mes adversaires. Nous n'avons fait que rendre son nom plus éclatant. Ses disciples renonçant à toutes les aises de la vie pour se rendre volontairement misérables, accourent en foule et peuplent son désert, et le voila entraînant le monde après lui ! »

» Cependant c'était la pauvreté intolérable qui m'avait forcé de rouvrir mon école. Je ne pouvais me livrer aux rudes travaux de la terre; j'aurais rougi de mendier mon pain. J'eus donc recours à l'art qui m'était connu, et la nécessité me fit substituer à l'œuvre des mains l'office de la langue. Mes disciples vaquaient à la culture des champs, à la construction des cellules; et, pour qu'aucun soin domestique ne me détournât de l'étude, ils s'occupaient seuls de tout ce qui concernait la nourriture et l'habillement. Bientôt les cellules devinrent insuffisantes pour les loger, et ils commencèrent à élever régulièrement, en pierre et en charpente, un grand monastère. Et comme, dans mes malheurs et dans mon désespoir, j'avais trouvé, au milieu du désert, cet asile et du repos, avec un peu d'allégeance à ma misère, je changeai le nom de *Trinité*, que j'avais donné à mon oratoire, en celui de *Paraclet*, mot qui signifie *esprit consolateur.* »

Abélard fut attaqué sur ce nom de *Paraclet*, comme sur sa conduite et son enseignement. Saint Norbert et saint Bernard se mirent à prêcher contre lui et ils réussirent à le rendre méprisable aux yeux de certains évêques et de plusieurs seigneurs. Ce fut alors que le choix des bénédictins de l'abbaye de Rhuys le rappela en Bretagne. Voici comment il raconte lui-même la chose. « Tandis que j'étais sans relâche affligé de ce trouble de mon esprit, l'abbaye de Saint-Gildas de Rhuys, dans le diocèse de Vannes, perdit son chef et je fus élu pour lui succéder d'une voix unanime. Le comte de Bretagne (1) donna son consentement et obtint sans difficulté celui de l'abbé de Saint-Denis, qui n'avait pas cessé d'être mon supérieur (2).

---

(1) Conan III dit *le Gros*, fils et successeur d'Alain-Fergent au duché de Bretagne.

(2) Une députation de quelques moines fut envoyée, à cet effet, à Saint-Denis; ayant obtenu le consentement de Suger, elle se rendit au Paraclet, auprès d'Abélard lui-même.

Ainsi, comme jadis chez les Romains, l'envie avait chassé saint Jérôme en Orient, l'envie, chez les Français, me chassait en Occident. J'avais voulu aller vivre parmi les infidèles, et je tombai chez des moines pires que les païens. Dieu m'est témoin que je n'aurais jamais accepté la crosse abbatiale de Saint-Gildas, s'il n'avait point fallu me soustraire à la rage et à l'oppression de mes ennemis.

» J'allais habiter un pays barbare dont la langue m'était inconnue (1). La vie des moines était affreuse et indomptable. Les portes de l'abbaye n'étaient ornées que de pieds de biche, d'ours, de sanglier. Les moines n'avaient d'autre signal pour se réveiller que le bruit des cors et des chiens de meute qui aboyaient. Les habitants étaient cruels et sans frein. Je ressemblais à celui qui, pour éviter le glaive, se jette dans un précipice, et qui, pour échapper un moment à la mort, court vers une autre mort. Je n'avais plus pour horizon que l'Océan : la terre ne présentait plus d'espace à ma fuite. Aussi répétais-je souvent, dans mes prières, ces paroles du psalmiste (2) : « *Dans les angoises de mon cœur, j'ai crié vers toi des confins de la terre.* »

---

(1) Les auteurs ne sont pas d'accord sur la date à laquelle il prit possession de cette abbaye. Selon les uns ce fut en 1125, selon d'autres, en 1128. Selon le manuscrit de la bibliothèque impériale, ce fut en février, à la fin de 1128, l'année commençant alors au 21 mars.

(2) Psaume LX. *A finibus terræ ad te clamavi, dum anxiaretur cor meum.*

— 216 —

» L'indiscipline des moines de Saint-Gildas me tourmentait nuit et jour, et je crois que maintenant les dangers auxquels furent exposés mon corps et mon âme ne sont plus ignorés de personne. Je voyais bien que, si je voulais ramener ma communauté à une vie régulière, ma mort était inévitable, et que, si je tolérais tant de dérèglements, ma damnation n'était pas moins certaine.

» Un seigneur puissant, tyran de cette contrée, avait profité de l'extrême licence des moines pour subjuguer l'abbaye. Ses vexations étaient nombreuses et accablantes ; il levait des tributs sur les moines comme s'ils avaient été des juifs. Ces moines n'ayant plus rien en communauté, me pressaient de les secourir dans leurs nécessités quotidiennes. Chacun d'eux employait ce qu'il avait d'argent, dans sa bourse particulière, à soutenir ses concubines, à nourir ses fils, ses filles. Ils volaient, ils emportaient de l'abbaye tout ce qu'ils pouvaient, et semblaient vouloir me forcer ou à les laisser faire, ou à me retirer.

» Toute cette terre était barbare, sans mœurs, sans lois, et il ne s'y trouvait aucun habitant dont je pusse invoquer l'appui (1). Au dehors de l'abbaye, j'étais, sans relâche, opprimé par le tyran

---

(1) A cette époque, la Bretagne laissait grandement à désirer, comme le prouve le passage suivant d'une lettre du duc Conan III au Souverain-Pontife : « Les méfaits des Bretons se sont tellement accumulés qu'il ne m'est plus possible d'exercer, comme il conviendrait, la mission de gardien de l'Église ; à vous donc, très saint Père, de faire justice des malfaiteurs. »

et par ses satellites; au dedans, les moines ne cessaient de me tendre des embûches, et je pouvais dire comme l'apôtre : *Au dehors, les combats; au dedans, les frayeurs* (1). Je considérais avec douleur quelle inutile et misérable vie était la mienne; combien je vivais sans fruit pour les autres et pour moi-même. Je me laissais aller au désespoir en me rappelant que ce que j'avais fui valait mieux que ce j'avais cherché. Et, regardant presque comme nulles mes premières peines, je disais souvent avec de longs soupirs : « J'ai mérité ce que je souffre, puisque j'ai quitté le *Paraclet*, c'est-à-dire le *Consolateur*. »

A peine Abélard eut-il quitté le Paraclet, que ses disciples le désertèrent aussi. Ce lieu ne devait pas rester longtemps inhabité. L'abbaye de Saint-Denis ayant acquis le monastère d'Argenteuil, où Héloïse était prieure, et expulsé les religieuses, Abélard, à cette nouvelle, accourut du fond de la Bretagne, en 1130. « J'invitai, dit-il, Héloïse et celles de ses compagnes qui voudraient la suivre à se retirer au Paraclet. Je leur fis don de ce monastère et de toutes ses dépendances. L'évêque y donna son consentement, et bientôt le pape Innocent II confirma cette donation et y ajouta des priviléges. » La vie sainte et pauvre de ces religieuses leur attira l'estime et les sympathies des grands et du peuple. Héloïse l'emportait sur toutes ses compagnes; les évêques l'appelaient

---

(1) *Foris pugnæ, intus timores.* II ad Cor. VII, 5

leur fille, les abbés leur sœur, les laïques leur mère. Elle fut la première abbesse du Paraclet. Pour la secourir, Abélard la visite bien plus souvent qu'à Argenteuil. Mais bientôt il entend murmurer l'envie et la malveillance ; ses actes d'une charité sincère sont regardés impudemment comme d'anciens penchants d'une vie dépravée. Il nous apprend lui-même que, malgré les calomnies répandues contre lui, il faisait de fréquents voyages au Paraclet et qu'il s'y retirait, comme dans un port, pour se mettre à l'abri des tempêtes de Saint-Gildas.

« Toujours traversé par Satan, je ne pouvais, dit-il, trouver ni où me reposer, ni même où vivre. J'étais errant et fugitif, comme caïn maudit de Dieu. J'avais plus à souffrir de mes enfants (c'est ainsi qu'il appelle les moines de Saint-Gildas) que du tyran qui nous opprimait tous. Lorsque, revenant du Paraclet, j'approchais de Saint-Gildas, j'avais tout à redouter de l'ennemi extérieur et de sa violence ; et, lorsque j'étais entré, d'autres ennemis plus terribles étaient en ma présence, et j'avais à soutenir incessamment leurs embûches et leurs machinations. O combien de fois ils ont tenté de se défaire de moi par le poison ! C'est ainsi, comme le rapporte sant Grégoire-le-Grand, que saint Benoît fut traité par ses compagnons ; il dut fuir pour sauver sa vie. Ce grand exemple semblait m'instruire à l'imiter, afin de ne point paraître, dans ma témérité, tenter Dieu même, et me rendre, pour ainsi dire, complice de ma mort, en restant au milieu des dangers. »

« Je devais veiller sans cesse à mes aliments, à ma boisson. Ils cherchèrent à m'empoisonner jusque sur l'autel, et le calice fut par eux rempli d'un breuvage mortel (1). » Il s'en aperçut, changea de calice et de vin, et continua le saint sacrifice, qu'il offrait tous les jours. Dans la suite, le vin de l'autel lui était fourni par un de ses amis ou bien il l'achetait lui-même et prenait ses précautions. Il n'en avait point dans sa cave, parce qu'il ne buvait que de l'eau à ses repas (2).

« Un jour que le comte de Bretagne (3) était malade, appelé par lui, je vins à Nantes le visiter. Un frère du couvent, que j'avais amené (4), me servit quelques aliments, et, comme je ne songeais pas encore à manger, un moine, qui m'avait accompagné, goûta de ces mets perfides et fut frappé

---

(1) *In ipso altaris sacrificio, veneno immisso calici.* Avec ce texte, il n'est pas facile de contester à Abélard le caractère sacerdotal, surtout si on remarque que, de son temps, l'usage de la communion sous les deux espèces n'existait presque plus. D'ailleurs, nous verrons bientôt Pierre-le-Vénérable attester qu'Abélard offrait presque tous les jours le saint sacrifice de la messe.

(2) Dom Gervaise, de la congrégation de Saint-Maur. *Vie de Pierre Abélard, abbé de Saint-Gildas de Rhuys*, etc. Cette vie d'Abélard et d'Héloïse, sérieuse et publiée, en deux vol. in-12, à Paris en 1720, est un chef-d'œuvre de diffusion.

(3) C'est le duc de Bretagne, Conan III, dit *Le Gros*.

(4) C'était probablement un frère convers. Selon Dom Gervaise, *Vie d'Abélard*, etc., c'était un domestique. Dans ce voyage, Abélard avait aussi avec lui un moine de Rhuys qu'il aimait beaucoup et qui fut emprisonné à sa place.

de mort. Le frère servant prit soudain la fuite, et ainsi l'atrocité des moines de Saint-Gildas fut publiquement manifestée. Ils avaient gagné ce misérable, pensant que, éloigné de leur présence, je serais moins sur mes gardes. » Abélard, qui avait un de ses frères à Nantes, rentrait chez lui pour le repas du soir et le repos de la nuit, après avoir passé la journée à la cour du duc. Ce fut là que le moine de Saint-Gildas mourut entre ses bras Il le pleure dans ses écrits et s'accuse de sa mort.

Après la convalescence du prince, il retourne à Rhuys ; mais, pour se soustraire aux dangers, il se retire, avec quelques-uns des frères qui lui sont dévoués, dans des cellules séparées de l'abbaye. Les moines paient des voleurs pour guetter ses sorties, l'attendre sur les routes et l'assassiner.

« Or, ajoute-il, tandis que ma vie était travaillée de tant de périls, je fis, dans une promenade à la campagne, une chute de cheval si violente que j'eus l'épine dorsale brisée entre la tête et les épaules, et je souffris beaucoup de cette blessure. » Obligé de garder le lit pendant plusieurs mois, il se trouva ainsi hors de danger du côté de ses ennemis, mais il garda toute sa vie des traces de cette fracture. « Enfin, poursuit-il, je fus forcé de recourir à l'excommunication contre la révolte indomptable des moines de Saint-Gildas. Je forçai, par les agents du duc, ceux que je devais le plus redouter, de promettre publiquement et de jurer qu'ils sortiraient du monastère dans les 24 heures et renonceraient à troubler ma vie. Mais ils violèrent avec impudence la foi qu'ils m'avaient donnée et leurs serments publics. » Sur sa demande, le pape Innocent II envoya un légat, qui, en présence du duc et des évêques de Bretagne, fit prêter à ces moines le même serment qu'ils avaient violé, et d'autres encore. Les plus dépravés furent exclus et l'abbé fut laissé libre de ne garder que ceux sur lesquels il croyait pouvoir compter. « Alors, dit-il, je vins reprendre le gouvernement de l'abbaye; mais je trouvai les moines qui étaient restés pires encore que ceux qui avaient été expulsés. Ce ne fut plus par le poison, ce fut par le glaive qu'ils attentèrent à mes jours. J'eus beaucoup de peine à me sauver, protégé par un seigneur du voisinage, qui vint me soustraire au fer levé des assassins et qui me conduisit dans son manoir. » Cette dernière assertion d'Abélard a été diversement entendue. On lui fait dire que, une nuit, les moines étant entrés dans sa chambre, le poignard à la main, pour en finir avec lui, il ne put se sauver qu'en se jetant dans un conduit souterrain qui débouchait chez un seigneur voisin et ami (1). On prétend même montrer encore, au couvent de Saint-Gildas, une ouverture, maintenant murée, par laquelle il prit la fuite. Mais cette ouverture se trouve dans une muraille d'une construction postérieure à l'époque d'Abélard.

A son arrivée à Saint-Gildas, Abélard, tout entier à la réforme de ses moines et aux devoirs de

---

(1) Le texte latin dit : *Cujusdam proceris terræ conductu vix evasi.*

sa charge, voulut chasser l'ignorance de son abbaye. Dans ce dessein, il se mit à expliquer aux religieux l'*Oraison dominicale* et le *Symbole de saint Athanase*. Mais ses auditeurs y prenaient, malgré toute sa science, si peu d'intérêt, qu'il comprit l'inutilité de ses efforts et cessa ses conférences (1). Ce fut alors qu'il entreprit la composition de plusieurs ouvrages dont quelques-uns sont parvenus jusqu'à nous. Voici une liste de ceux qu'on suppose avoir été faits par lui dans la solitude de Rhuys : 1º *Traité contre les hérésies*; 2º *Commentaire sur l'épître de saint Paul aux Romains*, divisé en cinq livres; il s'attache surtout au sens littéral et explique les questions théologiques du péché originel, du libre arbître, de la grâce, de la prédestination, de la réprobation, etc., avec une science et une profondeur remarquables; 3º *L'exposition de l'oraison dominicale ; l'exposition du symbole des apôtres ; l'exposition du symbole de saint Athanase*, sujets de ses conférences aux moines d'abord, et ensuite de petits opuscules qu'il rédigea pour les religieuses du Paraclet ; 4º *Constitution pour le Paraclet* : c'est la première règle qui ait été faite exclusivement

---

(1) La chaire dans laquelle il faisait ses conférences était un fauteuil chargé d'ornements gothiques, et dont le siége couvrait une armoire destinée à recevoir les livres usuels du docteur. Ce fauteuil s'est conservé, pendant des siècles, dans l'appartement où l'abbé réunissait ses moines. Des soldats cantonnés dans l'abbaye de Rhuys le brûlèrent pendant la grande révolution, moins pour le plaisir de le détruire peut-être que pour s'en servir comme de bois de chauffage.

pour une communauté de femmes ; 5° *Histoire de l'origine de la vie monastique*, composée sur la demande d'Héloïse ; 6° plusieurs *Sermons* sur les principaux mystères de la foi et les fêtes des saints ; 7° plusieurs savantes *lettres*, écrites aux religieuses du Paraclet, sur l'amour de l'étude (1) et sur plusieurs points de doctrine ou de morale religieuse ; 8° Les *solutions* de 42 problèmes ou questions qu'Héloïse lui avait adressés ; 9° plusieurs *lettres* écrites à Héloïse elle-même au Paraclet ; 10° *l'Histoire de mes calamités*, longue lettre adressée par Abélard à un de ses amis des environs du Paraclet et qui, lui aussi, avait connu, par expérience, les grandes peines de la vie. Aussi l'abbé de Rhuys commence-t-il et achève-t-il son récit par cette même réflexion : « J'ai voulu que le tableau de mes infortunes vous fît voir si vous les comparez aux vôtres, que les vôtres sont nulles ou légères, et vous engager à les supporter avec plus de courage. » Une copie de cette lettre, ou plutôt de ces *mémoires*, tomba, comme par hasard, entre les mains d'Héloïse. Sa lecture fit sur elle une impression profonde et la détermina, après un silence de plusieurs années, à écrire sa première lettre, depuis son entrée en religion, à Abélard qui avait, lui aussi, gardé le même silence et n'avait eu, dans le même intervalle, d'autres relations avec

---

(1) Au Paraclet on s'occupait beaucoup d'étude. Toutes les religieuses savaient le grec, témoin leur usage de célébrer tous les ans l'office divin en cette langue, le jour de la Pentecôte.

Héloïse que celles qui furent nécessitées par son introduction au Paraclet et les visites dont nous avons parlé plus haut. Alors se renoua, entre ces deux personnages célèbres, cette correspondance, qui nous en est restée et qui a été défigurée par la plus insigne mauvaise foi et avec des intentions extrêmement coupables. Héloïse et Abélard faisaient consciencieusement devant Dieu pénitence de leurs premiers égarements ; leurs véritables lettres en font foi. Ecrites en latin de part et d'autre, elles sont remarquables par l'élévation des pensées, la délicatesse des sentiments et la religion sincère autant que par le style. Qu'il y a loin de ces lettres, lues surtout dans le texte latin lui-même, à celles qui bien souvent leur ont été substituées et répandues dans le public (1) !

Ennuyé dans sa solitude de Rhuys et de l'inutilité de ses efforts pour ramener ses moines à l'observance, et craignant d'ailleurs pour ses jours, Abélard quitta son abbaye et retourna au Paraclet vers 1138 (2). Il se trompait, s'il croyait

---

(1) Le texte latin des véritables lettres d'Héloïse et d'Abélard a été publié en 1723, avec une traduction française assez défectueuse, par Dom Gervaise, bénédictin de la Congrégation de Saint-Maur et auteur déjà d'une vie de ces deux personnages. L'ouvrage qui les renferme est en deux volumes in-12. Il n'y a que trois lettres d'Héloïse et quatre d'Abélard ; mais il faut en convenir, la longueur en compense le petit nombre. — Quant aux lettres qu'ils purent s'écrire avant leur entrée en religion, aucune n'a été conservée ; on n'en montre nulle part.

(2). Pendant qu'il fut à la tête de l'abbaye de Rhuys, son nom figure à presque toutes les chartes des princes de Bretagne ; ce qui prouve en quelle considération il était.

y trouver la paix dont son âme devait avoir besoin. Attaqué de nouveau pour ses doctrines, il fut cité au concile de Sens de 1140 et dont saint Bernard fut l'âme. Condamné, Abélard en appela du concile au Pape et se mit en route pour Rome, où il allait défendre sa cause. Il passa par Cluny, et Pierre-le-Vénérable, qui en était abbé, l'arrêta dans son monastère, le disposa à la soumission la plus entière et le réconcilia avec saint Bernard. Sur les témoignages de Pierre, le Pape le releva des censures que lui avait infligées le concile de Sens. Il n'en demeura pas moins à Cluny, édifiant la communauté par sa modestie et méritant cet éloge que fait de lui Pierre-le-Vénérable dans une de ses lettres à Héloïse : « Je ne me souviens pas d'avoir vu son pareil en humilité. Je l'obligeais de tenir le premier rang dans notre nombreuse communauté, mais il paraissait être le dernier par la pauvreté de son habit. Quand, dans nos cérémonies, il marchait devant moi, suivant la coutume, j'admirais qu'un homme d'une si grande réputation pût s'abaisser ainsi. »

« Simple dans sa nourriture comme dans ses vêtements, il condamnait, par ses discours comme par son exemple, non-seulement le superflu, mais ce qui n'est pas d'une nécessité absolue. Il lisait continuellement ; il priait souvent ; il gardait un silence perpétuel, si ce n'est quand il était forcé de le rompre, dans les conférences ou dans les sermons qu'il faisait à la communauté. Presque tous les jours il offrait le saint Sacrifice, depuis que, par mes lettres et par mes sollicitations, je l'avais réconcilié avec le Saint-Siége. Enfin, il n'était occupé que de méditer ou d'enseigner les vérités de la religion ou de la philosophie. »

« Il avait ainsi vécu quelques temps à Cluny, lorsque, voyant que ses infirmités augmentaient, je l'envoyai respirer un air plus salubre dans la plus agréable situation de la Bourgogne, au prieuré de Saint-Marcel, près de Châlons-sur-Saône. Il y continuait ses lectures et ses exercices pieux, lorsqu'il fut attaqué d'une maladie qui ne laissa bientôt aucune espérance de le conserver. Tous les religieux de ce monastère ont été témoins avec quelle grande piété il a fait sa confession de foi, puis celle de ses fautes ; avec quelle sainte aspiration vers le ciel il a reçu le viatique des mourants. C'est ainsi que le docteur Pierre a fini ses jours. »

L'abbé de Cluny joignit à cette lettre une épitaphe en vers latins qu'il avait faite pour Abélard, et qui marque sa mort au 21 avril 1142 (1), à l'âge de 63 ans. Pierre-le-Vénérable l'y nomme *le Socrate des Gaules, le grand Platon de l'Occident, notre*

---

(1) Malgré cette date, généralement donnée par les auteurs, la chronique de Rhuys fixe sa mort à l'année 1141, en disant à cette dernière date : *Petrus Abœlardus abbas sancti Gildasii Ruyensis moritur. Ordinatio Guillelmi abbatis.* Comme on le voit, d'après cette chronique, Abélard garda jusqu'à sa mort le titre d'abbé de Saint-Gildas. Sur sa mort, on lit dans le calendrier du Paraclet : *Maître Pierre Abélard, fondateur de ce lieu et instituteur de sainte religion, trépassa le 21 avril, âgé de 63 ans.*

Aristote, *l'égal ou le supérieur des Logiciens de tous les temps;* il le dit : *connu dans l'univers comme le prince des écoles; génie varié, subtil et pénétrant, qui pouvait tout surmonter par la force du raisonnement et par l'art de la parole : tel était Abélard.* Il termine par là louange de sa sainte mort et la confiance de son bonheur céleste (1).

Héloïse demanda le corps de son époux, pour l'ensevelir au milieu des tombes de son monastère, où elle devait reposer elle-même avec lui. Cette triste dépouille lui fut envoyée secrètement, mais plusieurs mois après la mort d'Abélard (2). Le

---

(1) Voici le texte intégral de cette épitaphe :
Gallorum Socrates, Plato maximus Hesperiarum,
Noster Aristoteles, logicis quicumque fuerunt,
Aut par, aut melior, studiorum cognitus orbi
Princeps, ingenio varius, subtilis et acer.
Omnia vi superans rationis et arte loquendi
Abelardus erat. Sed nunc magis omnia vincit,
Cum cluniacensem monachum, moremque professus,
Ad Christi veram transivit philosophiam,
In qua longævæ bene complens ultima vitæ,
Philosophis quandoque bonis se connumerandum,
Spem dedit, undenas maio revocante calendas.

(2) Les religieux du prieuré de Saint-Marcel, jaloux de conserver les cendres d'un des hommes les plus célèbres du xII<sup>e</sup> siècle, renfermèrent son corps dans un tombeau de pierre gypseuse, d'un style fort simple et d'un travail grossier, et qui, d'abord placé dans la chapelle de l'infirmerie, fut ensuite transporté dans l'église du monastère. Pierre-le-Vénérable, cédant aux instantes prières d'Héloïse, se rendit, dans les premiers jours de novembre 1142, au prieuré de Saint-Marcel qui dépendait de lui, profita, pour éviter l'opposition des moines, du silence de la nuit, pour enlever le corps d'Abélard qu'il déposa au Paraclet, le 16 du même mois.

vénérable abbé de Cluny vint lui-même célébrer les obsèques et prononcer un éloge funèbre. Sur la demande d'Héloïse, il lui envoya aussi, pour être suspendue dans son sépulcre, l'absolution de maître Pierre Abélard, écrite de sa main, scellée de son sceau et dont voici la traduction : « Moi, Pierre, abbé de Cluny, qui ai reçu Pierre Abélard pour moine de Cluny, et qui ai accordé à l'abbesse Héloïse et aux religieuses du Paraclet, son corps que je leur ai envoyé clandestinement, je l'absous selon mon devoir, par l'autorité de Dieu et de tous les saints, de tous ses péchés. » C'était, dans ce sièle encore, l'usage de donner l'absolution aux morts. Héloïse plaça les restes de son époux dans une chapelle qu'il avait fait construire lui-même, dont une partie était dans le cloître, l'autre dans le chœur, et qu'on appelait le *petit-moustier* (1). C'est là que, dans les heures silencieuses de la nuit, et lorsque le sommeil était entré dans les cellules de ses compagnes, l'abbesse venait prier pour celui qu'elle avait tant aimé. Après vingt ans, ses propres restes furent réunis aux siens dans ce même tombeau, qui fut, plus d'une fois, déplacé avant la ruine de l'abbaye, à l'époque de la Révolution. Le Paraclet allait être vendu comme domaine national, les autorités de Nogent procédèrent, le 9 novembre 1792, à l'exhumation des

---

(2) Sur son tombeau on avait gravé cette inscription :
Est satis in titulo, Petrus jacet hic Abelardus,
Cui soli patuit scribere quidquid erat.

corps d'Héloïse et d'Abélard. Leur translation dans l'église de cette ville se fit processionnellement par le clergé et les magistrats, et ils furent déposés dans le caveau de la chapelle de Saint-Léger. Lucien Bonaparte, ministre de l'intérieur, ayant ordonné, le 16 février 1800, de les transporter au musée des monuments français, Alexandre Lenoir, créateur de cet établissement, se rendit à Nogent, et, le 23 avril, le sous-préfet et le maire lui remirent le cercueil où les deux corps étaient renfermés. Sous la Restauration, le monument du jardin du musée, où ils reposaient, fut transporté au cimetière du Père La Chaise qui le conserve encore.

En vertu du décret de l'assemblée nationale, du 15 janvier 1790, en souvenir du passage du docteur Pierre à l'abbaye de Rhuys, la commune de Saint-Gildas perdit son nom si ancien et si vénérable, pour s'appeler *commune d'Abélard*.

## CHAPITRE XI.

### Choses remarquables arrivées à l'abbaye de Rhuys entre 1140 et 1200.

Comme on l'a déjà vu au chapitre précédent, Abélard, d'après la chronique de Rhuys, eut pour successeur, Guillaume, sur lequel on n'a aucun autre renseignement.

Dom Noël Mars, qui fut longtemps procureur de l'abbaye et un des premiers bénédictins de la Congrégation de Saint-Maur à Saint-Gildas, a composé, sur les titres trouvés par lui au chartier, une courte histoire de ce monastère, à partir de 1140 jusqu'en 1656. L'auteur du manuscrit de la bibliothèque impériale a eu entre les mains cet ouvrage et nous en a laissé un extrait. Les faits qu'il rapporte se trouvent, en général, consignés aux archives de la préfecture de Vannes, où sont réunies presque toutes les pièces consultées par Dom Noël Mars. C'est là que nous avons puisé nous-même les renseignements pour la continuation de cette histoire, à travers les siècles, jusqu'à la suppression de l'abbaye, à la fin du siècle dernier. Pour ce travail, les ouvrages imprimés n'ont fourni que de très rares documents. Malgré de nombreuses et longues recherches, cette partie de notre petit ouvrage ne peut être qu'une brève nomenclature de faits juxtaposés d'après leur ordre chronologique.

La chronique de Rhuys enregistre, à l'année 1162, une épouvantable famine qui désola notre pays. Après les dix années de guerre qui marquèrent la fin du règne de Conan IV, démolirent les châteaux, ravagèrent la Bretagne, firent périr grand nombre d'évêques, de prêtres et de moines et détruisirent plusieurs villes, la famine fut si grande que certains Bretons se virent réduits à manger de la terre. On rapporte même que des parents se nourrirent des corps de leurs enfants, qu'ils avaient éventrés et cuits. Les villages, les places publiques et les grands chemins étaient couverts de cadavres, parce que les bras manquaient pour les ensevelir (1). Les trois quarts de la population périrent par la faim (2). Pendant cette famine, le setier d'avoine s'éleva au prix de 50 sols (3). Douze ans plus tard, une nouvelle calamité tombait sur la presqu'île de Rhuys. A la fête de saint André, en 1178, il se déchaîne une si violente tempête que, non-seulement les édifices sont renversés, mais encore les arbres déracinés (4).

En 1187, Constance, duchesse de Bretagne, veuve de Geoffroy II et régente pendant la minorité d'Artus I<sup>er</sup> qu'elle vient de mettre au monde (5), veut priver l'abbaye de Saint-Gildas de son droit

---

(1) Tam valida fuit fames quod homines terrâ vescebantur, et quod etiam proprios eviscerasse filios et coctos comedisse asserunt, et quod maxima corpora mortuorum per vicos et plateas et vias jacebant, quia vix erat qui sepeliret. (Chronique de Rhuys).

(2) Fames fuit tanta in Britanniâ quod fere tertia pars... fuit fame sublata (Chronique de l'Eglise de Nantes).

(3) Dom Lobineau, *Histoire de Bretagne*, tome I, page 154.

4) In festo sancti Andreæ tam validus fuit ventus, quod manu ædificata et naturaliter fixa eversa sunt. (Chronique de Rhuys).

(5) Le lundi de Pâques, 30 avril : Natus est Arthurus filius Gauffridi ducis secundo die Paschæ. *(Chronique de Rhuys)*.

Cette duchesse est le premier exemple d'une princesse qui ait gouverné par elle-même en Bretagne. Elle se remaria peu après.

d'usage dans la forêt de Rhuys. Les moines réclament énergiquement et obtiennent, à la suite d'une enquête faite par ses ordres, la consécration de leurs droits. Par une charte du mois de juillet de cette année, la susdite duchesse reconnaît que l'abbaye, fondée par un duc de Bretagne, exempte de toute juridiction et érigée en comté, jouit de ce droit de temps immémorial.

Moins de deux ans après, la même duchesse visite l'abbaye au mois de mai 1189. Elle assiste à l'office divin et se trouve grandement édifiée de la piété et de l'ordre avec lesquels s'y font les cérémonies religieuses. C'est pourquoi elle demande et obtient des moines ce qu'on appelait alors le *Commune beneficium*, c'est-à-dire qu'on fit pour elle, à sa mort, des prières et des services comme pour un religieux du monastère. En retour, elle donne à l'abbaye, par une charte datée de l'époque de sa visite, une partie d'un pré à Auray, la moitié de toutes ses coutumes, de ses fournages, de ses impôts ou péages, ses dîmes, ses tenues, ses possessions et tout ce qui lui appartient au port et au château de cette ville, dans sa chatellenie et dans son comté, quelque part que ce soit. Elle lui confirme, en outre, le droit d'usage dans toute sa forêt de Rhuys. C'est probablement ici l'origine du prieuré de Saint-Gildas-d'Auray.

## CHAPITRE XII.

**Histoire de l'Abbaye pendant le XIII° siècle.**

(1200-1300).

—

En 1218, l'abbé Hervé et les religieux de Saint-Gildas reçoivent la sixième partie du moulin de Manvil, que leur donne Guillaume Cohur et qu'ils cèdent, peu après, à Guillaume, abbé de Saint-Mélaine de Rennes, pour éteindre une rente de 10 sols qu'ils doivent à son monastère. *(Cartulaire de Saint-Mélaine, ann. 1344)*.

Lorsque Jean I<sup>er</sup>, dit le *Roux*, fit construire, en 1229 et du vivant de son père Pierre *Mauclerc*, duc de Bretagne, le château de Sussinio et clôturer, pour en faire son parc, une grande partie de la forêt de Rhuys, il détruisit un petit monastère qui ne pouvait être que le prieuré de Saint-Pabu(1). On a dit et écrit, mais à tort, que, pour indemniser l'abbaye de la suppression de ce prieuré, Jean Le Roux, ayant succédé à son père, lui céda des terres dans la frairie de Prorozat ou Saint-

---

(1) Quamdam abbatiam antiquam apud Suceniou existentem demolivit idem dux (Joannes I<sup>us</sup>), et aliud monasterium, loco et in recompensatione ejusdem abbatiæ destructæ, apud Preces in honore Virginis Mariæ fundavit et dotavit, qui conventum monachorum juxta suum manerium habere nolebat. *(Chronique de Saint-Brieuc.)*

Armel. Nous avons dit plus haut, page 142, que l'échange du prieuré en question et de la forêt de Rhuys contre les terres de Prorozat s'est faite entre le duc Jeoffroy Ier et saint Félix. Il est possible que le duc Jean Ier ait fait à l'abbaye de nouvelles donations en Prorozat ; mais nous n'avons trouvé nulle part aucune pièce qui le prouve. La chronique de Saint-Brieuc parle bien de l'abbaye de Prières, qu'il fonda, en 1250, pour remplacer le couvent qu'il avait détruit près de son château ; mais c'est tout ce qu'elle nous apprend. La clôture du grand parc ducal de Sussinio, connue encore dans la presqu'île de Rhuys sous le nom de *Murs du Roi*, enclavait le prieuré de Saint-Pabu, comme le prouve leur parcours qui peut être facilement suivi. Ces anciens murs, en partie restés debout, traversent le village de Lasné, bornent à l'ouest la lande du Vandour, remontent du sud au nord-est en longeant la route départementale jusqu'à la commune actuelle du Hézo, et se dirigent ensuite vers la section du Tour-du-Parc, qui doit son nom au parc ducal dont les limites s'étendaient jusque là.

La même année, c'est-à-dire en 1229, Païen de Malestroit fut, sans doute à titre de bienfaiteur, enterré dans l'église de l'abbaye et au côté gauche du maître-autel (1). Sa tombe, qui couvre plusieurs autres seigneurs de sa maison, se voit encore offrant des traces de sculptures et d'inscriptions.

---

(1) 1229. Obiit paganus de Malestricto qui est sepultus ad sinistrum caput altaris abbatiæ sancti Gildasii. (Chron. de Rhuys).

A la fin du XVIIe siècle, on y distinguait des besants, armes de la famille.

En 1246, le huit des calendes de novembre, Thibaut, fils du duc Jean Ier, mourut au château de Sussinio, âgé d'un an. Il fut enterré à Saint-Gildas dans le caveau qui est sous le chœur de l'église. On y voit encore sa tombe (1). Deux ans plus tard, Aliénor, fille aussi du duc Jean et qui venait de naître, mourut également à Sussinio et fut ensevelie à côté de son frère (2). En 1251, mourut, au même endroit, un autre Thibaut, né le cinq des ides de novembre 1247. Il fut enterré, comme les autres, dans le caveau ducal, à l'abbaye de Rhuys (3). La veille de l'Assomption de la sainte Vierge, Nic_las mourut et fut enseveli au même endroit ; il était né au mois de mai 1249, la veille de la fête de saint Nicolas, et eut pour parrain Louis, roi de France (4). Les tombes de tous ces princes se

---

(1) Decimo kalendas Augusti natus est Theobaldus filius comitis Joannis et Blanchiæ uxoris suæ. Obiit idem Theobaldus octavo kal. novembris et fuit sepultus in monasterio Ruyensi. (Chron. de Rhuys, aux années 1245 et 1246)

(2) Nata est Alienor filia eorumdem Joannis et Blanchiæ. Ipsa Alienor sepulta est cum Theobaldo fratre suo ante altare Beati Gildasii (Id. année 1248).

(3) Natus est alter Theobaldus filius eorumdem V idus novembris. (Id. année 1247).

(4) 1251 XIX kal. septembris in vigilia assumptionis B. M. V. obiit Nicholaus filius Joannis comitis Britanniæ. 1249. Natus est Nicholaus filius joannis ducis Britanniæ in vigilia sancti Nicholai de Mato in quendenis Pentecostes, de sacro fonte levatus à Ludovico rege francorum filio Ludovici. (Idem).

voient encore au chœur de l'église; il en sera question plus tard, et l'on remarquera les différences entre leurs dates et celles données ici d'après la chronique de l'abbaye.

Selon une charte du mois d'avril 1257 et signée par Jean Ier, les religieux de Saint-Gildas échangèrent avec ce duc leurs moulins de Ploërmel contre ses droits et ses coutumes de la Clarté, dans la paroisse actuelle de Lauzach (1), et cédèrent à la jeune abbaye de Prières leurs terres, dites de *Gueldas*, près de La Roche-Bernard, et quelques dîmes qu'ils percevaient sur la paroisse de Muzillac. Ils se dessaisirent de ces droits sur la Clarté, lorsque, pour fournir les taxes à lui imposées, le monastère de Rhuys dut aliéner une partie de son temporel.

Par une autre charte de la même année 1257, le duc donne à l'abbaye, en échange de certaines propriétés, douze livres de rentes sur la coutume de la foire de Sainte-Claire, plus quatre autres livres, on ne sait sur quoi. La chronique du monastère enregistre, au seize des calendes de décembre 1259, la résignation de Pierre, abbé de Rhuys (2). Avant de mourir, le duc Jean Ier, saisi de remords pour les biens qu'il avait usurpés sur l'abbaye lorsqu'il clôtura son grand parc, charge

---

(1) La chapelle de N.-D. de la Clarté existe encore; il y a assemblée le 8 septembre, date à laquelle de nombreux fidèles des paroisses environnantes s'y rendent en pèlerinage.

(2) Resignatio Petri abbatis Ruyensis XVI kal. decembris. (Chron. de Rhuys, année 1259).

les évêques de Vannes, de Saint-Brieuc et de Rennes, ses exécuteurs testamentaires, de faire une enquête sur les restitutions auxquelles il pouvait être obligé. Ces prélats accomplirent ses volontés et présentèrent, en 1295, à Jean II, son fils et son successeur, une requête, pour le prier de rendre à l'abbé et à ses religieux plusieurs terres dont ils avaient été injustement dépouillés, et de restituer au monastère son droit d'usage dans la forêt, droit dont il fut privé à la même époque de la clôture du parc ducal.

## CHAPITRE XIII.

### Histoire de l'abbaye pendant le XIV° siècle.
(1300-1400).

Par son testament, fait au mois de septembre 1302 et dont l'original se trouve aux archives de Nantes, le duc Jean II, comte de Richemont, lègue, en particulier, à l'abbaye de Rhuys, cinquante livres avec charge de célébrer pour lui, chaque année, un anniversaire le jour de son obit.

Pendant la guerre de succession, une charte du 7 août 1356, et signée par Charles de Blois, confirme, en faveur de l'abbaye, les deux chartes précédemment citées de la duchesse Constance. Ne pouvant plus percevoir leurs rentes ni sur Auray ni sur Rhuys, les religieux de Saint-Gildas s'en plaignent au même prince, qui, par deux nouvelles chartes du 18 avril 1360, reconnait la justice de leurs réclamations et ordonne de payer ces rentes. Très exposés pendant cette guerre, qui dura 23 ans, et jusqu'à la mort de Charles de Blois à la bataille d'Auray, en 1364, ils eurent beaucoup à souffrir et perdirent, à deux reprises différentes, les copies authentiques des titres de leur monastère.

Resté seul maître de la Bretagne, à la mort de son compétiteur Charles de Blois, Jean de Montfort, ou Jean IV, reçut aussi les plaintes des religieux de Saint-Gildas au sujet des rentes sur Auray et sur Rhuys, qui ne leur étaient pas fournies. Il nomma des commissaires pour constater les droits des suppliants et leur fit justice.

Le procureur de la juridiction de Rhuys ayant troublé l'abbaye dans la jouissance de ses droits sur Prorozat, le duc, sur les réclamations de l'abbé, chargea l'évêque de Nantes, les archidiacres de Rennes et quelques autres de faire une enquête. Les conclusions des commissaires furent favorables aux religieux, et Jean IV, par une charte du 8 mars 1367, confirma au monastère la possession de son domaine et de son fief sur Prorozat. Cette charte est explicite et désigne bien le domaine qu'elle confirme. Elle fait allusion à l'échange entre saint Félix et Geoffroy Ier, et nomme le prieuré de Saint-Pabu qui fut enclavé dans le grand parc de Sussinio. Le duc, parlant des droits des religieux *sur le passage Questenen* (1), *par où l'on va de Rhuys à Vannes, les terres, palus et marais en la frairie de Prozat, entre ledit passage et le village de Prozat, reconnaît cela être aux moines en récompense d'un prieuré qu'ils avaient autrefois en my notre grand parc de Sussinio, appelé ledit prieuré Saint-Pabu de la Fosse-au-Serpent. Pour augmenter les terres et participer aux oraisons des moines, nous avons voulu, ordonné, voulons et ordonnons que auxdits abbé et couvent soient et demeurent celles pièces de terre, palus et marais, ledit passage Questenen depuis la muraille et clôture d'icelui parc jusques à la mer joignant celui passage et toutes les terres, palus et marais de l'un côté, et d'autre celui chemin qui mène audit passage, avec ma juridiction, profit et émoluments, et en tant que mestier est leur en avons fait donaison et octroy pour en jouir et user au temps à venir comme de propre héritage.*

Par un mandement du 20 mai de la même année, le duc exempte les dépendances de l'abbaye du guet, des fouages (2), des impôts et autres sub-

---

(1) Ce passage Questenen ou Questenieu porte aujourd'hui le nom de passage de Saint-Armel. Il est probable que le bras de mer, sur lequel est ce passage, portait autrefois le même nom, puisque sur ses rivages il y a encore des champs ainsi nommés. On l'appelle aujourd'hui Bras de mer de Noyalo, et, en breton, *Stœr-en-Tréh*, ce qui signifie chenal du passage.

(2) Le droit de guet était celui qu'avait le seigneur de faire monter la garde à son château par les sujets qui dé-

sides auxquels il avait droit, et, le 15 novembre, sur le recours des religieux, il expédie des lettres à son trésorier pour leur faire payer les rentes sur Auray et sur Rhuys et même une année d'arrérage.

Ces mêmes rentes n'ayant pas été payées en 1369, les moines ont recours au duc, qui charge son sénéchal de Vannes de prendre des informations. Le rapport de cet officier détermine Jean IV à émettre, le 4 novembre, une charte, dans laquelle il déclare que ces rentes sont une conséquence de l'échange fait autrefois entre un duc de Bretagne et les religieux. Il y est aussi question de la tradition qui parle du serpent de Cohet-Lahen, du monastère de ce nom ou prieuré de Saint-Pabu; preuve que, à cette époque, on croyait que le prieuré de Saint-Pabu avait remplacé le monastère de Cohet-Lahen.

Le 20 octobre 1371, le même duc Jean IV expédie de nouvelles lettres en faveur de l'abbaye, qu'il exempte des gabelles (1) pour les blés, les vins et autres provisions. On ne sait pour quelle raison il adresse, le 30 mars 1389, un mandement à ses receveurs de Vannes, d'Auray, de Guérande, de

---

pendaient de lui. Le fouage était un impôt dû pour chaque feu ou foyer; son origine dérivait de la permission accordée de prendre dans les forêts du bois de chauffage.

(1) La gabelle n'est autre chose que l'impôt sur le sel établi aux États généraux de Paris, en 1343, sous Philippe de Valois. De là est venu le nom de *Gabeloux* donné aux commis employés à la gabelle et conservé dans le peuple aux douaniers et aux employés de l'octroi.

Muzillac, de Nantes, etc., pour rappeler les mêmes exemptions. Peut-être ces officiers subalternes, comme il arrivait souvent alors, ne s'étaient-ils pas rendus à ses premières injonctions. On serait assez porté à le croire, en le voyant obligé de réitérer plusieurs fois ses ordres pour faire payer aux religieux leurs rentes sur Rhuys et Auray. Ainsi, en effet, malgré ses deux mandements antérieurs, il dut en faire un troisième, le 3 décembre 1379, à l'adresse de ses receveurs, pour leur enjoindre d'acquitter ces rentes de l'année présente et les arrérages des années précédentes.

Pendant qu'il faisait bâtir à Vannes son château de l'Hermine, Jean IV fit avec l'abbaye de Saint-Gildas un échange, dont les conditions sont rapportées dans sa charte du 22 novembre 1380. Pour le moulin que les religieux possédaient auprès de ce château et sur un terrain dont il avait besoin pour s'étendre convenablement, il leur céda son moulin de Pencastel, en Arzon, avec son droit d'obliger les Arzonais d'y faire moudre leurs blés.

Par une autre charge du 14 février 1389, il donne au monastère 40 sols de rente, sous forme de provision, pour l'indemniser d'un fond de l'abbaye enclavé dans le parc ducal et que les religieux lui ont cédé. On cite une autre charte de même date et par laquelle il consacre un nouvel échange qu'il a fait avec les religieux de Rhuys : ils lui cèdent leur four de la rue Calmont, à Vannes, pour 40 sols de rente annuelle sur Auray.

ce qui porte à 18 livres leur rente sur cette ville. Certaines analogies feraient croire que ces deux chartes n'en font qu'une et qu'il serait prudent de s'en tenir aux clauses de la dernière.

On contesta au monastère de Rhuys son droit d'usage dans la forêt. Le duc chargea le sénéchal de Vannes de faire un sérieux examen des prétentions de l'abbaye, et, le 4 mars 1398, il confirma, par une charte signée à Vannes, les religieux dans l'usage de leur droit.

## CHAPITRE XIV.

### Histoire de l'Abbaye pendant le XIV° siècle.
[1400-1500.]

A la fin du siècle précédent ou dans les premières années de celui-ci, les prieurés de Houat et de Hœdic, habités par des moines de Saint-Gildas, furent détruits par des écumeurs de mer, qui descendirent dans ces îles, maltraitèrent les religieux et les habitants, enlevèrent les ornements sacrés, les livres, etc., et renversèrent les chapelles et les bâtiments réguliers. Par une bulle, adressée aux évêques de Bretagne et conservée encore aux archives de l'abbaye à la fin du XVII° siècle, le Souverain-Pontife excommunia ces nouveaux Vandales. Cette pièce, trouvée dans le chartier de Saint-Gildas par l'auteur du manuscrit de la bibliothèque impériale, était si fortement endommagée par le haut et par le bas, qu'il ne put lire ni la date ni le nom du Pape, son auteur. Quant aux prieurés en question, ils eurent, dit cet écrivain, souvent beaucoup à souffrir, surtout pendant les guerres. De son temps, on voyait encore, au midi des églises, les ruines des bâtiments qui n'avaient pas été relevés. La chapelle de Houat restait debout; mais de celle de Hœdic il n'y avait plus qu'un arceau de voûte. Les Hœdicois avaient bâti une autre dédiée à Notre-Dame-des-Neiges, au point le plus élevé de l'île. Les ruines de ces deux prieurés dont il reste encore quelques traces, permettent de conjecturer qu'ils durent être considérables. La chapelle de celui de Houat était vaste et avait été solidement construite. Le sol de son enceinte a été fouillé et de nombreux débris humains se sont trouvés mis au jour. Leur position était celle dans laquelle sont inhumés les prêtres. A cette église était jointe une maison de 25 à 30 mètres de longueur. Les restes des murs d'enceinte indiquent une propriété close de deux à trois hectares de surface. Depuis la destruction de ces deux prieurés, les moines de Saint-Gildas, craignant de nouveaux pirates, cessèrent d'habiter ces îles; mais l'abbaye, dont elles continuèrent à dépendre, les fit desservir, à ses frais, par des prêtres séculiers jusqu'à l'époque de sa suppression. Les religieux de Rhuys eurent raison de ne pas relever les prieurés susdits, car ces deux îles furent encore ravagés, en 1674, par la flotte hollandaise. Chacune avait alors deux chapelles : Houat, celles de Saint-Gildas et de Notre-Dame-du-Confort ; Hœdic, celles de Notre-Dame-la-Blanche ou des Neiges et de Saint-Goustan. Toutes furent ruinées et démolies, avec les maisons et les villages des deux îles. Celles de Saint-Gildas et de Saint-Goustan furent seules relevées plus tard (1).

Le procureur de Rhuys ayant contesté certains priviléges de l'abbaye, les moines eurent recours à Jean V qui donna, le 24 février 1410, commission au sénéchal de Vannes pour qu'il eut à s'informer si les moines avaient droit de se délivrer aux plaids généraux de Rhuys par congé de *personnes* et de *menée* (2), et aussi si le village de Ksaux était de la fondation de l'abbaye pour les

---

(1) Dans chacune de ces deux îles, le curé ou recteur est, à la fois, maire, juge de paix, percepteur, notaire, syndic des gens de mer, etc. Il gouverne son petit royaume, aidé des vieillards les plus considérés formant une espèce de conseil des anciens. Les nombreux ouvriers employés naguère à la construction des forts, y ont introduit un esprit d'indépendance et de liberté qui rend le gouvernement plus difficile. Que sera-ce lorsqu'on y aura fixé des garnisons ? — C'est dans une de ces îles que le célèbre Gresset place le théâtre de son *Carême impromptu*.

(2) Par ces expressions on entend le droit qu'avaient ces religieux de n'être point cités devant la sénéchaussée de Rhuys ; pour la justice, ils ne relevaient que de la sénéchaussée de Vannes. Voilà pourquoi, lorsqu'il y a des enquêtes à faire au sujet de l'abbaye, c'est le sénéchal de Vannes, et non celui de Rhuys, que les ducs en chargent.

provisions. Cette commission est signée de Ploërmel, où se tenait alors le parlement. On ignore la conclusion de cette difficulté; mais on sait que, plus tard, le village de Ksaux dépendait du roi pour les provisions et que l'abbaye avait droit de menée à Sarzeau.

Par une charte du 26 juillet 1432, Jean V assoupit un procès intenté, par son procureur, aux religieux qui prétendaient que les terres de Guelvoedon et du Brassillon et le Prépont leur appartenaient.

Tourmentés sans cesse par les officiers de la juridiction de Rhuys, qui les citaient à leurs palais et refusaient de leur payer leurs rentes sur la presqu'île, et par les maîtres des forêts qui leur contestaient leur droit d'usage et les empêchaient d'en jouir, les religieux de Saint-Gildas portent plainte au duc. Jean V expédie, le 5 août 1432, un mandement, signé à Rhuys même, au sénéchal, à son alloué et aux autres officiers de cette juridiction, pour leur prescrire de payer les rentes réclamées, de laisser jouir du droit d'usage dans la forêt, et pour défendre de les citer devant les maîtres des forêts, parce que, à cause de leur droit de menée à Sarzeau, ils ne sont pas tenus d'y répondre.

Prétendant avoir droit de percevoir des dîmes sur les deux métairies de Loqueltas que l'abbaye possède dans sa paroisse, le recteur de Crach fait de force enlever des gerbes. Les religieux ont recours au duc. Celui-ci cite le recteur devant lui

14*

et ordonne une enquête, à la suite de laquelle il condamne, par une charte, signée à Vannes le 13 décembre 1438, le susdit recteur à restituer ce qu'il a pris et lui défend à l'avenir d'user d'un droit qu'il n'a point. Cette affaire fut l'occasion d'une clause générale insérée dans la même charte et déclarant exemptes des dîmes toutes les terres et toutes les autres dépendances de l'abbaye.

Par un mandement, donné à Sussinio le 16 octobre 1439, le même duc Jean V exempte, à son tour, du guet et du fouage les hommes qui dépendent de l'abbaye et demeurent dans ses hébergements, granges ou métairies de Loqueltas, en Crach, de l'île de Tascon, en Sarzeau, de Gouézan, en Saint-Goustan.

Le 3 octobre 1441, Jean V donne commission au sénéchal de Rhuys, à l'alloué et à d'autres officiers de faire une enquête sur la possession de certaines pièces de terre que le sénéchal contestait à l'abbaye. Les religieux avaient sans doute raison, car, plus tard, ces terres faisaient partie de la grande ferme du monastère.

Peu après la mort de Jean V, les moines de Saint-Gildas demandèrent à François Ier, son fils et son successeur, la confirmation de leur droit d'usage dans la forêt de Rhuys. Le nouveau duc exauça leurs vœux par une charte du 16 août 1448.

Pierre II ayant succédé à son frère François Ier, les religieux de Saint-Gildas se hâtèrent de lui demander aussi la confirmation du même droit. Par ses lettres du 2 août 1453, il le leur reconnaît comme l'ont fait, avant lui, ses prédécesseurs.

François II avait autorisé l'abbaye à tenir une foire à Saint-Armel, le 16 août de chaque année. En 1470, les officiers de la juridiction de Rhuys troublèrent ceux de la juridiction de l'abbaye dans l'exercice de leur droit de police et de justice dans cette foire. Les religieux s'en plaignent au duc, qui, par une charte, donne raison à leurs officiers et défend à ceux de Rhuys de les inquiéter à l'avenir.

Cinq ans plus tard, le même duc, sur les rapports défavorables de ses officiers de Rhuys, prive le monastère de son droit d'usage dans la forêt. Les moines réclament contre cette injustice et obtiennent une charte du 19 juillet 1477, qui les autorise à y prendre, comme par le passé, leur bois de chauffage, de réparation et de construction.

Le 12 octobre 1482, Jean de Troellan, receveur du guet au château de Sussinio, fut cité devant la juridiction de l'abbaye et condamné à restitution, pour avoir, malgré l'exemption du monastère, exécuté un habitant de Tascon qui refusait justement d'acquitter le guet.

Après le mariage de la duchesse Anne à Charles VIII, roi de France, on fait de nouvelles difficultés à l'abbaye touchant son droit d'usage dans la forêt. Les religieux sont obligés de prouver leur droit. Ils s'adressent au roi, qui, par un mandement du 8 octobre 1496, leur reconnaît ce droit et leur donne, par provision et pour trois ans, leur bois de chauffage, mais seulement sur *merch et monstre* (1). Il défend aux maîtres des forêts de rien exiger d'eux pour leur désigner les bois qu'ils peuvent prendre.

## CHAPITRE XV.

### Histoire de l'Abbaye pendant le XVI<sup>e</sup> siècle.
(1500-1600.)

Trouvant la duchesse Anne favorablement disposée à leur égard, les religieux de Saint-Gildas la prièrent de confirmer leurs titres qui périssaient de vétusté (2). Par ses lettres-patentes, signées à Loches, en janvier 1502, et confirmées à Blois, par Louis XII, en mai 1503, elle fit ce qu'on lui demandait. Ces lettres confirment en particulier les faux titres de la fondation en 399 et de l'échange de 1001, qu'elles rapportent intégralement. Le titre de 399, qu'on suppose signé à Vannes, par Grallon, le 3 mai, dit que ce second roi de l'Armorique donne au fondateur de l'abbaye le comté de Rhuys, le jeune bois planté par Conan-Mériadec, et cheminant

---

(1) La maîtrise des eaux et forêts de la sénéchaussée de Rhuys marquait, avec un marteau à l'hermine gravée, les arbres qu'ils pouvaient prendre ; c'était là ce qu'on appelait ne prendre que sur *merch et monstre*.

(2) La duchesse Anne ne dut rafraîchir et confirmer que des copies authentiques, peut-être, des titres ; les originaux avaient disparu depuis longtemps.

vers Ambon et Muzillac, d'un côté, et, de l'autre, vers la mer d'où l'on voit Guérande, là où étaient les serpents que le saint abbé Guédas tua en la forêt; les îles de Houat et de Hœdic, les îles et terres de Glenan, en la mer près Cornouaille, la troisième partie de la ville de Vannes, c'est-à-dire, les terres de Saint-Clément, celles de Calmont et les moulins de Vannes, près Calmont. A la suite de cette pièce, les lettres-patentes insèrent, en latin, un décret par lequel Judicaël, évêque de Vannes, approuve la fondation et fulmine l'excommunication et l'interdit contre quiconque troublerait les religieux dans la possession du domaine à eux concédé. Malgré la fausseté évidente de ce titre, son insertion dans les lettres-patentes de la duchesse Anne prouve que, en 1502, l'abbaye possédait ou était estimée avoir possédé les biens ici énumérés.

Quant au titre du 15 avril 1001, signé aussi à Vannes, il dit que le duc Geoffroy eut besoin de la forêt de Rhuys, parce qu'il manquait de bois, même pour son chauffage, et qu'il l'obtint de l'abbé Félix, avec l'étang et le prieuré de Saint-Pabu ou de la Fosse-au-Serpent, avec réserve du droit d'usage en faveur de l'abbaye. Il ajoute que le duc donna, en échange, 40 livres de rente sur les terres ducales de Rhuys à payer chaque année par son châtelain, au terme de la Saint-Michel, toute la frairie de Prorozat et les hommes, les terres labourées et à labourer, frostes, palus et marais qu'il avait en ladite frairie, plus 10 ivres de rente sur la ville de Vannes et 16 sur celle d'Auray, payables chaque année par les châtelains. Nous avons dit ailleurs ce que nous pensons de ce titre. On pourrait, à son sujet, faire la même observation que plus haut sur le titre de 399.

Ignorant l'histoire de leur abbaye, les moines fabriquèrent ces titres, sur quelques traditions répandues parmi eux, et les présentèrent à la duchesse Anne, qui, avant de les confirmer, ne fit point faire d'enquête sur leur parfaite exactitude. Ce n'est pas à dire, pour cette raison, que toutes les clauses en soient fausses.

En considération de Pierre de Brignac, abbé de Saint-Gildas, la même duchesse permit, en avril 1503, à l'abbaye d'élever un troisième pilier (1)

---

(1) Par un privilége, commun à cette époque, l'abbaye de Saint-Gildas avait droit de faire rendre la justice sur les terres ou fiefs qui dépendaient d'elle. Ce droit portait aussi le nom de juridiction. On distinguait alors trois sortes de justices : *haute, moyenne et basse*. La haute justice était celle qui pouvait condamner à la peine capitale ; la moyenne justice avait droit de juger des actions de tutelle et des injures dont l'amende n'excédait pas 60 sols ; la basse justice connaissait des droits dûs au seigneur, du dégât causé par les animaux et des délits dont l'amende ne pouvait excéder 7 sols 6 deniers. Les religieux ne rendaient point eux-mêmes les sentences ; mais ils députaient, à cet effet, des laïques qu'on appelait *officiers de la juridiction de l'abbaye* Le symbole de cette juridiction se dressait devant le chef-lieu de chaque seigneurie ayant droit de justice. C'était un pilier de pierre. Il y avait autant de piliers que de justices exercées par la juridiction. Celui de haute justice était un gibet où l'on accrochait ordinairement les cadavres des suppliciés, jusqu'à ce qu'ils fussent dévorés par les oiseaux de proie ou qu'ils tombassent en putréfaction. C'est le pilier de haute

sur les fiefs de sa juridiction. La même année, les religieux firent dresser, au Hézo, un pilier en signe de la haute justice qu'ils avaient droit d'y exercer.

Les processions des Rogations attirèrent beaucoup de monde à Saint-Gildas, en 1523, parce que André Hamon, évêque de Vannes et abbé du monastère, les présida pontificalement avec la crosse et la mitre des anciens abbés conservées au trésor de l'église. Pendant son séjour à l'abbaye, il bénit une cloche qu'il avait fait fondre ; c'était la moindre des deux grosses de la tour. Ce fut lui qui, vers cette époque, établit à Saint-Gildas la fête solennelle du *Craizo* (1). Voici quelle en fut l'occasion. A un certain jour de l'année, les Vannetais avaient l'habitude de se rendre en pèlerinage à l'église de Saint-Gildas et à la chapelle de Notre-Dame-du-Confort, dans l'île de Houat, puis à l'église de Saint-Goustan, dans l'île de Hœdic. Or, une tempête s'étant une fois subitement élevée pendant que les pèlerins étaient sur mer, cinq navires chargés de monde firent naufrage sans que personne pût être sauvé. Pour empêcher le retour de pareils malheurs, le prélat supprima le pèlerinage et lui substitua la grande fête du Craizo au dimanche qui précède le 24 juin ou la Nativité de

---

justice que la duchesse Anne accorde ici à l'abbaye de Saint-Gildas. Inutile de dire que ce ne fut jamais pour elle qu'un symbole honorifique.

(1) On prétend que, à cette époque, ce mot breton signifiait le milieu de l'année.

saint Jean-Baptiste. Les habitants de Rhuys continuèrent, jusqu'à la grande révolution française, à accourir à cette solennité, dont il sera encore question plus bas.

Pour l'année 1533, l'abbaye n'eût, de la forêt ducale, que 24 charretées de bois accordées, le 24 mai, par sentence de la juridiction de Rhuys. Comme on le voit, son droit d'usage est déjà singulièrement modifié.

A cette époque, à cause des guerres civiles, de l'arbitraire des abbés commendataires devenus universels, et du nombre de religieux trop petit dans chaque abbaye pour résister aux empiétements de ces derniers, tous les monastères de France eurent beaucoup à souffrir. Ceux du duché de Bretagne, uni à la France en 1532, partagèrent leur sort. Pour surcroît de malheur, les besoins de l'État, qui manquait de fonds pour la guerre contre les Huguenots, entraînèrent, dans tout le royaume, l'aliénation des biens ecclésiastiques, jusqu'à concurrence de 100,000 écus de revenu annuel. Le diocèse de Vannes, dont la contribution fut fixée à 500 écus, en paya 4321. Pour fournir sa part, l'abbé de Saint-Gildas, Jean Stuart, aliéna le village de Notre-Dame-de-la-Clarté, la tenue à *domaine congéable* (1) et le devoir de tierce gerbe qu'y possédait l'abbaye; la tenue à domaine

---

(1) On dit que le domaine est *congéable*, lorsque le fermier peut être congédié à volonté et sans aucun terme fixé; ce qui était jadis commun en Bretagne et n'a pas encore entièrement disparu.

congéable de Gornevec, dans la paroisse de Plumergat; des terres labourées dans la paroisse de Caro, au canton de Malestroit; les métairies nobles de Loqueltas, dans la paroisse de Crach; et, enfin, le passage du Bono et ses maisons, près Auray, dans la paroisse de Plougoumelen. Déjà, un peu auparavant, il avait, en 1552, accensé ou aliéné l'île de Brannec, dans le Morbihan, pour une modique somme, et probablement aussi le passage Questenen ou de Saint-Armel.

Un arrêt du parlement de Nantes permet, le 1er avril 1560, d'enregistrer les lettres-patentes du roi de France qui confirme aux religieux de Saint-Gildas le droit d'usage dans la forêt de Rhuys.

Le sieur Sourdeval, des environs de Mortagne et protestant, était gouverneur de Belle-Isle, en 1568. Il convoita les îles de Houat et de Hœdic, et proposa aux religieux et à l'abbé de Saint-Gildas de les leur acheter. Pour ne pas lui donner lieu de s'en emparer de vive force et éviter des vexations de sa part, ils les lui afféagèrent pour 80 livres de rente annuelle. C'était bien peu ! Dix ans plus tard, une nouvelle taxe ayant été imposée au clergé, et l'abbaye manquant d'argent pour fournir sa part, le sieur Sourdeval en profite pour racheter les 80 livres de rente et devenir propriétaire de ces deux îles. Le contrat d'aliénation, qui est de 1578, fut fait et signé avec lui par l'abbé Jean de Quilfistre, seigneur de Tremohart. Ces îles ne furent retirées qu'en 1628.

Comme il n'y a, dans le voisinage de l'abbaye, aucun port de mer sur l'Océan, les navires, qui portaient des denrées pour le monastère, ne pouvaient les débarquer que sur les côtes du Morbihan, à la distance d'une forte lieue, où les tenanciers tenus aux charrois devaient aller les prendre. Pour éviter ces transports par terre, les religieux résolurent, en 1571, de faire un hâvre barré, à un quart de lieue du couvent, à l'endroit où l'eau de l'étang de Kerpont se déchargeait dans la mer. Ils en obtinrent l'autorisation du roi Charles IX, mais ne réalisèrent pas immédiatement leur projet. Sur leur demande, Henri III leur accorda, en 1583, la même permission, par des lettres-patentes qu'ils exhibèrent au duc de Mercœur, gouverneur de la province, et au duc de Joyeuse, amiral de France, lesquels donnèrent volontiers leur consentement. Mais il n'en fut pas de même des abbés qui firent toujours opposition à l'exécution de ce projet. D'ailleurs on manquait de fonds pour le réaliser, à cause des nouvelles taxes qui furent alors imposées aux biens ecclésiastiques. Plus tard il ne fut plus question de ce hâvre.

On n'avait pas, du reste, besoin d'entreprendre ces dispendieux travaux pour ruiner l'abbaye; elle ne l'était déjà que trop. Les religieux, bien que peu nombreux, ne pouvaient plus y loger. Ceux d'entre eux qui étaient pourvus de prieurés, s'y retiraient. Les autres s'en allaient dans leurs familles, quand cela leur était possible. Pendant plusieurs années, sur la fin de ce siècle, il n'y resta qu'un seul religieux. Malgré ce déplorable état de choses, les abbés, au lieu d'empêcher les ruines et de restaurer le couvent, étaient zélés à faire reconnaître et confirmer les priviléges et les droits de l'abbaye, témoin un acte de Henri III, obtenu en 1587 et enregistré au parlement de Bretagne en 1588.

Au mois de septembre 1597, le frère Jean Regnault, bénédictin de Redon et vicaire du frère François Rolle, supérieur général de l'ordre de saint Benoît, assisté de frère Pierre Macé, prieur claustral de l'abbaye cistercienne de Lanvaux, visite l'abbaye de Rhuys, constate que, cette année, elle a été entièrement ruinée, et décrète que, chaque année à l'avenir, 300 écus seront employés en réparations, et que, pour l'hospitalité ou la réception des hôtes, l'abbé fournira, par an, 50 écus, deux pipes de vin, quatre perrées de froment, six perrées d'avoine et six charretées de foin. Par un arrêt du 14 juillet 1598, le parlement de Bretagne homologue ce règlement du frère Regnault, et ordonne que, pour les réparations, on emploie, chaque année, le quart des revenus de l'abbaye. Les ruines de ce monastère furent constatées par plusieurs procès-verbaux consécutifs. On en cite un de l'année 1599.

## CHAPITRE XVI.

**Histoire de l'abbaye pendant la première moitié du XVIIᵉ siècle.**
[1600-1649.]

—

Pour les réparations qu'on avait enfin commencées, les sujets ou tenanciers de l'abbaye devaient, par corvées avec leurs bœufs et leurs charrettes, transporter les matériaux nécessaires. Mais, comme depuis longtemps ces charrois n'avaient guère pesé sur eux, ils étaient tentés de s'en croire libérés et refusaient leurs services. A différentes reprises, les religieux durent avoir recours à la juridiction du roi pour les obliger à s'exécuter. Voilà pourquoi nous trouvons, à la date du 2 avril 1603, une première ordonnance du sénéchal de Vannes pour contraindre par corps, si besoin avait été, les sujets de l'abbaye à faire leurs corvées avec leurs bœufs et leurs charrettes; une seconde, du 3 octobre 1606, pour leur enjoindre, sous peine de 10 livres d'amende, de transporter de la forêt à l'abbaye le bois nécessaire au chauffage et aux réparations.

Sur ces entrefaites, les abbés, fort peu préoccupés d'ailleurs de l'état du monastère, ne manquaient point, à chaque avénement d'un nouveau roi de France, de faire confirmer les priviléges de l'abbaye. Ainsi, par lettres-patentes de juillet 1604, enregistrées au parlement de Bretagne, le 22 novembre de la même année, Henri IV en confirme tous les droits et tous les priviléges. En avril 1616, Louis XIII fait la même chose.

Comme on le verra plus bas, les moines de Saint-Gildas faisaient, aux Rogations, des processions d'un très long parcours et auxquelles assistaient les fidèles de toute la presqu'île. Or, en 1612, il y eut des troubles à celle du lundi, 28 mai. Voici quelles en furent l'occasion et les suites. Toujours à ces processions, les croix et les bannières de la paroisse de Saint-Goustan et de l'abbaye marchaient en tête, et, pour le chant des grandes litanies, les prêtres de cette paroisse et les religieux ne faisaient qu'un chœur, comme ne formant qu'un seul corps; les croix et les bannières des autres paroisses venaient ensuite, et leurs prêtres faisaient ensemble le second chœur. Cette fois, contre l'usage, en arrivant à la station de Kner, les habitants de Sarzeau, jaloux des paroissiens de Saint-Goustan, voulurent entrer les premiers dans la chapelle. De vives altercations s'élevèrent entre eux et ceux de Saint-Gildas. Après des paroles injurieuses et déplacées en pareil cas, on en vint à des coups qui étaient plus déplacés encore. Parmi les plus turbulents, cinq hommes de Sarzeau se firent tristement remarquer. On eut beaucoup de difficultés à les calmer. A peine furent-ils de retour chez eux, qu'ils se virent atteints de folie furieuse. Le lendemain on les porta, liés et garrottés, à Saint-Gildas, pour faire amende honorable aux reliques du Saint que leur conduite avait insulté. Ils firent une neuvaine dans l'abbaye, et s'en retournèrent guéris. Depuis cette époque, en annonçant au prône les fêtes et les processions de Saint-Gildas, le curé de Sarzeau ne manquait point de rappeler ce fait à ses paroissiens pour les exhorter à profiter de la leçon.

Pendant les années 1613 et 1619, on fit des réparations à l'église de l'abbaye; car nous trouvons, à ces dates, deux ordonnances du sénéchal de Vannes pour contraindre les tenanciers de Saint-Goustan, d'Arzon, des frairies de Saint-Jacques et de Couet-er-Scoufle aux charrois à cet effet. La dernière est du 8 juin 1619 et porte contrainte par corps et sous peine de 3 livres d'amende. Pour ces réparations et celles de l'abbaye, les religieux avaient consigné la somme de 2,400 livres tournois. On verra bientôt que tout cela était fort insuffisant.

Le 21 juillet 1619, l'abbé Charles de Clermont et les religieux du monastère visitent les reliques possédées par l'abbaye et trouvent, en deux sacs de toile, une partie de celles de saint Gildas, de saint Méen, de saint Judicaël, de saint Guenhaël, de saint Mélaine et de plusieurs autres. Continuant leur visite le lendemain, ils trouvent les reliques suivantes en trois endroits : dans une châsse (1) couverte d'airain, dorée et émaillée, et

---

(1) Cette châsse, qui était fort ancienne et existait encore au siècle dernier, passait pour celle qui reçut les reliques du saint fondateur de l'abbaye, lors de la consécration de l'église, le 30 septembre 1032.

portée aux processions des Rogations; dans une autre en bois et déposée sur le maître-autel: dans la première, celles de saint Gildas, de saint Méen, de saint Judicaël, du soulier de Notre Seigneur, des saints Innocents, de saint Samson, de saint Guenhaël et de plusieurs autres Saints; dans la seconde, celles des mêmes Saints que ci-dessus, plus celles de saint Mélaine et de quelques autres. — L'abbaye avait, en outre, une partie du chef de saint Gildas, une cuisse, une jambe et un bras du même Saint, le tout enchâssé en argent et séparément (1); plusieurs fragments de la vraie Croix (2); le corps de saint Goustan tout entier, etc. Les deux procès-verbaux de cette visite furent signés par l'abbé et les religieux et se trouvent aux archives du presbytère de Saint-Gildas.

Le 20 août 1619, une sentence des requêtes du Palais de Bretagne déclare que l'abbé de Saint-Gildas est tenu de fournir à l'aumônier 26 perrées de seigle pour faire le pain qu'on distribue, chaque année, à la porte de l'abbaye. Une autre sentence de la même époque montre que les revenus annuels de l'aumônerie n'étaient que de

---

(1) Le chef fut enchâssé en argent par les seigneurs de Malestroit qui y firent graver leurs armes; mais ce premier travail, assez grossier, fut remplacé, vers 1640, par un autre plus fin orné d'un collier de pierreries. Les armes du premier y furent conservées.

(2) De ces fragments de la vraie Croix, l'un était enchâssé dans une croix de Jérusalem, en argent et très antique, à en juger d'après le Christ.

40 livres, dont il fallait encore déduire 6 livres payées pour les dîmes.

Par ordre du parlement de Bretagne, deux procès-verbaux des ruines de l'abbaye furent dressés en 1620 et en mai 1625. Ce dernier, que l'on trouve aux archives de la préfecture de Vannes, tout en constatant les ruines, donne une description de l'abbaye et fait de tristes révélations. L'église était presque entièrement dépavée; au chœur, les stalles de bois étaient pourries et les livres d'office tout usés; la lampe du sanctuaire ne s'allumait plus depuis longtemps; l'horloge, qui ne marchait plus, demandait pour 90 livres de réparations; à la sacristie, il n'y avait plus que quelques ornements fort peu convenables. Dans le cloître, qui formait un carré de 96 pieds, le côté adossé à la nef de l'église était tombé. Autour du cloître étaient, au côté du levant, la salle du chapitre, et, au-dessus, le dortoir qui avait 50 pieds de long sur 27 de large, et cinq croisées sur chaque longère; au bout du chapitre, la prison de 9 pieds de haut et à refaire à neuf; au midi, le réfectoire de 94 pieds sur 30, et auprès une vaste cuisine, suivie du parloir; les greniers dominaient le tout, excepté le côté du cloître adossé à la nef de l'église où il n'y avait eu que des cellules qui n'existaient plus. Tout cela était dans un déplorable état. Il n'y avait ni couverture, ni charpente; les murs eux-mêmes avaient beaucoup souffert et s'étaient écroulés en partie. Le cellier avait besoin de grandes réparations. Le portail d'entrée dans la grande cour était tombé. Les murs de clôture de cette cour s'écroulaient partout. Il n'y avait pas une chambre qui n'eût besoin de très urgentes et considérables réparations. La chapelle de Notre-Dame, au bas du bourg, qui dépendait de la chambrerie chargée de l'entretenir, n'avait plus que la moitié de sa toiture. Dans ce procès-verbal, on blâme beaucoup l'abbé Charles de Clermont, qui aurait dû réparer ces ruines, et on avoue que, sans les soins du prieur claustral, l'église eût été entièrement ruinée depuis plus de dix ans. L'évêque de Vannes avait, peu auparavant, visité l'abbaye et menacé de censures le prieur, pour le forcer à plaider contre l'abbé afin d'en obtenir les réparations nécessaires. Deux religieux, Ferey, prieur de Gavre, et de Pontroger, cellerier, accusent ce prieur d'être de connivence avec l'abbé pour ruiner l'abbaye. Contrairement aux règles et aux usages, l'abbé mangeait à la table conventuelle. Il y invitait ses amis et s'y faisait servir par ses gens. Souvent, en guise de lecture, il s'y élevait de vives contestations. Ferey y fut une fois souffleté, et, une autre fois, menacé d'être percé d'un coup d'épée par un serviteur de l'abbé. Le même procès-verbal constate qu'il y avait alors, dans le trésor de la sacristie : 1º un chef d'argent doré renfermant les ossements de la tête de saint Gildas; 2º une cuisse du même Saint dans une châsse d'argent, dorée sur les bords; 3º une jambe du même, enchâssée en argent doré; 4º le bras droit du Saint, moins le petit doigt, aussi enchâssé en argent doré ; 5º l'autre jambe du Saint enchâssée comme la première ; 6º une ancienne mître garnie de lames d'argent et de vermeil, et ornée de perles et de pierreries ; 7º une crosse abbatiale, attribuée à saint Gildas, en argent doré et enrichie de pierres fausses ; 8º plusieurs calices très antiques. Le chef et les châsses qui renfermaient les reliques du saint fondateur, étaient ornés de pierreries et de cristaux.

Ce procès-verbal détermina, le 13 janvier 1626, un arrêt du parlement qui prescrivit de faire, à la charge de l'abbé, les réparations les plus urgentes à l'église et au clocher, et fixa à 800 livres, à prendre sur les fermiers de l'abbé, les réparations à faire chaque année. Parmi ces réparations urgentes et prescrites pour l'église, il n'était pas question de la nef : elle n'était plus réparable, mais elle avait besoin d'être refaite. Par un arrêt du 24 décembre 1627, le même parlement, pour faire mettre la main à l'œuvre, est obligé de revenir sur ces réparations et d'ordonner l'exécution de son arrêt précédent.

Charles de Clermont ayant résigné en faveur de Henri de Bruc, qui prit possession, le 20 décembre 1626, le père du nouvel abbé, syndic des des États de la province et homme versé dans les affaires, géra les revenus et les biens de l'abbaye et fit, après un pénible procès, rentrer le monastère en possession des îles de Houat et de Hœdic, dont jouissaient alors le comte de Pouaillé et le vicomte de Launay Razilly, héritiers de Sourdeval.

La raison déterminante de ce retrait et de la sentence des juges fut que, malgré la bulle du Pape sur cette matière, la vente de ces biens ecclésiastiques avait été faite à un protestant. L'arrêt en faveur de l'abbaye est de l'année 1628.

De 1622 à 1630, le parlement de Bretagne fut, plusieurs fois, saisi de la question de la juridiction de l'abbaye sur la frairie de Prorozat, sur le Hézo et sur l'île de Tascon, que lui contestait la sénéchaussée de Rhuys. Les abbés défendirent bien les droits du monastère, dans cette circonstance, et lui firent toujours donner gain de cause. Un arrêt du 23 avril 1622 défend aux officiers de la juridiction de Rhuys de troubler ceux de la juridiction de l'abbaye dans l'exercice de leurs droits de justice sur les sujets de Prorozat, du Hézo et de l'île de Tascon. Malgré cette prohibition, le parlement dût intervenir, de nouveau, le 23 décembre 1628, pour réitérer la même défense, mais sous peine, cette fois, de 1000 livres d'amende. L'arrêt est adressé à maître Daniel de Francheville, alors sénéchal de la juridiction royale de Rhuys. Pour n'avoir pas le dessous, les officiers royaux de cette juridiction prétendirent que l'île de Tascon, la frairie de Prorozat, les villages de Lasné, de Pusmain, de la Villeneuve dépendaient du fief du roi audit Rhuys. Alors les religieux prouvèrent l'origine de leur droit par l'échange entre le duc Geoffroy I$^{er}$ et saint Félix et par la charte du duc Jean IV en date du 8 mars 1367. Le parlement admit ces preuves par un arrêt du

10 novembre 1629. L'année suivante, par un autre arrêt du 3 juillet rendu à la requête de l'abbé Henri de Bruc, le parlement, siégeant à Vannes, défendit aux mêmes officiers de connaître, en première instance, des causes civiles entre les sujets de l'île de Tascon, de la frairie de Prorozat, de la Villeneuve, de Lasné, de Pusmain, du passage Questenen, du Hézo et des autres dépendances de la seigneurie et du fief de l'abbaye, et à ses sujets eux-mêmes, sous peine de nullité et de 100 livres d'amende, de se pourvoir devant les officiers royaux au détriment de la juridiction de l'abbaye.

Vers 1643, un religieux de Redon visite l'abbaye, où il ne trouve que des ruines. Le prieur claustral ne voulait pas entendre parler de l'introduction au monastère de la réforme de Saint-Maur. Les îles de Houat et de Hœdic, partagées entre l'abbé et les religieux, ne rapportaient presque rien, parce qu'elles étaient sans cesse pillées par les Espagnols et les Anglais, et par des pirates qui s'y réfugiaient. L'abbé et les religieux vivaient ensemble dans la maison abbatiale, seul bâtiment habitable.

L'église, tombée en ruines, manquait d'ornements et de linges. Pour ferme de ses deux lots aux religieux, l'abbé percevait annuellement une somme de 3,600 à 3,700 livres.

Grâce à l'abbé, fidèle à consacrer, chaque année, 800 livres aux réparations, on avait, à cette époque, commencé à travailler au rétable en tuffeau du maître-autel, à paver l'église, à disposer le vieux dortoir pour y faire des chambres. Mais il remarqua bientôt que ces 800 livres étaient loin de suffire, non-seulement pour les réparations à faire, mais même pour arrêter les ruines qui, de jour en jour, devenaient plus menaçantes. Il comprit alors que, pour sauver l'abbaye, il ne lui restait qu'un moyen, l'introduction de la Congrégation de Saint-Maur, et il prit son parti.

## CHAPITRE XVII.

### Introduction de la Congrégation de Saint-Maur.

(1650.)

L'ordre bénédictin, fondé au commencement du vie siècle, se répandit dans toute l'Europe et donna naissance à plusieurs Congrégations devenues célèbres. Les principales branches sont : la congrégation de Cluny, formée vers 910, l'ordre de Cîteaux, fondé au xie siècle ; la Congrégation du Mont-Cassin, en 1408 ; celle de Saint-Vanne, commencée à Verdun, en 1600, enfin celle de Saint-Maur, constituée en 1627 et à laquelle toutes les autres Congrégations de bénédictins en France furent subordonnées. Les bénédictins de Saint-Maur avaient pour chef-lieu de leur Congrégation l'abbaye de Saint-Germain-des-Prés à Paris et une belle résidence au bourg de Saint-Maur, près de

Vincennes. Parmi eux, il y a eu une foule de savants laborieux, qui ont exécuté les travaux les plus précieux pour l'histoire civile et ecclésiastique. Une bulle du Souverain-Pontife autorisait cette Congrégation à s'introduire, avec le consentement des princes, des abbés et des anciens religieux, dans tous les monastères bénédictins.

Pour sauver d'une ruine complète l'abbaye de Saint-Gildas et y rétablir la régularité monastique, l'abbé Michel Ferrand résolut l'union de ce monastère à la Congrégation de Saint-Maur. Pour réaliser son pieux dessein, il fit, le 24 novembre 1649, avec Dom Jean Harel, supérieur général de cette réforme, un concordat qui fut enregistré au parlement de Bretagne le 14 janvier 1650, et approuvé par le chapitre général de la Congrégation, le 9 mai 1651, et par Mgr de Rosmadec, évêque de Vannes, le 18 décembre 1652. Dans ce concordat, l'abbé cède aux nouveaux religieux les 800 livres dues par les fermiers pour la dernière année de bail et affectée aux réparations. Il leur donne, en outre, et pour le même but, une somme de 1100 livres, et des fonds à perpétuité, pour faire continuer ces réparations. Des biens de l'abbaye, divisés en deux parties égales, il prend un lot exempt de toute charge et laisse l'autre aux religieux avec toutes les charges. Il n'y perdait pas. Mais, par ses donations, il contribuait assez généreusement à la restauration.

Un mémoire fait, pour ce concordat, par les moines de Saint-Sauveur de Redon dont quelques-uns devaient être envoyés à Saint-Gildas, demandait, pour les nouveaux religieux, la faculté de présenter à l'abbé les officiers de la juridiction de l'abbaye, afin de s'assurer leur respect, et, par la même raison, que l'abbé fît le prieur claustral son grand vicaire avec délégation pour nommer aux cures et aux vicariats perpétuels, surtout à la cure de Saint-Goustan de Rhuys. Cette pièce donnait aussi l'état suivant des divers revenus de l'abbaye à cette époque : 1º pour la mense abbatiale 3,635 livres 12 sols ; 2º pour la mense conventuelle 4,453 livres 12 sols ; 3º pour les charges de cette dernière mense 1,210 livres ; 4º pour les offices claustraux : la chambrerie 240 livres, l'ouvrerie et l'aumônerie 240 livres, la cellerie 50 livres, l'infirmerie 50 livres.

Aussitôt après l'enregistrement du concordat de 1649 par le parlement de Bretagne, les religieux de Redon et l'abbé Ferrand demandèrent à Louis XIV la confirmation des droits et des priviléges de l'abbaye de Rhuys, surtout du droit d'usage, dont elle n'avait pas joui depuis quinze ans. Le 28 septembre 1650, ce monarque se rendit à leurs suppliques par la charte suivante :

« Louis, par la grâce de Dieu, roi de France et de Navarre, à tous présents et à venir, salut. Nos chers et bien aimés les religieux, abbé et couvent de Saint-Gildas de Rhuys, évêché de Vannes, en notre pays de Bretagne, nous ont fait remontrer que les rois de l'Armorique-Bretagne, Grallon et Salomon, Geoffroy et autres ducs leurs successeurs audit pays les ayant fondés et dotés, leur ont concédé et confirmé plusieurs beaux priviléges, immunités, droits d'usage, fannage, pasturage et chauffage en la forêt de Rhuys, et d'y prendre le bois qui leur serait nécessaire pour les bâtiments et réparations de ladite abbaye, et lieux en dépendants, selon que le tout est déclaré et spécifié ès-lettres desdites fondations, dotations et confirmations; ensuite desquelles Anne, duchesse dudit pays et reine de France, le roi Louis, son époux, et les autres rois leurs successeurs ont pareillement confirmé lesdits droits et priviléges, spécialement Henri III, par ses lettres-patentes du mois d'octobre 1587, registrées en notre cour de parlement dudit pays de Bretagne, le 9 août 1588. Henri-le-Grand, d'heureuse mémoire, notre aïeul, par ses lettres du mois de juillet 1604, vérifiées en notre dite cour, le 22 novembre audit an, et encore le feu roi, que Dieu absolve, Louis XIII, notre très honoré seigneur et père, par ses lettres du mois d'avril 1616, jusqu'à présent non vérifiées tant par la négligence des exposants ou leurs prédécesseurs, que pour l'incommodité et pauvreté de leur maison. Et d'autant qu'il ne reste presque plus en ladite maison que lesdits droits et priviléges, lesdits exposants nous ont fait supplier de les leur vouloir confirmer et continuer, requérant très humblement nos lettres sur ce nécessaires. A ces causes, ayant fait voir en notre conseil lesdites lettres de concession et confirmation avec les arrêts de notre dite cour et autres pièces attachées sous le contrescel de notre chancellerie, désirant favorablement traiter lesdits religieux, abbé et couvent de Saint-Gildas de Rhuys, leur donner moyen de subsister et de continuer les prières qu'ils font journellement à Dieu pour le salut et la santé des rois de France et pour la conservation et prospérité de leur règne, nous leur avons continué et confirmé, continuons et confirmons, donnons et octroyons par les présentes tous et chacuns priviléges, immunités, droits d'usage, pasturage, fannage, chauffage et autres contenus, spécifiés et déclarés ès-dites lettres de concession et confirmation, pour en jouir par eux et leurs successeurs en ladite abbaye, ainsi qu'ils en ont ci-devant bien et dûment joui et usé, jouissent et usent encore de présent conformément aux dites lettres vérifiées et aux arrêts et règlements. Donnons et mandons à nos amés et féaux conseillers les gens tenant notre cour de parlement à Rennes, chambre des comptes à Nantes, sénéchal de Vannes ou son lieutenant, grand maître enquesteur et général réformateur des eaux et forêts de France audit pays, maître particulier d'icelles en ladite forêt de Rhuys, et autres nos officiers qu'il appartiendra que ces présentes ils aient à registrer et du contenu en icelles faire jouir et user lesdits religieux, abbé et couvent et leurs successeurs en ladite abbaye pleinement, paisiblement et perpétuellement, cessant et faisant cesser tout trouble et empêchement qui y pourrait être apporté ; car tel est notre plaisir. Et afin que ce soit chose ferme et stable à toujours, nous avons à ces dites présentes fait apposer notre scel, sauf en autres choses notre droit. Donné à Paris, au mois de septembre, l'an de grâce 1650, et de notre règne le huitième. »

Cette charte fut peu après enregistrée à la chambre des comptes, et, par suite, les religieux furent mis en possession de leur droit d'usage par les grands maîtres des eaux et forêts. Restitué en 1653, cet usage continuait encore en 1668.

L'abbaye de Saint-Gildas ne comptait plus alors que sept religieux tous prêtres, anciens et valétudinaires. Ceux de Redon, qui devaient les remplacer, firent, avec eux, un concordat dont voici un extrait des principales clauses :

1º Les anciens religieux sont libres d'embrasser la réforme ou de rester sous le gouvernement de leur grand prieur (1), soit au-dedans, soit au-dehors du monastère. A la mort du prieur susdit, ceux qui ne seront point entrés dans la Congrégation reconnaîtront pour supérieur le plus ancien d'entre eux.

2º A partir de ce concordat, les anciens participent à tous les priviléges accordés à la réforme.

3º S'ils meurent dans l'abbaye, ils y seront enterrés par les nouveaux, si leur grand prieur ne veut faire l'office lui-même, avec les mêmes cérémonies et les mêmes prières que ceux de la Congrégation.

---

(1) C'est ainsi qu'on appelait le prieur claustral, pour le distinguer des religieux titulaires des prieurés dépendants de l'abbaye.

4° L'administration de l'église et de la sacristie, avec les reliques, les calices, l'argenterie, les ornements, les linges et généralement tous les meubles sont cédés aux nouveaux; mais ceux-ci devront fournir aux anciens toutes les choses nécessaires quand ils voudront célébrer.

5° Les nouveaux acquitteront toutes les fondations et feront à l'église le service divin selon leur cérémonial. Quand les anciens assisteront à l'office, ils auront les premières places au chœur, après le célébrant et le visiteur de la Congrégation de Saint-Maur. Pendant son séjour au monastère, ce dernier occupera la première stalle au côté de l'Évangile. Les mêmes places leur sont assignées pour les processions. Néanmoins le chœur et les offices seront toujours présidés par les nouveaux, qui donneront les bénédictions et le signal.

6° Le grand prieur ayant résigné les offices de chambrier, de sacriste et de trésorier, les fonctions en seront remplies par les nouveaux et les revenus, conformément aux statuts de la Congrégation, réunis à perpétuité à la mense conventuelle. Les autres offices demeureront aux anciens titulaires, qui ne pourraient les résigner qu'en faveur des nouveaux; à leurs vacances par décès ou par résignation, ils seront pareillement réunis à la même mense.

7° Les nouveaux jouiront de tous les lieux réguliers, des maisons, des caves, du cellier, des greniers, des granges, des jardins, etc., sauf les réserves suivantes: chacun des anciens conservera toute sa vie, s'il demeure au monastère, les chambres, les caves, les écuries etc., dont il jouissait auparavant. Si les anciens restent à l'abbaye au nombre de trois ou plus, ils pourront jouir de la grande salle, de la cuisine, des dépenses, etc., dont ils se servent. Au cas cependant où les nouveaux auraient besoin d'en disposer autrement pour de nouvelles constructions, ils pourraient le faire, mais alors ils fourniraient aux anciens des logements convenables.

8° A cause de la clôture pour les femmes, les portes de l'abbaye ne seront ouvertes, par les nouveaux qui seuls auront les clefs des principales, que depuis six heures du matin jusqu'à sept heures du soir en hiver, et huit heures en été. Les anciens auront des clefs pour les autres portes, même pour celle qui met le cloître en communication avec l'église. Seul, parmi eux, le grand prieur aura une clef de la porte qui s'ouvre vers le bourg.

9° Le colombier (1) reste aux anciens; mais les nouveaux auront droit d'y prendre des pigeons pour leurs malades.

10° Les anciens se réservent, pour eux et leurs gens, le droit de chasse sur toutes les terres dépendantes de l'abbaye.

11° Ils ne recevront plus les 2,560 livres que leur

---

(1) Ce colombier était l'un des plus beaux de la Bretagne. On n'en aurait pas fait construire un semblable pour 2,000 écus, et l'on estimait qu'il pouvait tenir lieu d'un revenu de 300 livres.

donnait annuellement l'abbé. Moins les réserves des articles 7 et 10, ils cèdent aux nouveaux tout l'enclos de l'abbaye, toutes les pailles de la grande ferme, la moitié de leurs droits sur les marais, les étangs et la forêt, les dîmes et les fruits du chapitre ou petit couvent, les titres et les archives, les places monacales vacantes, les corvées des tenanciers, moins celles qui leur seraient nécessaires pour leurs provisions, etc. En retour, les nouveaux s'engagent à payer à chaque ancien et par avance une somme annuelle de 380 livres, sans charge aucune, aux deux termes du 25 janvier et du 25 juillet. Mais ceux qui se retireront dans d'autres monastères n'auront que 150 livres, et 200 livres, si, avec l'autorisation de leur grand prieur, ils vivent en leur particulier et sans autres ressources. Quant au grand prieur lui-même, sa pension fut fixée à 530 livres, à percevoir aussi aux termes susdits ; mais, le 25 janvier, il recevait un supplément de 100 livres. Il paraît que les anciens demandèrent la modification de cet article et obtinrent, pour chacun, une pension annuelle de 400 livres.

12º Jusqu'à la réédification des lieux réguliers, les nouveaux n'enverront à l'abbaye que deux prêtres et un frère convers pour aider les anciens dans le service divin.

13º Le logement du grand prieur sera rendu convenable. Aux visites de ses parents et de ses amis, leurs chevaux seront nourris aux frais des nouveaux. Ces derniers prennent aussi à leur charge les frais de la visite épiscopale.

14° Le Père de Trévégat, ancien prieur de Quibéron, aura la jouissance de l'écurie qu'il a fait bâtir dans la grande cour et auprès de la grande porte.

Le samedi, 22 octobre 1650, toutes les conventions préliminaires ainsi réglées, la Congrégation de Saint-Maur prit possession de l'abbaye de Rhuys. Dès le matin de ce jour, le grand prieur et les religieux de Saint-Gildas, réunis capitulairement, reçurent Dom Dominique Huillard et Dom Matthieu Pichonnet, l'un prieur et l'autre procureur de l'abbaye de Saint-Sauveur de Redon, qui se présentaient au nom de la Réforme et avec deux notaires. Un de ces notaires fit lecture du concordat passé, le 24 novembre précédent, entre l'abbé Michel Ferrand et les religieux de Redon ; ceux de Saint-Gildas l'approuvèrent officiellement et permirent aux députés susdits de prendre possession de leur abbaye (1). Ils les conduisent, à cet effet, devant le maître-autel de l'église abbatiale, où ils prient ensemble, tous agenouillés sur les marches. Dom Huillard monte à l'autel, qu'il baise, entonne le *Veni, Creator*, continué par tous les assistants, et chante ensuite les oraisons du Saint-Esprit, de la sainte Vierge, de saint Benoît

---

(1) Avant ce jour, les moines de Redon disposaient, pour l'avenir, des biens de l'abbaye. Dès le 3 juillet de cette année, Dom Huillard, qui s'était fixé à Sarzeau, passe, à titre de commissaire spécial du Très Révérend Père Supérieur général de la Congrégation de Saint-Maur, pour l'administration du temporel du monastère de Saint-Gildas, plusieurs actes touchant les biens de l'abbaye.

et de saint Gildas. Conduit alors aux stalles du chœur, il s'y assied et sonne la cloche, se rend à la sacristie, à la place des anciens cloîtres, au réfectoire, aux dortoirs et autres lieux réguliers, aux jardins, aux maisons et aux dépendances des offices de chambrerie, de sacriste et de cellerier. L'inventaire des reliques, de l'argenterie, des ornements et des autres ustensiles de la sacristie fut remis à l'époque où les nouveaux religieux se fixeraient définitivement à Saint-Gildas. Enfin, en exécution des deux concordats précités, Dom Huillard compta, en bonne monnaie ayant cours, au prieur et aux religieux du monastère, la somme de 725 livres, pour les deux termes de janvier et de juillet de cette année. Séance tenante, un acte notarié de cette ratification et de cette prise de possession fut dressé par les notaires et signé par les intéressés. A cette pièce même ont été puisés les détails qu'on vient de lire.

Conformément à leurs obligations, les moines de Redon envoyèrent à Saint-Gildas trois religieux, dont deux prêtres, pour aider à faire l'office divin et pour surveiller les réparations et les nouvelles constructions, qui furent immédiatement commencées. C'étaient Dom Robert Diée, avec le titre de prieur, et Dom Noël Mars, avec celui de procureur. Ce dernier est l'auteur de l'histoire dont il a été question plus haut.

## CHAPITRE XVIII.

**Histoire de l'abbaye pendant la dernière moitié du XVII<sup>e</sup> siècle.**
**(1650-1700.)**

Comme il a été dit précédemment, à l'arrivée des religieux de la Congrégation de Saint-Maur à Saint-Gildas, l'abbaye était dans un déplorable état. Seul, le dortoir qui venait d'être rebâti eût été passable, s'il avait été bien fait ; mais il en était autrement. Les nouveaux habitants du monastère mirent énergiquement la main à l'œuvre. Ils bouchèrent les croisées du nouveau dortoir qui ouvraient sur le cloître et en percèrent d'autres sur la longère du levant. La sacristie fut rebâtie et enrichie de meubles et d'ornements convenables. Plusieurs bâtiments nécessaires s'élevèrent dans la basse-cour.

En 1651, on ne sait pourquoi, presque tous les biens du monastère furent affermés de nouveau par Dom Robert Diée, Dom Noël Mars, et Dom Matthieu Pichonnet, qui signent seuls les actes. Quelques-uns des anciens religieux, entre autres le Père de Trévégat, devinrent alors fermiers de l'abbaye. Parmi les baux faits à cette époque, on remarque ceux de la *grande ferme de l'abbaye*, située en grande partie entre le bourg de Saint-Gildas et la mer ; de la ferme de Gouézan ; des dîmes sur les frairies de Couet-er-Scoufle, de Prorozat ou de Saint-Armel, de Saint-Jacques, de Kercambre, du Boquédo, de Rohu entre le Net et Saint-Gildas; des dîmes de la chambrerie et du chapitre; du grand et du petit Malhouan, dans la mer, en face de Saint-Gildas; des îles de Houat et de Hœdic; de la métairie de la Feuillé, située sur les chemins de Kcoquen à Ksaux, de Kblaye à Couet-er-Scoufle et de Saint-Gildas à Sarzeau; des moulins de Lindin et de Pencastel; de l'île de Tascon; de l'île de Govihan (1) (maintenant Gouvian); des îles de Glénan (2); des deux métairies nobles de Loqueltas (3), dans la paroisse de Crach; de la tenue de Gornevec, dans la paroisse de Plumergat; du pont et du passage du Bono, sur la rivière de Sainte-Avoye (4), dans la paroisse

---

(1) Antérieurement à 1678, les religieux de Saint-Gildas avaient fait défricher cette île du Morbihan et y avaient fait bâtir un logement pour le fermier.

(2) Elles sont au nombre de sept et situées sur les côtes du Finistère, dans la baie de Concarneau. Dites de l'ancienne fondation de l'abbaye, elles étaient alors inhabitées, sans maison et ne servaient que de pâturages. Vers 1717, les religieux voulurent les faire défricher et peupler; mais le gouvernement leur imposa la condition d'y faire bâtir des tours de défense pour en préserver les habitants contre les pirates qui ravageaient ces îles et s'y retiraient en temps de guerre. Quelques-unes sont maintenant habitées.

(3) Sur ces métairies, il y avait une chapelle et une maison couverte en ardoises. Dans les baux, ces deux bâtiments sont toujours réservés pour les religieux et les fermiers qui sont chargés de les entretenir et de les réparer.

(4) C'est sans doute la rivière actuelle du Bono, nommée aussi *Deurbihan*.

de Plougoumelen ; du grand étang de Kpont ; des dîmes de la cellerie et de l'infirmerie ; enfin de plusieurs vignes, prés, marais et pièces de terres situés sur le territoire de la paroisse de Saint-Goustan.

A la même époque, l'abbé et les religieux adressèrent au parlement, qui se tenait à Vannes, une requête pour le prier de reconnaître à leur abbaye son droit de haute, moyenne et basse justice sur les sujets qui en dépendaient. Un arrêt du 14 mars 1653 fit droit à leur supplique.

Parce que les fidèles de Saint-Gildas et des environs avaient une grande dévotion pour la chapelle de Notre-Dame de Kusen, au bas du bourg, une des premières sollicitudes des nouveaux religieux fut de rebâtir ce sanctuaire, élevé en l'honneur de saint Yves, qui fut son premier patron. A cette époque, il y avait encore, dans les archives de l'abbaye, des titres anciens et remontant à plus de 120 ans, qui lui donnait le nom de chapelle de Saint-Yves, nom, paraît-il, auquel fait allusion le mot Kusen, *vérité*. Plus tard on l'appela chapelle de Notre-Dame de Saint-Yves et, enfin, comme aujourd'hui encore, de Notre-Dame de Kusen. Commencée en 1653, cette reconstruction ne fut achevée qu'en 1656. Les aumônes des fidèles y contribuèrent largement.

En retour et pour favoriser le pèlerinage établi dans cette chapelle, le 8 septembre, les religieux sollicitèrent et obtinrent du Souverain-Pontife une **indulgence plénière pour ce jour**. Par un bref du

17 juillet 1655 (1), le Pape Alexandre VII accorda une indulgence plénière à tous les fidèles qui, s'étant confessés et ayant communié, visiteraient la chapelle de la bienheureuse Marie de Ḱusen, depuis les premières vêpres de la Nativité de la sainte Vierge jusqu'au coucher du soleil le jour de la fête, et y prieraient pour l'union des princes chrétiens, l'extirpation des hérésies et l'exaltation de l'Eglise. Cette concession, qui n'était que pour dix ans, fut renouvelée à perpétuité par un autre bref du même Pape, le 17 août 1665. A cette même date, le Souverain-Pontife, accédant aux prières des religieux, accorde une autre indulgence plénière à ceux qui, dans les mêmes conditions, visiteraient l'église et le tombeau de Saint-Gildas au jour de sa fête, le 29 janvier. On verra plus bas que Grégoire XVI a, le 29 novembre 1833, accordé le même privilége à l'église de Saint-Gildas et avec plus d'étendue encore. Quant à la chapelle de Ḱusen, il y a, même de nos jours, assemblée le 8 septembre de chaque année. On y chante la messe et les vêpres, avec procession. Nous ne connaissons aucune concession moderne d'indulgences en sa faveur ; mais en remplissant les conditions imposées par les brefs du 17 juillet 1655 et du 17 août 1665, les fidèles pourraient gagner l'indulgence plénière accordée alors. Dans ces derniers temps, la Sacrée-Congrégation des Indulgences a maintes fois déclaré que les églises

---

(1) L'original de ce bref sur parchemin se trouve conservé aux archives de la préfecture.

rendues au culte après la tourmente révolutionnaire conservent les priviléges de ce genre qui leur avaient été antérieurement concédés.

Pour remplacer l'ancienne horloge de l'église, qui ne marchait plus depuis longtemps et demandait d'énormes réparations, les nouveaux religieux en achetèrent, à un horloger de Vannes, une autre à deux cadrans et sonnant les quarts. Le marché, fait pour 75 livres tournois, est de l'année 1657.

Nicolas Fouquet, surintendant des finances, gouverneur de Belle-Isle et qui avait amassé une fortune immense, convoita les îles de Houat, de Hœdic et de Glénan. Comme elles étaient souvent dévastées pendant les guerres, pillées par les pirates et presque sans revenus pour l'abbaye, l'abbé Michel Ferrand et les religieux les échangèrent avec lui, le 1er septembre 1660, contre sa seigneurie de Coëtcanton sur la paroisse de Malren, dans l'évêché de Cornouaille. Toutes ces îles ne rapportaient au monastère que 1,500 livres par an, tandis que les revenus annuels de la seigneurie précitée s'élevaient à 3,500 livres. Cette dernière se composait de la maison seigneuriale, de plusieurs bâtiments, de métairies, de bois, de moulins, etc. Elle avait sur son fief droit de justice haute, basse et moyenne, et jouissait de droits honorifiques aux églises de Meluin-Rosporden, Trégat, et aux chapelles de ces paroisses. L'échange était avantageux pour l'abbaye ; aussi fut-il approuvé par le supérieur général de la Congrégation. Mais le surintendant des finances ayant été accusé de dilapidation, arrêté en 1661 par ordre de Louis XIV, jugé, condamné et enfermé dans la citadelle de Pignerol, où il mourut en 1680, le contrat passé entre les religieux et lui fut annulé par un arrêt de février 1665.

En 1664, le présidial de Vannes condamne, par une sentence du 26 avril, les habitants de l'île de Tascon et des frairies de Couet-er-Scoufle et de Saint-Jacques à payer au curé de Sarzeau, des dîmes à la trentième gerbe sur les biens qu'y possède l'abbaye ; mais cette sentence fut réformée par un arrêt du 5 juin suivant, les religieux ayant exhibé leurs titres d'exemptions accordés par les ducs de Bretagne et confirmés par les rois de France, et surtout la sentence du duc Jean V contre le recteur de Crach, en 1438, avec la charte de la même date.

Le 31 octobre de la même année, une autre sentence donne droit aux religieux contre le vicaire perpétuel de Saint-Goustan, qui refuse de les laisser, malgré leur titre de curé-primitif, célébrer l'office solennel, dans l'église paroissiale, à Pâques, à la Pentecôte, à l'Assomption, à la Toussaint et à la fête de saint Goustan.

En 1665, Louis XIV ayant envoyé des commissaires pour la réformation des forêts de Bretagne, malgré leurs titres reconnus authentiques, les religieux de Saint-Gildas n'obtinrent par an que quinze charretées de bois de chauffage seulement. Ils réclamèrent inutilement pour le bois de construction et de réparation, et demandèrent la résiliation de l'échange avec Geoffroy Ier ou un fond propre dans la forêt ; tout fut inutile.

Les nouveaux religieux ne pensant point à revenir sur le projet qu'avaient eu les anciens de faire un hâvre à l'embouchure du grand étang de Kpont, le chapitre de l'abbaye résolut, en 1666, de faire dessécher cette étang pour le convertir en prés. Cette décision fut exécutée l'année suivante. C'est que, alors déjà, tout, moins la nef et la tour de l'église, avait changé de face à l'abbaye. De bons et solides bâtiments s'y étaient élevés à la place des ruines. Les nouveaux édifices n'étaient ni magnifiques ni haut ; parce que l'argent manquait, et que, sur ces côtes, les bâtiments trop élevés ont beaucoup à souffrir des vents ; mais ils étaient convenables et pouvaient loger une petite communauté d'une dizaine de religieux. Pour atteindre ces résultats, le monastère avait dû faire plusieurs emprunts. On en trouve un de 1,200 livres, fait en 1666, pour réparer la charpente et la couverture du chœur qui menaçaient de tomber et d'effondrer la voûte. La rente annuelle et perpétuelle de 60 livres, à laquelle on dut s'obliger à l'égard du créancier, fut amortie avant la fin du siècle.

Vers les onze heures de la nuit, le 10 décembre 1667, le tonnerre tomba sur l'église et y laissa de nombreuses traces de son passage dévastateur. Le 17 avril de l'année suivante (1), entre huit et

---

(1) C'est la date donnée par l'ancien cérémonial de l'abbaye ; suivant le manuscrit de la bibliothèque impériale, ce fut le 23 avril.

neuf heures du soir, il frappa de nouveau le monastère, descendit de la tour dans l'église et parcourut le dortoir et le cloître. Il enleva la toiture de la tour, mit le feu à la charpente, brisa l'horloge, endommagea très considérablement celui des quatre piliers qui renfermait l'escalier de la tour et fit plusieurs autres dégâts dans l'abbaye. On fut assez heureux encore pour éteindre le feu communiqué à la charpente de la tour (1). Dans la suite, nous verrons les mêmes malheurs atteindre plusieurs fois ce monastère. A la restauration de cette époque, on eut grandement raison de se contenter de bâtiments peu élevés.

En 1672, l'abbaye dut faire reconstruire le moulin de Lindin, qui lui coûta cher. A cette occasion, il lui fallut faire un emprunt de 5,000 livres. L'année suivante, elle fit rebâtir l'auditoire. On fut obligé de forcer les tenanciers de la paroisse de Saint-Goustan à faire leurs corvées pour le transport des matériaux nécessaires à cette reconstruction.

L'abbé Bertot ayant succédé à Michel Ferrand,

(1) Decima enim die decembris anni 1667, hora circiter undecima in nocte in Ecclesiam nostram corruens quasi majus excidium minitans multis in locis vestigia sui defixit. Postea vero die 17ª aprilis anni sequentis inter octavam et nonam horam serotinam in monasterium decidens et per turrim, ecclesiam, dormitorium et claustrum decurrens, extremam turris partem combussit, reliquam fere ejusdem turris massam discooperuit, horologium penitus confregit, gradus quibus turrim ascenditur et structilem columnam qua includuntur ita contrivit ut ex tanto lapidum acervo, vix unus aut alter in restaurationem potuerit asservari; et alibi passim activitatis suæ indicia dereliquit. (Cérémonial de l'abbaye.)

les conventions faites entre ce dernier et les religieux pour les revenus ne furent pas maintenues. Le 30 et le 31 août 1678, on fit, en conséquence, un nouveau partage des biens en trois lots. Dans l'acte, on spécifia, pour le tiers lot, les charges suivantes : 1° payer les dîmes annuelles, tant ordinaires qu'extraordinaires ; 2° payer la pension de l'oblat et celle du vicaire perpétuel de Saint-Goustan ainsi que son domicile ; 3° solder à l'évêque de Vannes son droit de visite ; 4° payer la pension du prêtre qui dessert les îles de Houat et de Hœdic ; 5° solder les gages des officiers de la juridiction, des prêtres, des marguilliers et des sergents qui portent les saintes reliques et assistent aux processions faites en dehors du monastère ; 6° fournir les aumônes ordinaires ; 7° entretenir l'église et la sacristie ; 8° réparer les bâtiments réguliers. Pour la reconstruction du monastère, les religieux avaient, avec le consentement du précédent abbé, démoli le logis abbatial. A l'occasion de ce partage, l'abbé Bertot demanda que les moines lui en fissent rebâtir un autre de mêmes dimensions et à la même place, et qu'on lui laissât la jouissance du jardin et des autres dépendances du susdit logis. Il paraît qu'il n'obtint pas ce qu'il exigeait, puisque, vers le milieu du siècle suivant, on construisit la maison abbatiale qui se voit encore dans la cour du monastère. Les religieux prirent à ferme les deux lots de l'abbé, qui sut percevoir les revenus, mais n'acquitta point les charges.

Malgré cette négligence de l'abbé, les ruines

disparaissaient cependant, grâce à l'ardeur avec laquelle les réparations et l'œuvre de la restauration étaient poussés par les religieux. Aussi, dès le 27 juin 1678, une sentence des requêtes du Palais, à Paris, constate-t-elle que, depuis leur arrivée, ils ont fait pour plus de 50,000 livres de réparations; tandis que, à 800 livres par an, ils n'étaient tenus qu'à 22,400 livres. Une visite faite à l'abbaye, dans le mois de novembre de cette même année, constate, à son tour, les grandes restaurations qu'on y a exécutées. Il restait cependant beaucoup à faire; on n'avait point encore touché à la nef de l'église (1). Mais si, de leur vivant, les abbés n'acquittaient point leurs charges, à leur mort, les religieux savaient revendiquer les droits de l'abbaye auprès de leurs héritiers. C'est ce qui arriva, à la mort de l'abbé Bertot, le 31 avril 1681. Sur tous ses biens, ils demandèrent une somme de 13,783 livres 12 sols et 6 deniers, et citèrent, à l'appui de leur demande, l'arrêt du parlement de Bretagne qui, le 13 janvier 1626, avait fixé à 800 livres par an les réparations aux frais de l'abbé. Il fallut plaider contre Madeleine Bertot, nièce et héritière de l'abbé. Le 6 décembre 1681, une sentence du bailli de la juridiction de Montmartre (2) ordonna, vu la jouissance des re-

(1) A cette époque, les cérémonies religieuses de l'abbaye devaient être majestueuses, à en juger par le bâton en argent que portait le grand chantre, et qui pesait 7 marcs.

(2) Ce procès dut se plaider devant cette juridiction, parce que l'abbé Bertot vivait et mourut à l'abbaye de Montmartre-lès-Paris.

venus de l'abbaye depuis le 1er janvier 1678 jusqu'au mois d'avril 1681, que, des 3,800 livres dues par les religieux, fermiers des revenus de la mense abbatiale en vertu du concordat de 1649, il serait déduit une somme de 834 livres, dont l'abbé lui-même les avait reconnus quittes. En outre, Madeleine Bertot était condamnée à leur payer : 1º 2,606 livres 12 sols et 8 deniers pour trois ans et quatre mois de réparations à raison de 800 livres par an ; 2º 56 perrées de seigle pour les aumônes en retard; 3º une somme à évaluer pour les quatre charretées de paille destinées à chauffer le four et pour les journées de l'ouvrier qui faisait le pain ; 4º 523 livres 12 sols pour les six pipes deux tiers de vin dues pour l'hospitalité à raison de deux pipes par an ; 5º 100 livres pour vingt charretées de foin à raison de six charretées par an ; 6º 500 livres dues encore pour l'hospitalité, etc. Cette sentence dut instruire Henri-Emmanuel de Roquette, successeur de l'abbé Bertot au siége abbatial de Rhuys. Mais si la prudence lui conseilla d'exécuter les réparations prescrites, sa cupidité sut, par une autre voie, trouver le moyen de se satisfaire. En 1682, les religieux ont à se plaindre de lui, parce qu'il a élevé à 4,000 livres annuelles la ferme de ses revenus.

Le 4 juin 1687, il se déchaîna, sur la mer et sur les côtes de la presqu'île, une tempête si violente que rarement on en avait vu de semblable, même au milieu de l'hiver. Elle fit périr grand nombre de navires, enleva aux arbres presque déracinés leurs fruits et leurs feuilles, ravagea les vignes, renversa des maisons, emporta les toits et ne se calma un peu qu'au bout de trois jours (1).

Pendant cette même année 1687, on fit du monastère une vue prise du côté de la mer et gravée plus tard pour servir au *Monasticon benedictinum*. D'après cette gravure, dont un exemplaire existe au département des Estampes à la bibliothèque impériale, l'abbaye se composait des parties suivantes. A l'extérieur, l'église avait la disposition actuelle. En face de son portail, on voyait l'ancienne entrée principale du couvent, monument grandiose nommé *propylœum* et alors tombant en ruine ; à sa place on a fait le grand portail actuel. Entre le propylœum et l'église se trouvait l'entrée ordinaire. Le cloître carré, avec un puits au centre était à la place encore maintenant occupée par ses restes. La maison abbatiale faisait suite, vers le couchant, au côté du cloître adossé à la nef de l'église. Derrière le cloître, du côté de la mer, se trouvait le jardin de l'infirmerie entouré de murs assez hauts. Au chevet de l'église, il y avait un autre jardin clos, avec un puits au milieu, et communiquant par une porte en grille

---

(1) Die item 4ª junii anni 1687 exorta est tempestas in mari adeo ingens et furibunda, ut media hyeme tale aliquid vix unquam visum fuerit. Multæ naves perierunt, arbores pene eradicatæ omnes fructus et folia amiserunt, et vineæ vastatæ sunt, domus lapsæ, tecta diruta, vix tandem finis tantarum procellarum die tertia advenit. *(Cérémonial de l'abbaye.)*

avec le grand jardin ; on le nommait jardin à fleurs, *hortus florum*. Le grand jardin, divisé en seize carrés, bien planté d'arbres à fruit et servant de potager, s'étendait depuis l'église jusqu'au petit bois du côté de la mer. A l'angle de ce bois, où les religieuses actuelles ont leur cimetière particulier, il y avait une tourelle jouissant d'une vue délicieuse sur la mer. Une grande vigne s'étendait depuis le jardin de l'infirmerie le long du grand jardin et du bois ; à sa place, il y a un champ. Tout ce qui précède était clos par de hautes murailles. Dans la grande cour, où est maintenant la maison abbatiale, il y avait, auprès du propylæum, l'écurie des chevaux et les pressoirs, auxquels faisait suite le grand grenier ; venaient ensuite l'aire à battre, qui était commune entre les religieux et l'abbé, le petit grenier et l'étable ordinaire. Le fameux colombier, dont il a été question plus haut, se trouvait aussi au fond de cette cour.

Par considération pour Mgr d'Argouges, évêque de Vannes, qui le demandait, le prieuré de Saint-Vincent du Hézo, dépendant de Saint-Gildas, fut uni au Grand-Séminaire diocésain, moyennant une redevance annuelle d'un tonneau de seigle pour l'abbaye et une pension viagère de 1,000 livres pour l'abbé Fortia, alors titulaire. L'acte fut signé à Vannes, le 6 août 1689, par Dom Nicolas Hougalt, prieur claustral de l'abbaye, et MM. Blanchet et Le Cam, directeurs du séminaire. Les religieux s'étaient réservé la juridiction dont jouissait ce prieuré, et ce fut là, quelques années plus tard, le sujet d'un long et regrettable procès. Cette union, qui éteignait le titre de ce prieuré et l'unissait à la mense du séminaire, fut confirmée par lettres-patentes du mois de janvier 1691 (1).

A cette époque, le prieuré de Saint-Cyr et Sainte-Julitte d'Ambon, dépendant de la même abbaye, fut uni aussi au collége tenu à Vannes par les Jésuites. Les religieux de Saint-Gildas

(1) Voici le texte de la convention qui fut signée par-devant notaire par les parties contractantes : « L'union avenante du prieuré ou chapelle de Saint-Vincent du Hézo dépendant de l'abbaye de Saint-Gildas de Rhuys et situé en la paroisse de Surzur, à la mense du séminaire, les religieux auront et jouiront toujours à l'avenir de tout et tel droit de juridiction sur les vassaux qui dépendent dudit prieuré, qu'ils ont et jouissent présentement ; et aussi pour dédommager lesdits religieux des droits et prétentions qu'ils pourraient avoir sur ledit prieuré à raison de l'acte d'échange du duc Geoffroy, de l'an 1001, apparu et retenu par le père prieur ; les supérieurs du séminaire ont promis et se sont obligés, tant pour eux que pour leurs successeurs à jamais à l'avenir, aussi longtemps que ledit prieuré demeurera uni audit séminaire, de payer auxdits religieux de l'abbaye de Saint-Gildas de Rhuys, par chacun an à perpétuité, un tonneau de seigle de rente, mesure de Vannes, parce que ladite rente ne commencera et ne sera due que du jour de l'extinction de la pension de 1000 livres réservée au sieur abbé de Forcia, dernier prieur du prieuré du Hézo, sur les gros fruits dudit prieuré, et que le premier paiement ne s'en fera que dans un an après l'extinction de la pension du sieur abbé de Forcia, et ainsi continuée d'année en année à l'avenir, à laquelle fin les supérieurs du séminaire ont affecté et obligé tous les biens temporels dudit séminaire présents et à venir, spécialement les gros fruits et revenus dudit prieuré. »

consentirent l'union par acte capitulaire du 29 octobre 1691. La transaction fut signée par-devant un notaire royal, à Vannes, le 16 janvier 1692, et ratifiée par le chapitre de l'abbaye, le 19 du même mois, et enfin confirmée par lettres-patentes du 15 mars 1695. En retour, les Jésuites s'engagèrent à fournir à perpétuité une rente annuelle de 100 livres au monastère de Saint-Gildas.

Pour accélérer les dernières restaurations de l'abbaye, un arrêt du parlement de Bretagne ordonne, le 14 juillet 1698, qu'on y consacre annuellement, non plus seulement 800 livres, mais le quart des revenus du monastère.

L'église paroissiale de Sarzeau venait d'être reconstruite. Sur la requête des paroissiens épuisés, le Parlement de Bretagne, qui se tenait à Rennes, condamne, le 18 juillet 1698, à contribuer à la reconstruction de la tour, l'abbé Luette, curé de cette paroisse, les Trinitaires de Sarzeau, les Bénédictins de Saint-Gildas et les Bernardins de Prières, tous gros décimateurs sur la paroisse (1), à proportion des revenus que chacun en retire (2).

---

(1) On nomme gros décimateurs ceux qui perçoivent les grosses dîmes, c'est-à-dire des dîmes sur les objets de grande culture, le blé, le vin, l'huile, etc.

(2) Il y avait 25 ans que l'église de Sarzeau était tombée en ruine. Pendant plusieurs années et jusqu'à la reconstruction du chœur et du chancel de la nouvelle église, on dut faire les offices dans une chapelle hors de la ville, sans doute dans la chapelle de Saint-Vincent, qui fut bâtie aux frais et par les ordres d'un vicaire perpétuel de Saint-

Par un bref du 18 novembre de cette année, le Souverain-Pontife Innocent XII accorde à l'église abbatiale un autel privilégié à perpétuité.

Dans le courant de cette même année, les religieux firent commencer la conversion des marais de la Villeneuve, dans la frairie de Saint-Armel, en nouvelles salines. Cette entreprise leur coûta plus de 20,000 livres. Pendant la dernière année des travaux (1714-1715), ils y employaient de sept à huit cents ouvriers par jour.

Par arrêt du Grand-Conseil, en date du 26 mai 1699, l'abbaye vit convertir son droit d'usage dans la forêt de Rhuys en une rente annuelle de 62 livres 10 sols sur les états des bois du Roi en Bretagne.

Le 17 septembre de la même année, les reli-

---

Goustan Le 21 septembre 1698, l'achèvement de la tour fut adjugée à un architecte d'Auray pour la somme de 2,600 livres. On l'autorisa à faire usage des matériaux et même des fondations de l'ancienne tour, ce qui prouve que la nouvelle n'était pas sur son emplacement. Il devait finir pour la Toussaint 1699. — Le même jour, deux menuisiers de Sarzeau se chargent de faire le lambris en bois de la nef, trois portes et quatre confessionnaux pour la somme de 1240 livres ; un serrurier de Vannes se charge des croisées de fer, des treillis et des vitres pour 68 livres par croisée. Le 9 novembre de la même année, deux menuisiers de Sarzeau font marché de paver la nouvelle église en pierres de taille moyennant la somme de 1050 livres. — Après avoir achevé la reconstruction de leur église, les paroissiens de Sarzeau voulaient obliger les mêmes gros décimateurs à contribuer aussi à son ornementation. Un arrêt du parlement leur défendit, le 9 août 1700, de lever aucun denier, à cet effet, sur les terres de l'abbaye de Saint-Gildas.

gieux firent marché, à Saint-Gildes, avec un entrepreneur de Vannes, pour la reconstruction de la nef de leur église, des collatéraux de la nef, de la tour, des croisées, et pour la restauration de la partie du cloître adossée à l'église, moyennant la somme de 20,089 livres 10 sols. Il fut convenu, en outre, qu'il paverait en briques cuites la nef, ses collatéraux et sous la tour pour 202 livres 10 sols, qu'il cintrerait les huit vitraux et les huit œils-de-bœuf de la nef et les trois de la tour pour 344 livres, et qu'il mettrait toutes les serrures nécessaires pour 100 livres. Les religieux se chargèrent des charrois, de donner la soupe aux ouvriers deux fois par jour, de nourrir, à la portion de leur table, l'entrepreneur et son appareilleur. Le cheval de l'entrepreneur devait lui-même être logé et nourri aux frais du couvent. Toutes ces sommes réunies étaient acquittées avant le 9 septembre 1727 ; ce qui permet de supposer que les travaux étaient achevés à cette époque.

# CHAPITRE XIX.

### Histoire de l'abbaye depuis 1700 jusqu'en 1789.

Aux premières années du xviiie siècle, le prieur claustral de Saint-Gildas fit plusieurs visites aux prieurés dépendants de l'abbaye. Quatorze actes de ces visites se conservent aux archives de la préfecture de Vannes et donnent une description sommaire des prieurés qu'ils concernent.

En faveur des sujets de leur juridiction dans la frairie de Prorozat, les religieux firent bâtir le moulin à vent de Saint-Armel entre 1713 et 1716. L'année suivante ils le louèrent à un meunier.

Il paraît qu'à cette époque le monastère avait plusieurs jeunes religieux non encore engagés dans les saints ordres, puisque le compte-rendu des recettes et des dépenses, fourni, en 1714, aux auditeurs des comptes de la province à l'abbaye de Saint-Vincent du Mans, porte une somme de 300 livres dépensée pour le voyage des jeunes récolligés envoyés à l'ordination de Quimper.

On a vu plus haut que les religieux de Saint-Gildas se réservèrent la juridiction sur Le Hézo, lorsque le prieuré de ce nom fut uni au Grand-Séminaire de Vannes. Or, en 1715, ils voulurent user de cette réserve par les deux actes suivants. Le 22 janvier, fête de saint Vincent, patron de la chapelle, Dom Georges Botherel, procureur de l'abbaye, assista aux offices célébrés par le curé de Surzur, sur la paroisse duquel était situé le prieuré. A l'issue de l'office, le susdit procureur, comme seigneur du lieu, reçut dans le cimetière et à la porte de la chapelle la soule qui, cette année, dut être fournie par Marin Le Breton, cultivateur et le dernier marié de l'endroit, puis il la jeta au peuple (1). Le 15 mars suivant, Dom Botherel s'y transporta de nouveau avec Dom Joly, prieur claustral de Saint-Gildas. En signe de seigneurie et de mouvance (2), ils firent planter, au son du tambour, entre le cimetière et la croix du village, sur le terrain appartenant à leur monastère, un pilier portant les armes de l'abbaye (3).

---

(1) La soule ou saoule était une boule de bois ou un ballon que le seigneur jetait aux jours de fêtes parmi la foule qui se la disputait. Selon l'usage, au Hézo, elle était fournie par le sujet du fief qui, dans l'année, s'était marié le dernier, et un des religieux de Saint-Gildas la jetait après les offices, le jour de la fête patronale. La soule a été un jeu usité en Bretagne jusqu'à ces derniers temps ; peut-être n'est-il même pas entièrement aboli partout. Il consistait à jeter un ballon que la foule poursuivait ensuite en s'en disputant la possession. On se servait ordinairement d'un ballon bien huilé en dehors pour le rendre plus glissant. Celui qui pouvait s'en emparer et le porter dans une autre paroisse, remportait le prix proposé. Ce jeu était souvent l'occasion de rixes regrettables.

(2) La mouvance, dite aussi *tenure*, était l'état de dépendance d'un fief par rapport à un autre fief dont il relevait. Un fief était *mouvant* d'un autre lorsqu'il lui devait foi et hommage et autres devoirs.

(3) Ces armoiries consistaient en six hermines, dont trois en haut en forme de triangle, deux au milieu et une en bas, surmontées d'une couronne de marquis ; et sur les côtés il y avait une crosse et une mitre.

Procès-verbal de cette plantation fut dressé en présence de Gabriel Guégan, chapelain et desservant de la frairie. Une copie en fut affichée à la porte de la chapelle et une autre adressée à l'abbé Pierre Rodes, supérieur du Grand-Séminaire, comme plus grand vassal de ce fief. Sur les plaintes de ce dernier, motivées on ignore sur quelles prétentions, le procureur général du Grand-Conseil intervint, le 30 août 1717, revendiquant le fief du Hézo pour la mouvance et la haute justice du roi et demandant la démolition du poteau. Cette intervention fut reçue par arrêt du parlement de Bretagne, le 2 septembre suivant. Les religieux défendirent vivement leur cause. De nombreux et volumineux mémoires furent écrits de part et d'autre par les moines et par les Lazaristes nouvellement appelés à la direction du Grand-Séminaire. Le Grand-Conseil, par deux arrêts du 30 décembre 1717 et du 13 janvier 1718, récusa les titres de 399 et de 1001, sur lesquels les religieux fondaient l'origine de leurs droits, jusqu'à exhibition des originaux. Les pièces avaient disparu depuis longtemps. Comme il ne les admettait point dans la charte confirmative de la duchesse Anne, le Grand-Conseil, par un autre arrêt du 31 mars 1718, condamna les religieux à démolir le poteau en question et aux frais de ce long et scandaleux procès. Il ajoutait que le fief du Hézo relevait prochainement du roi et était sous la juridiction du présidial de Vannes. Cette sentence n'ayant pas imposé silence aux partis, le Père de Sainte-

Marthe, supérieur général de la Congrégation de Saint-Maur, et le Père Bonnet, supérieur général des Lazaristes, firent des efforts pour pacifier leurs sujets, et enfin un accord, contraire aux prétentions de l'abbaye, fut signé par eux et par l'évêque, à Vannes même. En même temps que leur juridiction sur Le Hézo, les religieux de Saint-Gildas perdirent également la redevance annuelle du tonneau de seigle, stipulée par l'acte d'union de ce prieuré au séminaire. Mais le successeur de Pierre Rodes à la charge de supérieur fit payer cette redevance. L'abbaye la percevait encore en 1789 (1).

A peine sortis de cette affaire, les mêmes religieux en ont une autre moins édifiante encore, malgré leur bon droit. Conformément à une sentence du 31 octobre 1664 en leur faveur et leur reconnaissant, à titre de curé primitif, la faculté de célébrer l'office paroissial dans l'église de Saint-Goustan à certains jours déterminés, Dom Pierre Aubin, prieur claustral, se présente, à cet effet, le dimanche de Pâques, 13 avril 1727. Le vicaire perpétuel, qui, devançant l'heure ordinaire, a déjà commencé l'office et fait l'aspersion, lui nie son droit et refuse de le laisser célébrer. Une vive contestation s'élève à ce sujet dans la sacristie. Les moines y appellent un notaire de la juridiction de l'abbaye et lui font dresser procès-verbal du

---

(1) Le fonds de l'abbaye de Saint-Gildas, aux archives de Vannes, est encombré par les pièces écrites à l'occasion de ce procès; elles forment, à elles seules, plusieurs liasses.

refus opposé par le vicaire perpétuel. Lecture publique de cet acte est faite à l'église devant les paroissiens, pris comme témoins et scandalisés. Le prieur dut alors se retirer et dire sa messe au couvent. On ignore la suite donnée à cette affaire; mais justice fut faite, sans doute, aux religieux, puisque le cérémonial de l'abbaye, postérieur probablement à cette époque et suivi jusqu'en 1790, porte que, le dimanche de Pâques et les autres grandes fêtes de l'année, un des moines fait l'office dans l'église paroissiale de Saint-Goustan.

La maison abbatiale, que la vue de l'abbaye telle qu'elle était en 1687 nous a montrée comme faisant suite au côté du cloître adossé à la nef de l'église, fut détruite vers 1740. L'abbé Jean-Joseph de Villeneuve-Trans, qui voulait résider à Saint-Gildas, demandait qu'un nouveau logis abbatial lui fût construit. Au procès engagé, à ce sujet, entre lui et les religieux, ces derniers furent condamnés à faire bâtir le logement exigé. Capitulairement réunis, le 8 août 1744, ils en firent marché avec un entrepreneur de Saint-Malo, qui s'engagea à livrer la maison le dernier jour de septembre 1745, pour la somme de 12,600 livres. Les maçons commencèrent les travaux avant la fin de l'année 1744; l'ouvrage traîna en longueur par la faute de l'entrepreneur, qui se désista de son entreprise avant la fin, et coûta beaucoup plus que ne l'indiquait le marché du 8 août. Cette maison existe encore dans la cour d'entrée et sert maintenant à recevoir les étrangers pendant la saison des bains.

Un état de la mense conventuelle dressée et signée par le prieur claustral, le 25 juin 1756, nous apprend qu'alors ses revenus étaient de 3,338 livres 1 sol 8 deniers, ses charges de 560 livres, et qu'il n'y avait que huit religieux au monastère, ayant chacun un revenu annuel de 347 livres 10 sols 2 deniers. Les charges mentionnées dans cette pièce sont, dit l'auteur, les frais de l'hospitalité et de l'église que les abbés ne soutiennent qu'en faible partie.

Le 25 janvier 1762, Julien-Nicolas-Joseph Jamet, conseiller du roi et greffier en chef du siège présidial de Vannes, fut chargé, par ordre du sénéchal de cette ville, de l'inventaire des titres de l'abbaye. Pour cette opération, qui doit durer plusieurs jours, il s'installe dans la maison presbytérale et fait, par jour, deux séances au chartrier du monastère. Son inventaire, conservé aux archives de Vannes, ne révèle l'existence que d'une partie des titres contenus dans ce chartrier, à cause du mauvais vouloir de l'abbé qui refuse de laisser enregistrer toutes les pièces.

Le 15 juin de l'année suivante, un fragment de la partie supérieure du fémur de saint Gildas fut donné à la paroisse de Squiffiec, au diocèse de Tréguier, dont le recteur avait promis de célébrer solennellement la fête du Saint, le 29 janvier de chaque année. Ce fragment fut détaché au moyen d'une scie. L'opération fit des parcelles qui furent accordées au curé de Sarzeau et au ministre de la Trinité présents à la cérémonie.

A la mort de l'abbé de Villeneuve-Trans (1), Louis XV, roi de France, fit demander à Rome, le 23 août 1772, pour augmenter la mense épiscopale insuffisante de Monseigneur Charles-Jean de Bertin, évêque de Vannes, la suppression du titre d'abbaye au monastère de Saint-Gildas et l'union de sa mense abbatiale à celle de l'évêque actuel de Vannes et de ses successeurs. Par une bulle, datée de Sainte-Marie-Majeure, le 4 des ides de décembre de la même année, le Souverain-Pontife Clément XIV accorda cette suppression et cette union, avec les clauses suivantes : 1º le roi nommera aux bénéfices dépourvus de charge d'âmes et de conventualité des personnes agréables au Pape ; 2º aux autres bénéfices il sera nommé par les prélats sur les diocèses desquels ils se trouveront. Toutes ces nominations seront faites par le Saint-Père, lorsque les bénéfices vaqueront en cour de Rome (2). La bulle ajoute que la mense conventuelle devra toujours demeurer intacte.

A la suite de cette union, pour laquelle ils ne furent point consultés et qui se fit à leur insu, les

---

(1) Pour les réparations auxquelles il était tenu et qu'ils n'avait point faites, sn héritière dut, par suite d'une convention du 12 octobre 1773, verser une somme de 21,000 livres entre les mains des religieux, qui se chargèrent de réparer ses négligences.

(2) On dit qu'un bénéfice vaque en cour de Rome *apud Sedem Apostolicam* ou *in Romana Curia*, quand le bénéficier meurt au lieu où est le Pape ou sa chancellerie, ou seulement à une distance qui ne dépasse pas 40 milles d'Italie.

religieux présentèrent au roi un mémoire dont on trouve aux archives de Vannes, le projet ou une copie sans date ni signature. Voici l'analyse de cette pièce. Les moines se plaignent d'être ruinés par la suppression de l'abbaye et l'union de la mense abbatiale à l'évêché. Leur monastère, fondé par un comte de Vannes, au commencement du vɪe siècle, détruit par les Normands, rétabli au commencement du xɪe par des religieux de Fleury-sur-Loire qui y introduisent la règle de saint Benoît à la place de celle de saint Colomban suivie jusqu'alors (erreur, la règle de saint Benoît s'y introduisit plutôt, ainsi qu'on l'a vu), passé à la Congrégation de Saint-Maur, en 1650, et resté fervent depuis, servit pendant longtemps de demeure aux jeunes gens qu'on destinait aux ordres. Cette abbaye avait une dotation considérable; mais la division presque totale de ses biens en vingt prieurés simples et réguliers, ainsi que ses procès continuels contre les abbés, l'ont gênée dans ses finances. Elle ne possède plus que cinq prieurés en règle; mais elle les possède de temps immémorial. L'union de la mense abbatiale à l'évêché et la collation des prieurés par le roi en dédommagement de la nomination de l'abbé, vont les ruiner d'un tiers de leurs revenus, à mesure que mourront ceux d'entre eux qui sont titulaires des cinq prieurés qu'ils possèdent. S'ils avaient eu à temps le projet d'union de la mense abbatiale, ils auraient supplié Sa Majesté d'unir tous les prieurés à leur mense conventuelle, comme il l'a fait souvent en pareil cas. Ils se disent obligés à des dépenses assez considérables pour les naufragés sur la côte et pour les officiers généraux de la marine qui se réfugient chez eux en temps de guerre. Ils terminent en suppliant le roi de leur laisser les cinq prieurés dont ils jouissent, de les unir à leur mense conventuelle et de se contenter, pour se dédommager, de la collation des quinze autres. On ignore les résultats de cette supplique.

N'étant encore qu'évêque nommé de Vannes, Monseigneur Amelot, successeur de Monseigneur Bertin, donne, par une lettre datée de Rennes, le 1er février 1775, faculté aux religieux de régir pour lui les biens de l'abbaye dont les revenus sont unis à la mense épiscopale, en attendant qu'il puisse, après avoir pris possession du siége, faire avec eux des conventions à cet égard. Par acte capitulaire du 12 décembre de la même année, les religieux acceptent les propositions suivantes qui leur sont faites par ce prélat : 1º les religieux lui compteront la somme de 9,000 livres, dont 6,000 dans la huitaine et 3,000 sous trois ans ; 2º ils lui fourniront chaque année 56 tonneaux de froment ; 3º ils feront faire à leurs frais les réparations et acquitteront toutes les charges, moins les dîmes pour la mense abbatiale ; 4º de son côté, l'évêque promet de faire auprès de qui de droit tous ses efforts pour obtenir la réunion à la mense conventuelle des prieurés simples et réguliers de Saint-Guen et du Gavre, et la suppression du bâtiment abbatial de Saint-Gildas de

Rhuys. Il s'engage, de plus, à rendre à la communauté les 9,000 livres, si, avant huit ans, il est transféré à un autre siége. Trois quittances, signées par ce prélat, le 10 mars 1777, le 24 avril 1778 et le 5 avril 1779, montrent que les religieux lui avaient payé les 9,000 livres dans le terme stipulé ; mais il faut ajouter que, pour acquitter cette somme qu'ils ne possédaient pas, ils résolurent capitulairement, le 12 décembre 1775, de contracter un emprunt.

En 1776, un état du temporel de l'abbaye, dressé par le prieur claustral, fixe la valeur des biens à 293,900 livres et des revenus à 14,695 livres. Ces derniers ne s'élevaient qu'à 12,966 livres, avec des charges de 4,955 livres, selon un autre état du 3 juin 1774. (1).

Armand Le Gouvello de Kiaval ayant voulu, en 1785, bâtir un moulin à vent à Graléan ou *Graser-Houët*, auprès de la croix de Brillac, les religieux, qui prétendaient avoir seuls le droit de mouture pour leur moulin à eau de Lindin, lui intentèrent, l'année suivante, un procès qu'ils perdirent.

---

(1) D'après une quittance du 20 juin 1778, les religieux contribuèrent, à cette époque, pour 150 livres, à la réparation du chancel de Sarzeau, à raison de leurs dîmes sur la frairie de Saint-Armel. En 1780, pour les dîmes de la mense conventuelle, de l'aumônerie, de la chambrerie, de l'infirmerie, de l'ouvrerie, des prieurés du Garre et de Saint-Gildas-sur-Blavet, ils ne payaient que 735 livres 3 sols 6 deniers.

## CHAPITRE XX.

**Histoire de l'abbaye depuis 1789 jusqu'à nos jours.**

A peine vient-on de voir cette abbaye pour une seconde fois sortie de ses ruines, qu'il faut la montrer tombant de nouveau et probablement pour ne se plus relever. Comme tous les autres biens ecclésiastiques de France (1), elle fut, le 2 novembre 1789, mise à la disposition de la nation par un décret de l'Assemblée nationale, rendu sur la proposition de Talleyrand-Périgord, évêque d'Autun (2). L'État qui, en vertu de ce décret, devait pourvoir aux frais du culte et à l'entretien

---

(1) La valeur de ces biens, non compris les maisons et les enclos qui étaient considérables, fut évaluée à la somme de quatre milliards, et les revenus furent supposés être de 150 millions, dont 80 en dîmes.

(2) Il embrassa avec ardeur la cause de la Révolution et prêta, le 4 janvier 1791, serment à la constitution civile du clergé, avec Loménie de Brienne, archevêque de Sens ; Jarente, évêque d'Orléans ; Savines, évêque de Viviers, et Gobel, évêque *in partibus* de Lyda. Ces cinq prélats furent les seuls à prévariquer, dans cette circonstance, sur 136 évêques que comptait alors la France ; sur 60,000 prêtres séculiers, 50,000 au moins restèrent fidèles. Plus tard, Talleyrand rompit publiquement avec les fonctions sacerdotales et le célibat ecclésiastique, fut ministre sous le Directoire, fut nommé prince de Bénévent par Napoléon Ier et redevint ministre sous la Restauration. Il mourut en 1838, à l'âge de 84 ans.

de ses ministres, pensionna les religieux et leur permit de continuer à administrer les revenus de la mense conventuelle à la condition odieuse de lui en rendre compte. Par un autre décret du 13 février, la même Assemblée, sur le projet proposé par l'abbé de Montesquiou et la demande de l'évêque d'Autun, abolit, dans toute l'étendue du royaume, les vœux monastiques et les ordres religieux. Les Bénédictins de Saint-Gildas n'en continuèrent pas moins à vivre ensemble. La communauté ne se composait plus que de quatre religieux. Leurs noms se trouvent dans l'inventaire fait à l'abbaye, le 25 mai 1789, par les commissaires de la municipalité de Saint-Gildas. Il y avait Yves-René Gannat, de Guérande, profès de 1759, âgé de 50 ans et prieur claustral; Charles Broust, de Danjeau au diocèse de Chartres, profès de 1775, âgé de 37 ans et sous-prieur; René-Bonaventure Lorho, d'Auray, profès de 1771, âgé de 40 ans et procureur; Théophile-Louis Quénerdu, de Douarnenez au diocèse de Quimper, profès de 1777, âgé de 38 ans et cellerier. Tous étaient prêtres, et, malgré leur petit nombre, ils disaient deux messes par jour à l'intention des fondateurs et des bienfaiteurs de l'abbaye, et célébraient pour eux un obit chaque année. Il y avait, en outre, avec le titre de commis donné, Laurent Toufaire, du Mans, âgé de 60 ans et habitant le monastère depuis l'année 1766. Le 4 avril 1791, on trouve, de plus, un bénédictin du nom de dom Saunal et dit de Saint-Gildas, qui percevait 225 livres pour le premier quartier de sa pension.

Parmi les objets consignés dans cet inventaire, on peut remarquer les suivants : à la sacristie, les vases sacrés et l'argenterie du poids de 100 marcs (1), 12 chapes, 17 chasubles, 6 dalmatiques, 2 écharpes, un dais et le linge nécessaire; au réfectoire, l'argenterie de table du poids de 60 marcs; à la bibliothèque, 206 volumes in-folio, 211 in-quarto, 107 in-octavo, 673 in-douze, et, de plus, environ 200 autres volumes de différents formats et non reliés, les uns couverts en parchemin et le reste sans couverture (2). L'usage de tout le mobilier inventorié fut momentanément laissé aux religieux; mais des immeubles, il ne leur resta bientôt plus que les bâtiments réguliers et le jardin, car, après la récolte de 1790, tous les biens de l'abbaye furent, par ordre de la nation, loués aux plus offrants. Le 13 novembre, dom Lorho, ancien procureur du monastère, prit à ferme, pour 1110 livres par an, la métairie dite le pourpris de l'abbaye, et dont faisait partie la maison abbatiale. Le 16 du même mois, la veuve Lorho, d'Auray, dut, à l'occasion de ce bail, cautionner pour son fils.

Pendant l'année 1790, les religieux perçurent

---

(1) Le marc, ancienne mesure de poids, valait 250 gr. ou une demi-livre.

(2) Cette bibliothèque fut portée à Vannes. Les volumes qui la composaient se trouvent encore en grande partie dans la bibliothèque publique de cette ville.

encore des revenus sur les prieurés suivants : 100 livres sur celui d'Ambon, un tonneau de seigle sur celui du Hézo, 1900 livres sur celui de Gavre et on ne sait combien sur celui de Bieuzy. Ils payèrent aussi, au mois de décembre et pour la récolte de cette année, cinquante-six tonneaux de froment à la mense épiscopale de Vannes, et leurs pensions à l'abbé Jean Marion qui desservait Hœdic, à l'abbé de Lorcy qui desservait Houat, et au vicaire perpétuel de Saint-Goustan.

Les religieux de Saint-Gildas durent se disperser au commencement de l'année 1791. Comme les autres ecclésiastiques de la presqu'île de Rhuys, ils furent inquiétés pour le serment à la constitution civile du clergé, qui ne les concernait cependant pas directement. Ce fut alors que les Rhuysiens, indignés de voir chasser leurs prêtres, prirent les armes. Le 13 février, le drapeau blanc flotte sur tous les clochers de la presqu'île. Les marins et les cultivateurs, commandés par le comte de Francheville du Pélinec, se rendent à Vannes pour attaquer les patriotes, et ils en auraient eu raison sans la résistance de quelques compagnies du régiment de Walsh. Ce fut le premier mouvement insurrectionnel du Morbihan. Une cinquantaine de ces braves resta sur le champ de bataille.

Le 1er avril suivant, les commissaires de la municipalité de Saint-Gildas mirent les scellés sur les meubles de l'abbaye. A cette date, il ne restait plus aucun religieux dans les bâtiments conventels. Dom Lorho et Toufaire habitaient l'abbatiale à titre de fermiers. Le 8 du même mois, Quénerdu était à Vannes et déclarait qu'il ne se rendrait pas à la maison de réunion fixée à Prières, mais qu'il vivrait en son particulier dans cette ville ou dans les environs. On le trouve, en effet, à Séné, le 7 février 1793, protestant contre la municipalité qui lui refuse un certificat de résidence pour la perception de son traitement. Dom Broust se retira à Lorient, où il mena, jusqu'à sa mort, une vie loin d'être édifiante. On ignore ce que devint dom Gannat. Quant à dom Lorho, rejoint dans sa ferme par deux de ses sœurs, après s'être caché quelque temps dans la maison abbatiale et avoir passé pour émigré, ce qui fit autoriser, le 28 novembre 1792, Toufaire à tenir seul la ferme, il dut quitter Saint-Gildas et se cacher ailleurs au moins en juillet 1796, époque à laquelle fut vendue l'abbaye. Lorsque la tourmente révolutionnaire fut un peu apaisée, il reparut à Auray avec ses deux sœurs et y vécut pendant quelques années, tranquille et ignoré. Une de ses nièces, qui vit encore et l'a connu, atteste qu'il était d'un caractère exceptionnellement aimable et gai. Mais les chagrins, les soucis, les privations de toute nature qu'il dut endurer pendant qu'il se cachait, avaient singulièrement ébranlé sa santé. Il mourut à Hennebont aux premières années de ce siècle.

Le 2 mai 1791, A. Ribot, premier huissier du ci-devant siége royal de Rhuys, commence la vente publique des meubles de l'abbaye. Le premier article mis en vente fut un fournebroche et deux broches; le 331e et dernier consistait en un restant de fourrage qui se vendit 2 livres et 10 sols. Pendant la vente, qui dura huit jours, les officiers municipaux de Saint-Gildas demandèrent et obtinrent, pour leur église paroissiale de Saint-Goustan, plusieurs reliques qui étaient en vénération dans le pays : une croix en argent renfermant une parcelle de la vraie croix, le chef en argent de saint Gildas, les reliquaires en bois et en forme de cuisse recouverts de lames d'argent, le bras droit du saint et la châsse en forme de chapelle, dont il a déjà été question et que possède encore le trésor de l'église paroissiale. Le procès-verbal de cette concession et de la translation des reliques à l'église de Saint-Goustan fut signé par Le Hécho, maire de Saint-Gildas, et J. Le Duin, prêtre. Dom Lorho demanda aussi qu'on lui laissât les objets nécessaires pour célébrer le saint sacrifice dans l'église de l'abbaye, et il obtint l'usage d'un calice en argent, d'une aube, d'un amict, d'un cordon et de trois ornements, vert, blanc et noir. L'argenterie, la bibliothèque et les archives devaient être envoyées à Vannes et remises au directoire du district. Comme on ne trouvait pas d'acheteurs pour la voiture et les deux chevaux de l'abbaye, les commissaires surent en tirer parti pour retourner à Vannes et y transporter l'argenterie renfermée dans une caisse. Satisfaits de leur génie, nos hommes arrivent à Sarzeau dans la irée du 11. A l'argenterie de Saint-Gildas ils outent celles des Récollets de Bernon et des rinitaires de Sarzeau (1). Partis de cette localité ins la matinée du 12, ils arrivent à Vannes vers s deux heures du soir, s'arrêtent devant l'hôtel e la Croix-Verte et font publier que, vers quatre eures, il sera procédé à la vente de la voiture des chevaux, dont l'un était rouge et l'autre oir. La voiture se vendit 180 livres et chacun es chevaux 111. Le produit total de cette vente éleva à 2,943 livres et 18 sols. Pour son minis- re, A. Ribot, qui portait les fonds, préleva la mme de 249 livres et 6 sols. On dut salarier usieurs autres, et il est à croire que la nation e retira presque rien de cette vente. Le 18 illet, le Directoire autorisa Serres fils, de annes, à se faire payer par Ribot, qui n'avait as encore rendu ses comptes, ce qui lui était û pour avoir contribué à la vente et fait plusieurs

---

(1) Voir à la fin du volume une notice sur chacun de s couvents.

Pour toute argenterie, le couvent de Bernon n'avait, après la déclaration faite par le Père Gardien à la muni- palité de Sarzeau, le 1er mars 1790, que trois calices, un boire, un ostensoir, une petite croix renfermant une par- lle de la vraie croix, et la boîte des saintes huiles.

Les Trinitaires de Sarzeau avaient deux calices, un ci- oire, un ostensoir, deux reliquaires, une croix de proces- on, une lampe, un encensoir, une navette, un plateau et eux burettes, quinze couverts, quatre grandes cuillères, uit cuillères à café et une écuelle. (*Déclaration des biens e son monastère, lue, le 22 février 1790, par le Père .-M. de La Houssaye, ministre, à l'audience du siége oyal de Rhuys.*)

charrois à l'effet de transporter à Vannes certains effets des trois couvents supprimés sur le canton de Sarzeau. Son mémoire porte les articles suivants : pour façon de 50 ballots, 10 livres; pour draps et poches qui ont servi à faire ces ballots, 25 livres; pour ficelle, 2 livres; pour charrois de Bernon à Sarzeau, 8 livres; pour charrois de Saint-Gildas à Sarzeau, 12 livres; pour charrois de Sarzeau au bateau, 9 livres; pour le bateau jusqu'à Vannes, 9 livres; pour charrois du bateau à l'hôtel du district, 6 livres et 12 sols; pour différents voyages à Sarzeau, Bernon et Saint-Gildas, 12 livres et 16 sols; total 94 livres et 8 sols. Les objets transportés par lui n'étaient autres que les archives, les bibliothèques, les ornements et les linges d'église des trois monastères susdits (1).

---

(1) Du couvent de Bernon, il y avait la bibliothèque composée de 1,016 volumes, 3 ornements blancs complets, 2 ornements rouges complets, un ornement noir complet, une chape violette, 11 chasubles blanches, 5 rouges, 2 violettes, 2 vertes, 2 noires, une écharpe, 28 aubes, 22 amicts, 20 cordons, 35 nappes d'autel et 4 de communion, 42 manuterges, 57 purificatoires, 23 corporaux, 10 surplis et les archives qui devaient être très peu considérables, puisque à la préfecture de Vannes, on n'en trouve qu'une bien faible liasse.

Le couvent de Sarzeau fournissait à ces charrois une bibliothèque composée d'environ 7 ou 800 volumes, dont 100 et quelques in-folio, 150 in-quarto, 40 in-octavo et 450 in-douze; 6 ornements blancs, 5 rouges 4 violets 3 verts, 5 noirs, 10 aubes, 22 nappes, 12 parements pour les différents autels et des archives assez considérables,

Comme, après l'expulsion des moines et la vente du mobilier, les maisons conventuelles étaient vides, elles furent, avec les jardins, les autres dépendances et les droits de champart sur Houat et Hœdic, louées, le 20 mai de cette année, pour 9 ans, à Jollivet, fils cadet, de Vannes, moyennant la somme annuelle de 10, 500 livres. En y entrant, vers la fin de juin, le locataire demanda des réparations pour les granges, les greniers, les bâtiments, les magasins, la maison des hôtes, etc., parce que tout était dans un déplorable état de délabrement et parce qu'il pleuvait presque partout. On avait déjà fait la même demande pour l'église et pour l'abbatiale, mais le directoire ne se pressait pas d'en donner l'autorisation. La nation avait plutôt envie de vendre à la première occasion ces immeubles que de les faire restaurer. Cependant, il fut permis, le 14 mai 1791, à Dom Lorho de faire à l'abbatiale des réparations dont les frais devaient se déduire de sa location; le 4 février 1792, de faire reconstruire le portail d'entrée pour 147 livres et de faire de nouvelles réparations à l'abbatiale, et le 16 mai 1793, à Toufaire, resté

---

en juger par les huit liasses conservées à la préfecture de Vannes.

Que devinrent ces objets du culte et ceux dont il a été parlé précédemment au sujet de l'argenterie? Les plus précieux furent échangés contre des objets analogues de la cathédrale, le 2 octobre 1792, sur la demande de M. Le Masle, évêque constitutionnel du Morbihan. On ignore ce que devinrent les autres.

seul fermier, de consacrer 50 livres à la charpente et à la couverture du même bâtiment.

Le 7 septembre 1791, Chatel, fondeur à Vannes, partit de cette ville pour faire, par ordre du directoire du district, l'inventaire des matières métalliques qu'on pourrait retirer des communautés supprimées dans la presqu'île de Rhuys. Arrivé à Sarzeau le même jour, il trouva au monastère de la Trinité 1° trois cloches, dont deux du poids de 250 livres et l'autre de 130 livres; 2° trois timbres d'horloge de 35, 25 et 15 livres; 3° deux sonnettes de porte de 6 et de 2 livres. Le lendemain, il passa par Bernon, où il inventoria deux cloches de 450 et de 120 livres, un timbre d'horloge de 30 livres et la sonnette de la porte d'entrée pesant 8 livres. A l'abbaye de Saint-Gildas, il rencontra, dans la tour, trois grandes cloches de 1900, 1300 et 900 livres et deux timbres d'horloge de 24 et de 16 livres; dans le clocher, trois petites cloches de 200, 120 et 25 livres; dans l'église, un pupitre de cuivre de 250 livres, six chandeliers de cuivre et une croix de 150 livres, dix petits chandeliers, une lampe et deux consoles de cuivre de 60 livres; dans le couvent, deux sonnettes de porte de 8 et de 2 livres. De retour à Vannes, il fit son rapport, et immédiatement ordre fut donné d'expédier tous ces objets au directoire du district. Le 11 du même mois, Le Hécho, maire de Saint-Gildas, fit charger sur deux charrettes et transporter à Bernon, pour y être embarqués avec ceux de La Trinité et de ce monastère, les objets suivants : le pupitre en cuivre du chœur, les six grands chandeliers, huit des petits (1), les deux consoles, la lampe, la cloche de 120 livres, les deux sonnettes de porte, et, en outre, une cloche de Saint-Goustan échangée contre une autre. La municipalité de Saint-Gildas avait demandé pour la paroisse les chandeliers et l'aigle du chœur, l'horloge avec les deux petits timbres, la grosse cloche de la tour, deux petites cloches du clocher, la chapelle de l'abbaye en échange de son église paroissiale de Saint-Goustan. Le Directoire ne lui accorda, le 8 novembre, que les deux petites cloches du clocher pour les deux cloches de Saint-Goustan, avec charge à cette municipalité de parfaire ou de payer l'excédant du poids à elle donné. Il faut supposer que la nation ne laissa réellement à l'abbaye que ses bâtiments, puisque, le 17 frimaire an III (déc. 1794), elle fit transporter à Vannes jusqu'aux rateliers de ce couvent. Ils furent embarqués, ce jour-là à Kbouédec, avec ceux de la Trinité et du château de Klevenant, et déposés dans le monastère supprimé des Ursulines. Le soir, l'administrateur du district fit payer 22 livres à Julien Dréano qui avait fait ce transport.

Comme la nation voulait vendre à leur tour les

---

(1) Les deux autres petits chandeliers furent laissés à Dom Loiho pour l'autel auquel il célébrerait dans l'église de l'abbaye.

immeubles de l'abbaye, les réparations nécessaires ne se faisaient point aux bâtiments, malgré les instances des fermiers. Il est très probable que les maisons n'étaient plus habitées en 1796, car elles n'étaient point habitables. Presque toutes les chambres n'avaient ni volets, ni fenêtres, ni portes; les maisons et l'église étaient dans un délabrement total. Le monastère se trouvait dans ces conditions, lorsque, le 1er thermidor an IV (juillet 1796), il fut vendu nationalement la somme de 55,479 francs au citoyen Jacques-Jean-Baptiste Casset-Verville, négociant à Vannes, et agissant pour le citoyen François-Jean-Baptiste Dessaulx, négociant à Nantes. Outre les bâtiments, toutes les dépendances de l'abbaye étaient comprises dans l'acte de vente, moins les marais salants et les terres situées en dehors de la commune de saint-Gildas. Verville, qui avait gardé cette acquisition sous son nom, céda le tout, le 9 vendémiaire an V (octobre 1796), pour le même prix, au citoyen Magloire-Laurent Bisson, négociant à Lorient. La métairie de la Feuillée, près de Kcoquen, avait déjà été vendue, le 14 mars 1791, à Jean-Marie Layec et associés, pour la somme de 6,580 livres; l'île de Govihan, avec ses maisons, ses jardins, ses terres cultivées, ses landes, fut achetée, le 4 mai suivant, 3,000 livres par Louis-Charles Poussin, juge au tribunal du district de Vannes; la métairie noble de Locquéltas, en Crach, le 22 août 1791, 15,000 livres par Le Conte, de Lorient; 250 œillets de marais salants au Pusemain, le 14 août 1793, 63,800 livres, par Jean-Vincent Dubodan, père, négociant à Vannes; l'île de Tascon, avec ses maisons, ses hangards, ses cours, ses jardins, ses terres, ses vignes, etc., en août 1794, (le 7 thermidor an II), 9,175 livres, par Julien-Michel Huchet, de Vannes; le moulin de saint-Armel, le même jour, 4,100 livres par François-Augustin Mahé de Vannes; celui de Pencastel, le 2 thermidor an IV (juillet 1796), 37,440 francs par Verville, pour Dessaulx, négociant à Nantes; celui de Linden, le 15 du même mois de thermidor (août), 36,000 francs par Jean le Floch, de Brech, et revendu, le 28 messidor an VIII (juillet 1800), 170,000 francs à Kerviche, négociant à Paris. Comme il sera dit plus tard, les prieurés et leurs dépendances furent également aliénés à cette époque.

Le citoyen Bisson trouva beaucoup de ruines à l'abbaye. Loin d'y faire des réparations, il se mit à vendre les matériaux à vil prix. Plusieurs bâtiments disparurent ainsi. Il paraît qu'un égal sort était réservée à l'église elle-même, lorsque la commune en devint propriétaire, celle de Saint-Goustan, qu'on avait tenté de réparer en 1801, ne pouvant plus servir convenablement au culte.

Avant et après la vente de l'abbaye, il y eut souvent des soldats en garnison et des garde-côtes. Pour se chauffer, pendant l'hiver, ils brûlèrent presque toutes les boiseries qu'ils purent atteindre, sans épargner ni les charpentes, ni la chaire d'Abélard, qui se conservait encore dans l'appartement où cet abbé tenait ses conférences. Ces garnisons et les révolutionnaires détruisirent les tableaux, les vases et les bronzes qui ornaient le monastère. Les statues de l'église eurent le même sort. A ce sujet la tradition raconte que, arrivés à la statue de la sainte Vierge, appelée Notre-Dame-de-Bon-Secours, ils voulurent aussi la frapper, mais que le bras du sacrilége qui allait porter le coup, resta raide et glacé. Après d'autres tentatives inutiles sur la même statue, le maire un peu effrayé, proposa de la conserver et d'en faire une *déesse de la Raison* (1).

En 1825, l'abbaye, avec quelques-unes de ses terres, fut achetée environ 55,000 francs, tous frais compris, par Madame Molé de Champlatreux, née de La Moignon, pour les religieuses de la Charité de Saint-Louis, qui en prirent possession l'année suivante. Elles y ont fait de nombreuses réparations et ont acquis certaines autres propriétés

---

(1) Le 28 juin 1793, on enregistra, à Vannes, la loi du 26 juin 1792, qui prescrivait d'ériger dans chaque commune un autel à la Patrie; le 24 germinal an II, le représentant de la Convention nationale pour la Manche et les départements voisins exige la célébration de la décade et prend des précautions en faveur du culte de la déesse Raison. Le 9 prairial suivant, sur la requête des autorités constituées de Sarzeau, le directoire de Vannes, en séance publique, accorde aux officiers municipaux de cette ville deux barriques de vin pour la célébration de la fête de l'*Etre-Suprême*. Ces deux barriques furent fournies par Guillemet, fils, marchand de vins à Vannes. La municipalité d'Abélard voulait aussi, sans doute, avoir ses fêtes et peut-être même du vin.

qui avaient autrefois dépendu du monastère : par exemple, le grand pré de Kpont, qui leur a coûté 9000 francs. Elles ont aussi fait récemment bâtir, dans l'intérieur de la communauté, une assez gracieuse petite chapelle. Ces religieuses y élèvent et instruisent de pauvres jeunes filles.

Quant à l'église de l'abbaye devenue paroissiale, si elle a été sauvée d'une ruine certaine, elle aurait besoin de réparations considérables auxquelles ne pourraient suffire les seules ressources de la fabrique et de la commune. Un chapitre spécial décrira plus bas son état actuel. Le 22 novembre 1833, le souverain Pontife Grégoire XVI lui accorda à perpétuité les priviléges suivants : 1º une indulgence plénière, que l'on peut gagner, le 29 janvier, à partir des premières vêpres de la fête de saint Gildas jusqu'au coucher du soleil le dernier jour de l'octave, à la condition de faire, s'étant préalablement confessé, la sainte communion dans cette église, un des jours ci-dessus, et d'y prier quelque temps à l'intention de Notre Très Saint Père le Pape. 2º une indulgence de 200 jours, que peuvent gagner, une fois par jour, ceux qui, véritablement contrits et repentants, sans obligation de se confesser ni de communier, récitent au tombeau de saint Gildas trois *Pater*, trois *Ave* et trois *Gloria Patri*. Ces indulgences sont applicables aux âmes du purgatoire et ont été approuvées, le 16 décembre 1833, par Monseigneur de La Motte, alors évêque de Vannes. En outre, le maître-autel est privilégié à perpétuité.

# CHAPITRE XXI.

**Bénéfices dépendants de l'abbaye de Saint-Gildas de Rhuys.**

Comme l'abbaye de Saint-Gildas-des-Bois, celle de Rhuys avait aussi, outre les offices claustraux, des prieurés réguliers et des cures. Sans remonter à leur origine, les titres de fondations ayant été perdus au moyen-âge déjà, on trouve ci-après sur chacun des prieurés une petite notice historique. Mais il est bon aussi de dire un mot des offices claustraux.

### § 1er. — OFFICES CLAUSTRAUX.

Les offices claustraux sont des bénéfices dont jouissent les religieux qui vivent dans le monastère en vertu des charges qu'ils y exercent et des titres qui leur sont conférés. Leur origine remonte aux relâchements du XIIIe siècle. Amovibles d'abord, il devinrent perpétuels plus tard. Ils étaient à la nomination des abbés (1). D'après un vieux martyrologe de l'abbaye, il y en avait six à Saint-Gildas : Le prieuré, la chambrerie, la cellerie ou le celleriage, l'ouvrerie, l'aumônerie et l'infirmerie (2).

---

(1) Thomassin, *Ancienne et nouvelle discipline de l'Église*, liv. II. chap. 27.

(2) Les titulaires portaient les noms latins suivants : *prior claustralis*, *Camerarius*, *Cellerarius*, *Operarius*, *Eleemosynarius*, *Infirmarius*.

Le *prieur claustral* était chargé de la direction spirituelle de la communauté; il en était le supérieur régulier et immédiat, surtout depuis que les abbayes étaient tombées en commende. Le *chambrier* était, à cause de son office, recteur ou curé-primitif de saint-Goustan, dîmait sur tout le lin qui se récoltait et sur toutes les terres novales dans cette paroisse. Il était, en même temps, sacriste de l'abbaye et, comme tel, jouissait des offrandes faites à l'église du monastère et à la chapelle de Notre-Dame de Kusen. En outre, il percevait des revenus affectés au luminaire de l'église pour l'huile, la lampe et la cire des bougies. Le *cellerier* était le procureur du couvent et chargé surtout de faire les provisions de bouche. L'*ouvrier* avait pour fonction de surveiller les ouvriers employés par le monastère et de fournir les vases nécessaires pour recueillir l'eau de pluie aux endroits découverts par les tempêtes et les ouragans, qui étaient fréquents sur ces côtes. L'*aumônier* était chargé des aumônes qui se distribuaient à la porte du couvent. Régulièrement un des moines distribuait, de la Toussaint à la Saint-Jean, ces aumônes dites de fondation. Pour ces aumônes, qui consistaient surtout en pain, l'abbé devait annuellement à l'aumônier 26 perrées de seigle, les journées de l'ouvrier qui faisait le pain et la paille nécessaire au chauffage du four. L'*infirmier* devait visiter les malades, leur porter ce qu'on lui donnait pour eux, avoir soin des infirmeries et bénir l'eau pour les bains que venaient prendre à l'abbaye les malades atteints *du mal de Saint-Gildas*. Les revenus fixes de ces offices avaient varié avec le temps.

Avant l'introduction de la Congrégation de Saint-Maur, la chambrerie avait 240 livres; l'ouvrerie, 240; l'aumônerie, 240; la cellerie, 50; l'infirmerie 50. Un état des bénéfices de l'abbaye, fourni par le prieur claustral Heully, le 3 juin 1774, donne les chiffres suivants : pour la chambrerie, 230 livres; pour l'ouvrerie, dont le siége était à Kaudren (1), 147 livres et 16 sols; pour l'aumônerie, outre le seigle fourni par l'abbé, 31 livres et 5 sols; pour l'infirmerie, 36 livres, 9 sols et 11 deniers. Tous ces revenus des offices claustraux furent réunis à la mense conventuelle, en 1650, lors de l'introduction de la réforme de Saint-Maur, excepté ceux de l'ouvrerie qui ne le furent que le 14 février 1679, à la mort de Guillaume du Bois-de-la-Salle, ancien religieux et dernier ouvrier.

## § II. — PRIEURÉS.

Un ancien martyrologe de l'abbaye et plusieurs listes officielles fournies, à différentes époques, par les prieurs claustraux et les religieux de Saint-Gildas portent à vingt le nombre des prieurés dépendants de cette abbaye. Aujourd'hui, il est très difficile, pour ne pas dire impossible, de vérifier ce nombre sur d'autres documents certains.

---

(1) C'est pourquoi l'ouvrier porte parfois dans les actes le nom de *prieur de Keraudren*.

A l'inventaire qui se fit des titres de l'abbaye, en 1762, Dom Pierre Dusers, procureur du monastère, dit que, depuis longtemps, presque tous ces prieurés étaient en commende. Dix ans plus tard, lorsque la mense abbatiale eut été, à la mort de Jean-Joseph de Villeneuve-Trans, dernier abbé, réunie à la mense épiscopale de Vannes, les religieux se plaignent, dans leur mémoire au roi, de ne percevoir quelques revenus que de cinq prieurés seulement : de ceux d'Ambon, du Hézo, de Gavre, de Quibéron et de Bieuzy. C'était l'abbé qui nommait à ces bénéfices, et il trouvait, sans doute, des avantages matériels à les conférer à des séculiers au détriment des religieux de l'abbaye. Dans tous ces prieurés, la conventualité fut éteinte longtemps avant la grande révolution, puisque, en 1650, nous trouvons les titulaires faisant leur résidence à l'abbaye et non dans leurs prieurés. Il ne sera question ici ni des prieurés de Houat et de Hœdic, ni de celui de Saint-Pabu. On sait déjà ce qu'ils sont devenus.

### 1º PRIEURÉ D'AMBON.

Vocable : saint Cyr et sainte Julitte, martyrs.

Le plus ancien titre trouvé sur ce prieuré est un acte du 13 octobre 1589, par lequel le prieur commendataire révoque la procuration qu'il avait donnée pour résigner son bénéfice. Il fut réuni au collége des Jésuites de Vannes, en 1691.

Le 6 octobre de cette année, le recteur en prit possession. La transaction à ce sujet entre les religieux de Saint-Gildas et les Jésuites de Vannes est du 16 janvier 1692, et porte que ces derniers fourniront à l'abbaye une rente annuelle de 100 livres. Cette union fut confirmée par lettres-patentes du 15 mars 1695. Outre les cent livres de rente, l'abbé conservait le droit de présentation au vicariat de la paroisse. A l'occasion d'un procès par-devant le Parlement de Bretagne entre deux compétiteurs à ce vicariat et dont l'un tenait ses provisions de l'abbé de Saint-Gildas, tandis que l'autre prétendit les avoir reçues en cour de Rome, Dom George Botherel, procureur du monastère, prouva, en janvier 1704, que ce vicariat avait été annexé au prieuré avec l'approbation de l'officialité de Vannes et du Saint-Siége, et que l'abbé y jouissait du droit de présentation. La nomination à cette cure engendra des différends entre l'abbé et l'évêque de Vannes. Ainsi, l'évêque refusa la collation de ce vicariat, parce qu'il était religieux et, comme tel, réputé inhabile, à Dom Grégoire Chesnaux, moine de Saint-Gildas et présenté par l'abbé Michel Ferrand. L'église paroissiale d'Ambon, remontant à l'époque de transition, était le titre du prieuré. Le nouveau prieur y prenait possession de son bénéfice. Dès 1689, il y avait à Ambon une chapelle de Saint-Gildas. Moyennant une rétribution que lui payait l'abbaye, le vicaire perpétuel y disait la messe. La maison et le pourpris du prieuré furent vendus nationalement, le 16 octobre 1793, à François Martin, menuisier de Vannes, pour la somme de 4200 livres. Le 14 décembre suivant, la métairie de Kné, qui dépendait du prieuré, fut achetée par le même 7,600 livres.

## 2º PRIEURÉ D'ARZ.

### Vocable : Notre-Dame.

L'île d'Arz, dans le golfe du Morbihan, avait deux prieurés : l'un dépendant de l'abbaye de Saint-Georges de Rennes, l'autre de celle de Saint-Gildas. Le premier remontait à l'année 1031, époque à laquelle le comte Alain, fils aîné et successeur du duc Geoffroy, donna à l'abbaye de Saint-Georges la moitié de l'île avec toutes ses coutumes et tous ses droits, en considération de sa sœur Adèle, qui était abbesse de ce monastère. Le prieuré de Notre-Dame, de fondation ducale aussi, remontait probablement plus haut encore et, selon toute apparence, à l'échange entre Geoffroy Ier et saint Félix. Il avait une juridiction et le droit de haute, moyenne et basse justice. Le plus ancien titre qu'on en trouve est de novembre 1507, et montre que Dom François du Beisit, religieux de Saint-Gildas, en était alors titulaire. Plus tard, il fut souvent donné en commende. Les nouveaux prieurs prenaient possession dans l'église paroissiale, dont le vicaire était à la présentation de l'abbé de Saint-Gildas. Le prieur était tenu de servir aux offices dans cette église à l'Assomption, à la Toussaint et à Noël. Par décret du 30 juin 1615, l'évêque de Vannes, ayant uni le rectorat d'Ilur au vicariat d'Arz, le vicaire de Notre-Dame en prit occasion pour demander, en février 1687, aux deux prieurés une portion congrue plus considérable, à cause de l'auxiliaire qu'il avait pour Ilur. Sa demande fut rejetée, parce que cet auxiliaire n'était pas nécessaire et parce que, d'ailleurs, le vicaire d'Arz percevait les gros fruits sur l'île d'Ilur. Dans cette petite île, il y a encore des ruines de son ancienne église.

On suppose que, à l'origine, les deux prieurés se partageaient l'île d'Arz en deux parties égales, puisque chacun fournissait la moitié de sa portion congrue au vicaire perpétuel de l'église paroissiale. En 1670, chacun lui donnait une somme de 100 livres exempte de toute charge. A cette époque déjà, le prieuré de Notre-Dame n'avait plus qu'un tiers de l'île, le reste appartenant à l'autre. L'abbaye de Saint-Gildas avait cédé une partie de son terrain à celle de Saint-Georges, et c'est grâce à cette transaction qu'on peut expliquer la rente annuelle de huit perrées de froment due par celle-ci à celle-là. Outre la maison prieurale à côté de l'église, le prieuré de Notre-Dame avait une cour et des jardins clos de murs, une métairie assez considérable et un moulin à eau, suivant un aveu au roi du 13 juin 1540. Ce moulin fut vendu par la nation, le 19 novembre 1791, la somme de 1,900 livres. Les autres dépendances du prieuré :

la maison, le jardin, la vigne, deux prairies, les terres, etc., furent aliénés à leur tour, en juillet 1795 (le 18 messidor an III). La maison, qui était couverte en ardoises, avait quatre appartements au rez-de-chaussée, trois au premier étage, et un grenier au pavillon du couchant. En 1774, le total des revenus de ce prieuré était de 2,043 livres, mais les charges les réduisaient à 1,276 livres.

### 3º PRIEURÉ D'AURAY.

#### Vocable : Saint-Gildas.

Ce prieuré, dont la fondation remonte très probablement à la fin du XIIe siècle, à la donation que fit la duchesse Constance, à l'abbaye de Saint-Gildas, en mai 1189, n'avait pas de chapelle. C'était dans l'église paroissiale de Saint-Gildas que le prieur prenait possession de ce bénéfice. La maison prieurale, avec son jardin, était sise auprès de cette église. Les dépendances étaient considérables et les revenus montaient à 1,221 livres. Les églises paroissiales de Saint-Gildas et de Saint-Goustan, dans la ville, en relevaient, et l'abbé de Saint-Gildas présentait aux deux cures. On trouve, dès le 4 septembre 1593, des provisions accordées par lui pour Saint-Goustan. Le prieuré fut vendu, le 4 juillet 1791, et le tour des dépendances vint plus tard.

19

## 4º PRIEURÉ DE BAUD.

### Vocable : Notre-Dame-des-Neiges.

Ce prieuré était à une demi-lieue de Baud et avait une chapelle dans laquelle le prieur devait célébrer ou faire célébrer le saint sacrifice de la messe tous les dimanches et tous les jours de fête. Le plus ancien titre trouvé sur lui remonte au 9 novembre 1650 et en porte collation, par l'abbé Ferrand, à un des religieux de Saint-Gildas. En 1774, ses revenus étaient de 2,566 livres qui se réduisaient à 1,800 à cause des charges. La maison du prieur, la chapelle, les terres, les prés, le bois-taillis, en un mot toutes les dépendances furent vendues, le 10 janvier 1790, 10,550 livres à Joseph Le Déléter, qui en était fermier.

Le manuscrit de la bibliothèque impériale attribue ce prieuré à l'abbaye de Saint-Gildas-des-Bois, à laquelle, dit-il, il fut donné à perpétuité par les chanoines de la cathédrale de Vannes. Il ajoute que les archives de ce monastère conservaient un grand nombre de provisions qui prouvaient cette dépendance. Il est possible que le prieuré de Notre-Dame-des-Neiges ait été autrefois membre de Saint-Gildas-des-Bois ; mais il est certain qu'il a dépendu de l'abbaye de Rhuys, au moins depuis 1650 jusqu'à 1790. Outre la collation qui en fut faite, à la première de ces dates, par Michel Ferrand, abbé de Saint-Gildas de Rhuys, on trouve qu'il fut visité, le 6 juillet 1701 et le 17 juillet 1761, par les prieurs claustraux de Rhuys comme dépendant de leur abbaye. Il y avait des droits de visite à solder. Si donc ce bénéfice n'avait pas été membre de l'abbaye de Rhuys, les prieurs auraient-ils manqué de réclamer ?

### 5º Prieuré de Bieuzy.

#### Vocable : Saint-Gildas.

Il est assez difficile de connaître l'origine de ce prieuré dit aussi prieuré de Saint-Gildas-sur-Blavet. De prime-abord, il paraîtrait naturel de croire qu'il n'est que le monastère de *la Couarte*, bâti par saint Gildas, et plus tard converti en prieuré. Mais, d'après le manuscrit de la bibliothèque impériale, en 1668, ce prieuré, dont les maisons ne formaient plus qu'un amas de ruines, la chapelle seule restant debout, avait été, peut-être depuis longtemps déjà, annexé à Sainte-Croix de Carhaix. Cela étant, il faut placer ailleurs le prieuré de Saint-Gildas. Un bail notarié, fait à Sarzeau, le 30 janvier 1765, montre que la métairie du prieuré, dite *du Prioldy*, consistait en une maison, un jardin, une chapelle, des terres cultivées, des prés, des pâtures et des landes. Le fermier était chargé des réparations et de payer la desserte de la chapelle. Or, cette chapelle ne pouvait être que celle de la grotte, laquelle fut, en effet, vendue avec la métairie du prieuré. La maison du prieuré existe encore dans le petit village voisin de cette grotte. Sans pouvoir remonter à la fondation de ce prieuré, il faut cependant, paraît-il, en attribuer l'honneur à la maison de Rohan. Les prieurs ne paraissent pas avoir reconnu d'autre seigneur que le duc de ce nom, auquel le prieuré devait une certaine redevance annuelle et que, à cause de cela, on présume avoir été le fondateur du bénéfice. Le plus ancien titre trouvé est de 1552. Après avoir été souvent donné en commende, ce prieuré ne fut conféré au dernier siècle qu'à des religieux de Saint-Gildas. L'abbaye en percevait encore des revenus, en 1789. Outre la métairie du prieuré, ce bénéfice avait des droits sur les tenues de Gueltas ou Queltas, dans la paroisse de Pluméliau, sur celles de Saint-Drenan et de Grascouet, dans la paroisse de Persquen, sur celle de Parcpriol, près du village de ce nom, dans la paroisse de Bieuzy, sur le village de Kmaire, dans la paroisse de Lignol, et sur des terres voisines de la chapelle de Notre-Dame-de-l'Octavy, dans la paroisse de Prisiac ou de Prissac.

La métairie du Prioldy, dont faisait partie la chapelle de la grotte, fut vendue 10,250 livres, le 7 mars 1791. Le 22 mars de l'année suivante, les tenues de Saint-Drenan et de Grascouet eurent le même sort. Toutes les autres dépendances furent également aliénées.

## 6° PRIEURÉ DU BLAVET.

### Vocable : Saint-Nicolas.

Ce prieuré de Saint-Nicolas-sur-Blavet, situé sur la paroisse de Pluméliau et nommé comme membre de Saint-Gildas de Rhuys dans toutes les listes des bénéfices, donne lieu à bien des doutes. Il est aussi attribué à Saint-Sauveur de Redon. Aux archives de Vannes, le fonds de Saint-Gildas ne possède que deux pièces, qui sont des procurations données par les titulaires pour la résignation de ce bénéfice ; l'une est du 4 août 1558, et l'autre du même jour et du même mois 1599. C'est bien peu de chose. Cependant, sur la foi des listes officielles de Saint-Gildas, nous le laissons parmi les prieurés de cette abbaye jusqu'à preuve du contraire. Il avait une maison, une cour et un courtil à Saint-Nicolas. Le tout fut vendu pendant la Révolution.

## 7° PRIEURÉ DE BOURGEREL.

### Vocable : Saint-Gildas.

Situé sur la paroisse de Noyal-Muzillac, ce prieuré, qui remontait à la fondation de l'abbaye dont il dépendait, avait trois chapelles : celle de Bourgerel même, dédiée à Saint-Gildas ; celle du Moustéro, dédiée au même saint et autrefois de la paroisse d'Ambon, maintenant sur celle de

Muzillac, et enfin celle de Saint-Nicolas, auprès de Muzillac. De la chapelle de Bourgerel, rebâtie en 1743, il ne reste plus que des ruines. Dans une niche, au-dessus de l'autel qui était en pierre et se voit encore, il y avait une statue de saint Gildas. Une autre niche, inférieure et du côté de l'évangile, renfermait une statue de Notre-Dame-de-Bon-Secours. Dans une autre semblable et du côté de l'épître, il y avait une statue de saint Joseph avec l'enfant Jésus. L'église était pavée et avait des bancs en pierre le long des longères. La grande porte d'entrée était au pignon en face de l'autel et surmontée d'un petit clocher en granit. Sur la longère du côté de l'épître, il y avait une seconde porte. Les murailles de cette chapelle sont encore debout et solides. Les frais de restauration ne s'élèveraient pas très haut, mais ils ne se feront probablement pas, et, dans quelques années, ces ruines disparaîtront. Entre ces ruines de la nouvelle chapelle et les maisons du prieuré ou de la ferme actuelle, on voit encore les fondations de l'ancienne chapelle. Auprès est une assez vaste prairie murée qui était autrefois un jardin. Au-delà de la prairie se trouve un bois dépendant du prieuré. La ferme est à l'ouest; elle était entourée de murs qui croulent de toutes parts. La tradition locale rapporte qu'il y avait là autrefois trois moines, et qu'ils finirent par se retirer à Saint-Gildas où se portaient ensuite les revenus du prieuré. Il y a cependant bien longtemps depuis l'extinction de la conventualité. Au commencement du siècle dernier, le prieur, qui demeurait à Saint-Gildas, payait au prêtre de Noyal-Muzillac, parce qu'il disait la messe à Bourgerel, le dimanche, pour les fondateurs du prieuré. Il payait également ceux qui célébraient aux chapelles du Moustéro et de Saint-Nicolas de Muzillac.

En 1593, la collation de ce bénéfice, en cour de Rome, à un religieux qui n'était pas de l'ordre de Saint-Benoît, donna lieu à une contestation. Pour maintenir son bénéfice, le frère Jean Girard, cistercien, dut se faire religieux de Saint-Gildas. Le dernier prieur fut Dom Charles-Joseph Bévy, de l'abbaye de Saint-Germain-des-Prés, à Paris. Alors, c'est-à-dire en 1790, la métairie du prieuré, avec des traits de dîmes aux paroisses de Bourgpaul et d'Ambon, était louée 600 livres. En 1774, les revenus étaient de 740 livres et les charges d'environ 150. Le tout fut vendu pendant la Révolution.

### 8º PRIEURÉ DE CAUDAN.

#### Vocable : Saint-Guenhaël.

Le prieuré de Saint-Guenhaël se trouvait sur la paroisse de Caudan, et à une lieue environ de la ville d'Hennebont. Il avait une chapelle et un logis prieural, qui avaient besoin de réparations à l'époque de la visite faite, le 16 juillet 1701, par le prieur claustral de Saint-Gildas. Le prieur percevait des revenus sur plusieurs tenues qui dépendaient de ce bénéfice, sur des terres situées dans l'île de Groix, et dîmait sur la paroisse de Caudan et quelques autres des environs. Il devait faire dire deux messes par semaine dans la chapelle; mais cette charge n'était pas toujours acquittée. En septembre 1790, le prieur commendataire était un curé de Férol, en Brie. A cette époque, les dîmes du prieuré étaient louées 385 livres par an. En 1774, les revenus montaient à 548 livres et 16 sols; les charges les réduisaient à 318 livres.

### 9º PRIEURÉ DE GAVRE.

#### Vocable : Saint-Gildas.

Les maisons de ce prieuré, dont le plus ancien titre trouvé remonte à 1553, étaient sur la paroisse de Plouhinec et la chapelle au village de Gavre, dans la presqu'île de ce nom et sur la paroisse de Riantec. Le prieur devait dire ou faire dire, dans cette chapelle, deux messes par semaine. Cette chapelle était et reste toujours dédiée à saint Gildas, dont la dévotion est vivace parmi le peuple de la presqu'île et des environs. La fête du saint y attire, chaque année, un certain concours de fidèles. Au mois de février 1868, la presqu'île de Gavre a été distraite de Riantec. Elle a été érigée en succursale, par décret impérial du 20 septembre suivant, et en paroisse distincte de Riantec, par ordonnance épiscopale du 3 octobre. La chapelle de Saint-Gildas, devenue église paroissiale, est de style roman à arcades plein-cintre portée sur des piliers carrés à simple tailloir. N'ayant que 15 mètres de long sur 8 de large, elle est insuffisante pour les besoins du service religieux. Auprès de l'église est la fontaine de Saint-Gildas, voûtée en pierre ; on y descend par un escalier de dix-sept marches ; le prieuré avait aussi une maison à Gavre même. Au bourg de Plouhinec, il y avait une chapelle, dédiée à Notre-Dame-de-Grâce et dépendante du prieuré. La maison prieurale, située sur la mer, se composait, en 1774, de bâtiments aussi vastes et aussi nombreux que ceux de l'abbaye. Outre des terres assez considérables et plusieurs tenues, ce prieuré avait une pêcherie dans la paroisse de Plouhinec, des marais, des salines, et un moulin-à-vent situé à Kousine. Les revenus montaient à 2,282 livres et se réduisaient à 1799, à cause des charges. L'abbaye de Saint-Gildas en jouissait encore en 1790. Le dernier prieur, Dom Nicolas Lambelinot, le loua, moins les tenues, 1900 livres par an, avec charge au fermier de faire réparer les bâtiments et de payer 72 livres pour la desserte de la chapelle de Saint-Gildas. La maison de Plouhinec fut vendue, le 11 mai 1791, avec son jardin, sa cour, ses écuries, ses bâtiments et ses terres, pour la somme de 10,000 livres. Ce prieuré avait une juridiction avec haute, moyenne et basse justice.

## 10º PRIEURÉ DE SAINT-GUEN-LÈS-VANNES.

### Vocable : Saint-Guenhaël.

Ce prieuré, qui avait une juridiction, était situé sur la paroisse de Saint-Patern, et dans un faubourg de Vannes. Il y avait une chapelle, dans laquelle le prieur devait célébrer ou faire célébrer la messe chaque dimanche. Le logis prieural se composait d'une maison avec cour et jardin, le tout cerné de murs. Un colombier s'élevait dans le jardin. De ce bénéfice dépendaient la métairie noble de Saint-Guen, la métairie de La Villeneuve, une maison à Saint-Guen, des maisons et des propriétés dans la rue Neuve. Il avait des droits et percevait des revenus sur le manoir et la métairie noble de Cosquer, sur le manoir de Kcadre et ses trois métairies, sur le pré où se tenait la foire de Saint-Symphorien, sur la métairie noble du Verger, sur la métairie roturière de Haute-Folie, sur un moulin à eau et son étang, près le bourg de Saint-Avé. En outre, le prieur avait droit de *bouteillage* à la foire de Saint-Symphorien, percevait 12 livres et 18 sols sur la rente ordinaire de Vannes (1), et dîmait sur la paroisse de Saint-Avé. En retour de ces dîmes, il devait dire une messe à la Saint-Barthélemy, dans

---

(1) Cette rente fut concédée au prieur de Saint-Guen par le duc Jean IV, le 2 janvier 1387. Au XVIᵉ siècle, ce prieuré avait beaucoup de propriétés à Calmont.

l'église de cette paroisse. Le plus ancien titre trouvé sur ce prieuré est de 1508. Le dernier prieur était commendataire; c'était l'abbé Defrasne, docteur en Sorbonne. En 1786, il voulait consacrer 300 livres à la réparation de la chapelle, si on exigeait que le service divin y fût célébré, autrement, il se proposait d'en solliciter la suppression par l'officialité de Vannes, et de faire acquitter les messes dans une des églises paroissiales de la ville.

La maison prieurale, la chapelle, les étables, les cours, le jardin, le pourpris et la métairie de Saint-Guen furent vendus, le 20 avril 1791, pour la somme de 10,825 livres. Les revenus étaient de 1400 livres, en 1774, et se réduisaient à 1074. Le moulin à vent, situé dans la lande de Saint-Guen, fut vendu 2,625 livres, le 23 décembre 1792.

### 11º PRIEURÉ DU HÉZO.

#### Vocable : Saint-Vincent.

Ce prieuré, autrefois sur la paroisse de Surzur, était de fondation ducale et remontait à l'échange entre le duc Geoffroy I<sup>er</sup> et saint Félix. Il avait une juridiction avec droit de haute, moyenne et basse justice. Tombé de bonne heure en commende, il fut réuni au grand-séminaire de Vannes, le 6 août 1689, moyennant une redevance annuelle d'un tonneau de seigle à l'abbaye et la conservation de la juridiction. On a déjà vu, au siècle dernier, l'interminable procès qui s'éleva entre les religieux de Saint-Gildas et les Lazaristes récemment appelés à la direction du séminaire diocésain. Il n'y a pas à y revenir. L'abbé de Fortia, greffier de la Sainte-Chapelle, à Paris, et dernier prieur, mourut en 1735, longtemps après l'extinction de son titre.

Le prieuré et ses dépendances furent vendus, le 23 décembre 1792, pour la somme de 27,000 livres. Il y avait des maisons, une cour, des jardins, des vignes, des terres cultivées, des prés, un marais de 107 œillets et un moulin à eau avec toutes ses dépendances.

La chapelle, qui a conservé le même patron, est devenue église paroissiale, depuis que Le Hézo a été distrait de Surzur.

### 12º PRIEURÉ DE JOSSELIN.

#### Vocable : Saint-Nicolas.

Situé au faubourg de Saint-Nicolas, près de Josselin, alors du diocèse de Saint-Malo, ce prieuré avait une juridiction, une chapelle dédiée à Saint-Nicolas, une maison prieurale au midi de la chapelle, deux jardins, un pré, des terres en culture, une lande, un four banal, plusieurs tenues, des dîmes en divers lieux et le droit de foire à la fête de Saint-Nicolas. Les prieurs claustraux de l'abbaye le visitèrent, le 2 juillet 1701 et le 9 novembre 1718. Il était en commende. En 1774, ses revenus, qui étaient de 450 livres, se réduisaient à 300, à cause des charges ; mais, en 1790, il était loué pour 780 livres. Le prieur y devait dire une messe par semaine ; mais, comme il n'y résidait pas, il la faisait célébrer par un chapelain. Ce prieuré, avec toutes ses dépendances, fut vendu, en août 1794 (29 thermidor an II), pour la somme de 6,700 livres.

### 13° PRIEURÉ DE LOCHRIST.

#### Vocable : Sainte-Croix.

Sur ce prieuré, qui était de la paroisse d'Inzinzac du canton d'Hennebont, on ne trouve rien dans les archives de l'abbaye. Son nom seul se rencontre dans les listes des bénéfices. Il fut réuni, en 1455, à l'abbaye de la Joie, près Hennebont.

### 14° PRIEURÉ DE LOCMINÉ.

#### Vocable : Saint-Sauveur.

Le monastère de *Moréac* ou de *Locmenech*, fondé par saint Gildas sur les confins d'une forêt, fut bien relevé de ses ruines par saint Félix, au XI° siècle, mais il resta toujours depuis avec le titre de simple prieuré. La chapelle, déjà devenue paroissiale avant 1701, était sous le vocable de Saint-Sauveur et avait pour patron saint Colomban, dont elle possédait des reliques qu'un duc de

Bretagne, revenant de Rome, lui apporta de Robio, en Lombardie (1). A cause de ses reliques, on faisait, à l'abbaye de Rhuys, la fête de saint Colomban, le 24 novembre. Le 19 mars 1639, la maison prieurale contiguë à l'église existait encore et avait de vieux cloîtres en ruine. Lorsque André Le Maistre, prieur claustral de Saint-Gildas, visita ce prieuré, le 4 juillet 1701, les bâtiments avaient été détruits. On en voyait l'emplacement au midi de l'église paroissiale, et il n'en restait debout que la porte d'entrée. L'évêque de Saintes, qui en était prieur commendataire, percevait des revenus sur deux fours à ban, sur les halles, sur deux moulins, dont l'un à vent et l'autre à eau, et des dîmes sur plusieurs paroisses des environs. La juridiction du prieuré avait une prison, qu'on avait négligée et qui tombait. Sur les réclamations des habitants, à cause de l'impunité des coupables, le visiteur demanda le rétablissement de cette prison. Une prairie ayant à son entrée une maison qui fut autrefois un moulin à tan, fut vendue 1,848 livres, le 21 avril 1791. Les deux moulins à vent et à eau eurent le même sort, le 24 octobre suivant, pour 2,700 livres, et les halles avec le four banal, pour

---

(1) On a attribué à saint Colomban la fondation du monastère de Moréac, avant son arrivée à Luxeuil ; mais c'est à faux, d'après la vie de ce saint abbé par un moine de l'abbaye de Robio, où il mourut et fut enterré. Il est également faux que son corps ait été porté de Robio à Locminé, par des religieux revenant de Rome, puisque son corps était encore à Robio longtemps après l'époque où on le supposait à Moréac, selon le 4e volume de l'*Italie sacrée*.

4,150 livres. En 1774, les revenus de ce prieuré étaient de 2,933 livres et se réduisaient à 1,804 et 13 sols, à cause des charges.

### 15° PRIEURÉ DE LOGLENEC.

Vocable : Saint-Michel.

Ce prieuré, de fondation ducale et dont le plus ancien titre trouvé remonte au 5 mai 1553, était situé dans l'ancien village de Kvahuet, aujourd'hui Tour-du-Parc, dans la presqu'île de Rhuys. Outre la chapelle, dédiée alors à saint Michel et maintenant à saint Clair, il avait, en 1573, une maison couverte d'ardoises et en forme de métairie, deux jardins entre la chapelle et la muraille du parc ducal, un pré qui s'étendait depuis les jardins jusqu'aux marais de l'étier de Caden, une pièce de terre qui longeait ce pré et la muraille du parc ducal jusqu'aux mêmes marais. En 1790, il y avait, en outre, une vigne qui dépendait du même bénéfice. Toutes ces propriétés étaient entourées de murailles dont on voit encore une partie La maison était entre la chapelle actuelle de Saint-Clair et la fontaine qui se voit derrière le jardin du presbytère et qu'on nomme encore *fontaine Loglenec*. En outre, le prieur levait le dixième du sel sur les marais adjacents aux terres susdites et le tiers des dîmes d'Arzon où le prieur de ce lieu dîmait lui-même sur les blés et sur les vins. Enfin, il lui était dû annuellement, à Noël, 60 sols sur la recette de Rhuys, pour trois messes qu'il était tenu de dire ou de faire dire en ce jour. Pour toute charge, il devait célébrer ou faire célébrer une messe, les dimanches et les jours de fête, dans sa chapelle de Loglenec, pour le repos des âmes des rois ou ducs de Bretagne, fondateurs de son bénéfice, et une autre messe, le dimanche et à un autre jour de son choix dans la semaine, à la chapelle de Saint-Nicolas au château de Sucinio, à raison de son prieuré. En 1774, ses revenus, qui était de 1,030 livres, se réduisaient à 646 et 2 sols, à cause des charges. En 1790, tous ces revenues étaient loués pour 900 livres, sur lesquels le prieur devait payer 144 livres et 10 sols pour les dîmes et 70 pour la desserte des messes. A la Révolution et depuis longtemps, le prieur était commendataire. Le 19 novembre 1793, toutes les propriétés de ce prieuré furent vendues 6,725 livres à Philippe Bondeville, de Lorient.

### 16° PRIEURÉ DE MESQUER.

#### Vocable : la sainte Vierge.

Situé sur le diocèse de Nantes, et non loin du Croisic, ce prieuré, dont le plus ancien titre remonte au 15 février 1488, avait sa maison prieurale à Quimiac, et de nombreuses propriétés sur la paroisse de Mesquer. On ignore s'il avait aussi une chapelle. Les charges réduisaient à 490 livres ses revenus qui étaient de 670, en 1774. L'église paroissiale actuelle et dédiée à la sainte Vierge était le titre du prieuré. Cela ferait supposer qu'il n'y avait pas de chapelle spéciale.

## 17° PRIEURÉ DE QUIBÉRON.

### Vocable : Saint-Clément.

Le prieuré de Saint-Clément était situé à la pointe de Bec-Conguel, qui forme l'extrémité de la presqu'île de Quibéron. Dans un aveu de 1681, un prieur le dit fondé par un duc de Bretagne à devoir de foi, hommage et oraisons, et de payer la pension du vicaire perpétuel de Quibéron. Comme il ne désigne pas autrement le fondateur, on peut présumer que ce fut Geoffroy Ier ou son fils aîné Alain III. Ce dernier fonda, dans la même presqu'île, en 1027, le prieuré de Locoal, dépendant de Saint-Sauveur de Redon. Les relations de sa famille avec saint Félix et l'abbaye de Rhuys permettent de conjecturer que, en gratifiant ainsi l'abbaye de Redon, on ne dut pas oublier celle de Rhuys. Dom Morice, dans ses *Preuves*, tome Ier, col. 363, parle d'un prieuré fondé dans cette presqu'île, par Alain III, en 1027. Le titre ferait croire qu'il s'agit du prieuré de Saint-Clément. Mais ce titre est faux : il n'y est question que du prieuré de Locoal. D'après cela, le prieuré de Saint-Clément aurait toujours dépendu de l'abbaye de Rhuys. Ce qui a pu le faire prendre pour membre de Saint-Sauveur de Redon, c'est que, à l'introduction de la Réforme de Saint-Maur à Saint-Gildas, Dom Pierre de Trévégat, ancien religieux qui en était titulaire, le résigna en faveur de Dom Joseph Guy-Ange, moine de Redon, moyennant une pension annuelle de 700 livres, et que, à partir de cette époque, ce bénéfice fut souvent conféré à des religieux de cette abbaye.

La maison prieurale, rebâtie en 1657, était un grand corps-de-logis à trois étages et se trouvait près du lieu nommé *Roc-Priol*, à un quart de lieue du bourg de Locmaria. La chapelle de Saint-Clément, dont on voit encore les ruines et dont le pignon, surmonté du clocher, fut relevé en 1715, était dans l'enclave du prieuré, et le prieur y prenait possession de son bénéfice. Vers 1640, elle avait besoin de grandes réparations, et l'abbé de Castellane, prieur commendataire, voulait la faire restaurer par les religieux de Saint-Gildas, parce que son prédécesseur était de ce monastère. Il y eut contestation. Les religieux prouvèrent que cette chapelle n'appartenait pas au prieuré, mais avait été église paroissiale jusqu'à la construction de celle de Locmaria. Comme preuves, ils y montraient des vestiges des fonds baptismaux et, au midi, le mur d'enceinte du cimetière qui entourait l'église. Les anciennes prises de possession qui y avaient eu lieu ne prouvaient rien, selon eux, puisque, depuis la construction de l'église de Locmaria, les prieurs avaient toujours pris possession de leur bénéfice dans cette église paroissiale. Ils en concluaient que les anciens prenaient possession dans l'église de Saint-Clément, au même titre. Outre la maison prieurale, ce bénéfice possédait les deux métairies de Roc-Priol et d'autres terres, le tout en un tenant sur le chemin du bourg à Port-Haliguen et sur la mer. Comme curé primitif, l'abbaye présentait le vicaire perpétuel de Locmaria, auquel le prieur donnait, en 1657, une portion congrue de 200 livres, et de 500, en 1790. Le prieur avait le droit de faire l'office à l'église paroissiale à Pâques, à Noël, à la Pentecôte, à la Toussaint, à la fête du Saint-Sacrement et à la fête patronale. Il percevait les dîmes, à la douzième gerbe, de tous les grains qui se récoltaient dans la presqu'île. Pour toute charge, outre la pension du vicaire perpétuel, il devait, en 1657, payer seulement 298 livres de décimes au roi, et à l'évêque de Vannes, 13 livres et 13 sols pour son droit de visite. Les revenus étaient, en 1774, de 2,252 livres qui, à cause des charges, se réduisaient à 1,252 livres et 15 sols ; en 1790, ils s'élevaient à 2,400 livres, mais les charges étaient aussi plus considérables. Bien que tombé en commende, ce prieuré était un des cinq dont jouissait encore la mense conventuelle de Saint-Gildas, lorsque la mense abbatiale fut réunie à l'évêché de Vannes.

Le 11 avril 1791, la maison prieurale, son jardin, les ruines de la chapelle de Saint-Clément, la grande métairie de Roc-Priol, cinq autres petites fermes et quatre tenues au même lieu furent vendus 25,586 livres à plusieurs habitants de la presqu'île.

## 18º PRIEURÉ DE RIEUX.

### Vocable : Saint-Melaine.

Ce prieuré, dont le plus ancien titre trouvé remonte à 1520, était situé dans un faubourg de Rieux. Les maisons prieurales, restaurées vers 1630, étaient en fort mauvais état en 1730. Le jardin joignait l'église paroissiale de Rieux. Le prieuré n'avait point de chapelle propre. La prise de possession du bénéfice se faisait à l'église paroissiale, dans laquelle un prêtre, du nom de Jehan Guérin, fonda, le 1er décembre 1569, une chapellenie dépendante du prieuré. En avril 1612, le prieur Alexandre Dumonty fit bâtir une chapelle, dite de *Notre-Dame* ou de *Saint-Joseph-des-Landes*, sur la paroisse d'Allaire, et en un lieu où le prieuré possédait une grande métairie. Outre la jouissance de plusieurs autres propriétés, le titulaire de ce bénéfice partageait, avec les recteurs de Rieux et d'Allaire, les dîmes de plusieurs frairies situées sur ces deux paroisses. Parmi les frairies de la paroisse d'Allaire, une portait le nom de Saint-Gildas. Pour son bénéfice, le prieur devait deux messes par dimanche : l'une au maître-autel de l'église de Rieux, l'autre à la chapelle des Landes. Le dimanche de Pâques et à la fête de saint Gondon, patron de l'église paroissiale d'Allaire, cette dernière messe devait se dire dans cette église. Ces messes ne paraissent pas être de la fondation du prieuré, qui était seulement à devoir de prières et d'oraisons. Elles semblent plutôt avoir été imposées, les premières par le fondateur de la chapellenie de Rieux, les secondes par les donataires de la métairie du prieuré ou des Landes. Le prieur était tenu, en outre, d'entretenir à ses frais un maître d'école pour les enfants de Rieux. Ses revenus qui, en 1774, étaient de 3,100 livres, se réduisaient, à cause des charges, à 2,273 livres et 16 sols. Toutes les dépendances de ce prieuré furent vendues à la grande révolution ; mais l'acte de vente ne se trouve probablement pas aux archives de Vannes.

### 19º PRIEURÉ DE TAUPONT.

#### Vocable : Saint-Nicolas.

Situé sur la paroisse de Taupont, dans l'ancien diocèse de Saint-Malo et non loin de Ploërmel, il portait le nom de *prieuré de Saint-Golvain* ou *Goulvin*. Un titre de mai 1540 montre que, dès cette époque, il existait déjà, et que la maison prieurale, avec certaines dépendances, se trouvait au bourg même de Taupont. En 1729, cette maison n'était plus qu'une masure. Elle fut rebâtie ; car, en 1790, le logis prieural se composait d'appartements très convenables. La chapelle de Saint-Michel, à Ploërmel, rebâtie en 1749, dépendait de ce prieuré. Outre le droit de pêche en cinq endroits sur la chaussée de l'étang du Duc, à

Ploërmel, ce bénéfice avait des terres et levait des dîmes sur les paroisses de Ploërmel et de Taupont. En 1774, ses revenus, qui étaient de 1,800 livres, se réduisaient à 603. Les charges étaient sans doute considérables ; cependant on n'en trouve, outre les réparations et les décimes, qu'un petit nombre de messes que le prieur devait célébrer ou faire acquitter. Le droit de pêche mentionné plus haut fut vendu 410 livres, le 14 mars 1791, et la maison prieurale avec ses dépendances au bourg de Taupont, le 27 août suivant, pour une somme de 1,500 à 1,800 livres.

### 20° PRIEURÉ OU CHAPELLENIE DES SAINTS.

Dans les listes des bénéfices dépendants de Saint-Gildas, on trouve le nom du prieuré ou de la chapellenie des Saints sur les confins de la paroisse de Grand-Champ, au diocèse de Vannes. C'est tout ce qu'on en dit, et ailleurs, nous n'avons rien rencontré.

### § III. — Cures ou vicariats.

L'abbaye de Saint-Gildas de Rhuys était curé-primitif de plusieurs paroisses. L'abbé, qui jouissait de ce droit, présentait à l'évêque les sujets pour ces bénéfices, lorsqu'ils étaient vacants. Le titulaire de ces bénéfices portait le nom de vicaire ; mais il avait les pouvoirs et la juridiction ordinaires des curés Les listes des bénéfices de l'abbaye indiquent les vicariats suivants : d'Ambon, d'Arz, d'Auray pour les deux paroisses de Saint-Gildas et de Saint-Goustan, de Josselin, de Saint-Ægidius d'Hennebont, de Locminé, de Quibéron, de Rieux, de Saint-Goustan de Rhuys, de Taupont. Les deux prêtres qui desservaient les îles de Houat et de Hœdic, devaient aussi être présentés par l'abbé, puisque le monastère les pensionnait.

## CHAPITRE XXII.

### Abbés de Saint-Gildas de Rhuys.

§ I". — Abbés réguliers.

1. SAINT GILDAS (523-565). — Comme on l'a vu, dans sa vie, il en fut le fondateur et le premier abbé.

2. GÉNÉROSUS (565-...). — Selon les actes erronnés de saint Patern, évêque de Vannes, il succéda immédiatement au saint fondateur. Après lui, les abbés de Saint-Gildas sont ignorés jusqu'au commencement du x$^e$ siècle.

3. DAOC (933). — Abbé à l'époque où les Normands ravagèrent la Bretagne et ruinèrent l'abbaye de Rhuys, il prit la fuite avec ses moines et se retira à Bourg-Dieu, dans le Berry, où fut fondée

alors une nouvelle abbaye de Saint-Gildas. On ignore la date de sa mort.

4. Saint Félix (1008-1038). — Envoyé de Fleury-sur-Loire, en 1008, à la demande du duc Geoffroy I$^{er}$, il releva l'abbaye de ses ruines, la peupla de saints religieux et mourut le 12 février 1038. Voir sa biographie au chapitre IV de cette deuxième partie.

5. Vital (1038-1068). — Il dut se rendre en Poitou, pour réclamer et ramener le corps de saint Goustan, qu'il fit ensevelir dans l'église de son abbaye. Le premier des abbés après la restauration, il fut enterré lui-même dans le cloître, où sa tombe, découverte en 1660, portait cette inscription : *Vitalis abbas*.

6. Raoul (1068-1085). — Sous lui, le duc Alain-Fergent renouvelle et confirme, en 1084, la charte de Geoffroy I$^{er}$. Le *Monasticon benedictinum* fixe sa mort au 3 avril 1085.

7. Fraval (1085-...). — Il assista, en 1092, aux obsèques d'Anne de Léon, comtesse de Porhoët, faites à Sainte-Croix de Josselin, par Morvan, évêque de Vannes. Le nécrologe de Landevennec marque sa mort au 3 mars, sans en dire l'année. Sa tombe, trouvée dans le cloître, en 1660, portait cette inscription : *Fragalus abbas*.

8 et 9. Guethenoc et Jacques. — Après Fraval, le *Monasticon benedictinum* place ces deux abbés, dont il ne donne que les noms. Leurs tombes ont aussi été découvertes dans le cloître en même

temps que les précédentes et avec ces inscriptions : *Guethenocus* et *Jacobus* (1).

10. ABÉLARD, PIERRE I<sup>er</sup> (1128-1141). — Voir sa biographie au chapitre X de cette deuxième partie.

11. GUILLAUME I<sup>er</sup> (1142-....). — Selon la chronique de l'abbaye, il succéda immédiatement à Abélard, en 1141.

12. GUETHENOC-JUDELET (1161-....). — En 1075, la comtesse Berthe, épouse d'Alain, comte de Redon, donna à Benoît, abbé de Quimperlé, et à ses religieux, le petit monastère et l'église de Notre-Dame, fondés à Nantes, par le comte Alain, père de l'abbé Benoît et de Quiriac, évêque de Nantes. Une contestation s'éleva, dans la suite, au sujet de cette église, entre les religieux de Quimperlé et le chapitre de l'église de Nantes. Pour trancher le différend, par orde de Guillaume, cardinal du titre de Saint-Pierre-ès-liens et légat du Saint-Siége, chaque parti nomma trois arbitres. Les chanoines choisirent David, abbé de Buzai, Ernaud, abbé de Blanchecouronne, et un chanoine d'Angers. Les moines de Quimperlé nommèrent Guethenoc, abbé de Rhuys, Maurice, abbé de Langonnet, et un chanoine. On y ajouta Bernard, évêque de Nantes, et Bernard, évêque de Quimper. La réunion se tint, en 1161, dans le chapitre de Saint-Pierre, à Nantes, et donna droit au moines de Quimperlé,

---

(1) L'abbé Hervé, que certains catalogues mettent entre 1113 et 1128, est ordinairement renvoyé au commencement du XIII<sup>e</sup> siècle.

mais avec charge de payer, chaque année, 12 sols au chapitre (1). Il souscrivit aussi, en 1164, au droit de bouteillage sur les vins de la ville de Vannes, accordé par Eudon, vicomte de Porhoët, aux religieux de Marmoutiers.

13. TANGUI (    -    ). — L'obituaire de Landevennec le nomme avec le titre d'abbé de Saint-Gildas de Rhuys, et marque sa mort au 3 décembre, sans en dire l'année. Quelques auteurs lui nient ce titre et le font abbé de Saint-Gildas, en Berri.

14. HERVÉ (    -    ). — Il transigea, en 1218, avec Guillaume, abbé de Saint-Melaine de Rennes, et fut député à Quimper, par ses religieux, pour traiter de l'église de Saint-Tudy, avec l'évêque Ranulphe. Ce dernier acte est du mois d'avril 1220.

15. RIVALD (    -    ). — Il fut, en 1231, un des arbitres entre l'évêque et le chapitre de Saint-Malo, d'un côté, et Hamon de Quihiriac, de l'autre, au sujet des dîmes de la paroisse de Broons. L'obituaire de Landevennec marque sa mort au 5 d'octobre, sans en dire l'année.

16. PIERRE II (.....-1259). — Il est nommé dans l'acte d'avril 1257 qui cède les terres de Gueldas à l'abbaye de Prières. Il résigna son titre d'abbé, le 16 novembre 1259, selon la chronique de Rhuys.

17. EUDON (1259-1281). — Le nécrologe de Quimperlé le dit successeur immédiat de Pierre II, et marque sa mort au 14 janvier 1281.

---

(1) *Annales bénédictines*, t. v, p. 91.

18. Alain ( - ). — Il donna quittance, en 1306, aux exécuteurs testamentaires du duc Jean II, pour un legs fait par ce prince à l'abbaye de Saint-Gildas.

19. Pierre III ( - ). — En 1313, il donna procuration au frère Geoffroy, un de ses religieux, pour terminer un différend qu'il avait avec Geoffroi et Payen de Malestroit.

20. Jean Ier Le Pard ou Le Bard. — Le 14 des calendes d'août 1357, il fut transféré de l'abbaye de Rhuys à celle de Saint-Melaine de Rennes.

21. Laurent Blondel (1358-....). — Antérieurement prieur claustral, il fut élevé à la charge d'abbé, en 1358, selon les lettres d'Innocent VI.

22. Guillaume II ( - ). — Une enquête de 1395, pour prouver le droit d'usage de l'abbaye dans la forêt de Rhuys, montre qu'il fut successeur immédiat de Laurent.

23. Pierre IV ( - ). — Le *Monasticon benedictinum* le désigne, en 1383, comme abbé de Saint-Gildas de Rhuys.

Après lui, certains catalogues mettent un abbé du nom d'Hervé II ; mais on pense généralement que cet Hervé était abbé de Saint-Gildas-des-Bois. Au catalogue des abbés de ce monastère, on trouve, en effet, un Hervé de 1363 à 1376. Cependant, on cite un acte d'un Hervé, abbé de Saint-Gildas de Rhuys, en 1384 ; c'est une quittance donné au duc Jean IV de 40 livres pour l'honoraire de 300 messes.

24. Olivier Prédic ( - ). — Il donna, le 22 octobre 1387, quittance de 40 livres que le

duc lui avait accordées pour les réparations du four de Calmont, au faubourg de Vannes. Le *Monasticon benedictinum* le mentionne encore en 1389.

25. GUILLAUME III DE MONTCONTOUR (1413-    ). — Le pape Jean XXIII l'établit abbé de Saint-Gildas de Rhuys, le 30 octobre 1413, et le recommanda au duc Jean V, dit le *Sage*. Il fut enterré dans l'église de l'abbaye, où se voit encore sa tombe.

26. PIERRE V (    -    ). — Il fut recommandé au duc de Bretagne par le pape Martin V, le XII des calendes de décembre 1430. Il était encore abbé en 1439.

27. JEAN II DE KMEN. — Il porte le titre d'abbé de Saint-Gildas de Rhuys au traité passé à Redon, le 24 août 1441, entre les nonces du Pape et les commissaires du duc, touchant la nomination aux évêchés de Bretagne (1).

28. HENRI Ier (    -    ). — Le *Monasticon benedictinum* fait mention de lui, le 8 mars 1456 et le 27 mai 1457.

29. PIERRE VI DE BRIGNAC (    -1506). — Il était moine de Redon quand il devint abbé de Saint-Gildas. Dans un bail à ferme de l'île de Tascon, le 15 juillet 1481, il signe avec le titre d'humble abbé du benoist moutier de Monseigneur saint Gildas de Rhuys. Cependant, Padioleau et d'autres

---

(1) Dom Morice et quelques autres lui donnent pour successeur Hervé de Beaubois ; mais c'est à faux, car il fut seulement abbé de Saint-Gildas-des-Bois.

fixent son élection à l'année 1502 ; mais ils doivent se tromper. En 1505 ou 1506, il quitta Saint-Gildas pour retourner à Saint-Sauveur, dont il venait d'être élu abbé. Padioleau met sa mort en 1514.

30. ROBERT GUIBÉ (1506-1513). — Il était neveu de Pierre Landays, trésorier de Bretagne et favori du duc François II. Ce dernier le chargea, en 1484, bien que jeune encore, d'une mission auprès du Souverain-Pontife Innocent VIII. Il fit, devant le Pape, une magnifique harangue latine et fut créé, n'ayant que 18 ans, cardinal du titre de Saint-Anastase. Successivement évêque de Troyes, de Rennes et de Nantes, il fut pourvu de l'abbaye de Rhuys à la translation de Pierre de Brignac à l'abbaye de Redon. Il fut en même temps abbé de Saint-Melaine de Rennes et de Saint-Matthieu. A la prière de la duchesse Anne, alors reine de France, il fut nommé administrateur de l'évêché de Vannes, le 26 février 1511. Le roi Louis XII, dont il était conseiller, l'envoya aussi en mission à Rome, auprès du pape Jules II. Il assista au concile général de Latran ; mais le roi l'ayant soupçonné d'être plus pour le Pape que pour lui, lui retira sa faveur et le priva des revenus de tous ses bénéfices en France. Il resta à Rome, vivant d'une cotisation faite en sa faveur par le Sacré-Collége, y mourut, à l'âge de 47 ans, en 1513, et fut enterré dans l'église de Saint-Yves-des-Bretons Le 23 novembre de la même année, la saisie fut mise sur le temporel de l'abbaye.

## § II. — Abbés commendataires.

**1. André Hamon (1513-1526).** — Neveu de Robert Guibé et frère de François Hamon, évêque de Nantes, il était chanoine de Rennes et abbé de Saint-Gildas de Rhuys et de Saint-Gildas-des-Bois. A la sollicitation du roi de France et de la reine Claude, il fut élu évêque de Vannes et reçut ses bulles de Rome ; mais, en lui cédant son siége, le 11 décembre 1514, le cardinal Laurent Pucci s'était réservé le titre d'Évêque de Vannes et la nomination des vicaires généraux par l'entremise desquels il gouverna le diocèse jusqu'à la mort d'André Hamon, le 26 septembre 1531. Aussi Hamon, bien que ayant reçu la consécration épiscopale, n'avait-il que l'ombre de cette dignité et n'était-il nommé ordinairement qu'André, évêque élu de Vannes. En 1526, il établit le frère Julien Sorel, qui était prieur claustral, son vicaire général pour le temporel et le spirituel de l'abbaye. Ce fut lui qui supprima le pèlerinage aux îles de Houat et de Hœdic, et institua la fête du Craizo.

**2. Jean III de la Motte (1526-1537).** — Chanoine de Rennes, il succéda à André Hamon. Une pièce du 14 janvier 1529 le montre avec le titre d'abbé de Rhuys. Il mourut coadjuteur de l'évêque de Quimper, en 1537. Il fit refondre la plus grande des cloches de l'abbaye, d'après l'inscription qu'elle portait avec la date du 21 août 1534.

3. Jean IV Daniélo (1537-1540). — Chanoine et archidiacre de Vannes, il fut pourvu de l'abbaye, en 1537, et mourut en juillet 1540.

4. Philippe de Monti (1540-1552). — Il étai cardinal du titre de Saint-Martin-aux-Monts, sous le nom de cardinal de Boulogne, et évêque de Cornouaille. Après avoir, le 17 septembre 1540, prêté, par procureur, serment de fidélité au roi, à la Chambre des comptes de Bretagne, il obtint main-levée de la saisie qui pesait sur le monastère.

Au trésor de l'église paroissiale de Saint-Gildas, on conserve encore, marquée de ses armes et venant de lui, une croix en vermeil renfermant des parcelles de la vraie croix et dont les branches se terminent par des têtes d'anges ailés. Autour du pied se déroulent les scènes de l'Annonciation, de la Nativité, de la Circoncision et de la Résurrection relevées en bosse. Sur le même pied sont les armes de Monti écartelées de Strozzy, à cause de la mère du cardinal, qui était Élisabeth de Strozzy.

5. Jean V Stuart (1552-1564). — Aumônier du roi et de la reine, il fit, en 1552, à la Chambre des comptes de Nantes, serment de fidélité au roi pour l'abbaye de Saint-Gildas de Rhuys, dont il venait d'être pourvu. En 1563, Jean de Quilfistre, sieur de Trémohart et son procureur, subdélégua, le 16 août, pour gérer les revenus de l'abbaye, de la Boissière, chanoine de Notre-Dame de Nantes.

6. Jean VI de Quilfistre (1564-1580).— Après avoir été procureur de Jean Stuart, il fut lui-même pourvu de l'abbaye de Rhuys et en fit serment de fidélité au roi, le 10 mai 1564. Il assista aux États de Bretagne, le 6 mars 1572, le 30 mars 1573, le 25 septembre 1577, et mourut vers 1580.

Parce qu'il avait négligé de faire les réparations requises, la nef de l'église tomba sous son gouvernement et les bâtiments réguliers eurent beaucoup à souffrir. Son successeur fit, à cause de cela, un long et coûteux procès à Simon de Quilfistre, son héritier, qui fut condamné, le 30 octobre 1587, par arrêt du Grand-Conseil, à payer 2,500 écus pour les réparations omises. On refit alors un nouveau dortoir; mais, peu solidement construit, il ne dura pas.

7. Jean-Baptiste de Gadagne (1580-1591). — Florentin d'origine, archevêque d'Aix, agent du clergé de France, aumônier et conseiller de la reine-mère, il fit, le 9 novembre 1582, serment de fidélité au roi Henri III pour l'abbaye de Rhuys. Dès 1580, il avait nommé Pierre de Lancy, chanoine et chantre de Notre-Dame de Nantes, son vicaire général au temporel et au spirituel, même pour la collation des bénéfices dépendants de l'abbaye. Le 30 mai 1588, le monastère de Saint-Gildas n'avait plus que trois religieux prêtres et un novice.

Le duc de Mercœur, gouverneur de la Province, qui soupçonnait cet abbé de tenir un parti contraire au sien sur l'union des catholiques, avait saisi tous les revenus de l'abbaye. Il en obtint main-levée, le 20 février 1590, et ces revenus lui furent restitués par de Montigny, capitaine du château de Sucinio.

Pour les taxes ecclésiastiques, il aliéna une grande partie des biens de l'abbaye. Il résidait ordinairement à Paris, sur la paroisse de Saint-Eustache. Après sa mort, le duc de Mercœur fit nommer, en avril 1592, un économe pour administrer les revenus du couvent, et prescrivit de consacrer à la réparation de l'abbaye ce que les fermiers devaient encore. Cette date prouve que c'est à faux qu'on place sa mort en 1594, et le fait montre qu'il n'avait pas résigné son bénéfice, comme on le dit presque toujours.

8. Guillaume V d'Avançon de Saint-Marcel (1591-1598). — Il était d'une famille noble du Dauphiné, camérier du Pape; il fut nommé, en 1564, par Charles IX, à l'archevêché d'Embrun. Il eut beaucoup à souffrir des calvinistes qui pillèrent son église. Il assista à la clôture du concile de Trente et s'y fit remarquer. Il assista pareillement au colloque de Poissy et aux États de Blois de 1577 et 1588. Pourvu de l'abbaye de Rhuys, en 1591, il nomma, de Rome, en juin 1592, Jacques Agence, qui était chanoine d'Embrun, son vicaire général au temporel et au spirituel. En 1596, ce vicaire subdélégua, avec les mêmes pouvoirs, Jean Juhel, chanoine de Vannes et chevalier de l'ordre du Saint-Esprit d'Auray. La visite, que le général des bénédictins fit faire à cette abbaye, en septembre

1597, constata qu'il n'y avait plus que quatre religieux, dont un sous-diacre. Le visiteur prescrivit de recevoir quatre autres prêtres et deux novices. En février 1597, l'abbé obtint main-levée des revenus de l'abbaye sur lesquels le duc de Mercœur avait fait apposer la saisie, parce qu'il avait cru que l'abbé était mort. Il ne mourut qu'en mai 1598.

9. Constantin Chevalier (1599-1609). — Il prit possession de l'abbaye, le 15 ou le 18 avril 1599, fit serment de fidélité au roi à la Chambre des comptes de Nantes, le 7 juin 1603, aliéna, en 1604, pour 1,548 écus, des biens de l'abbaye à cause de la taxe.

10. Charles I<sup>er</sup> de Montigny (1609-1617). — Déjà abbé le 13 janvier 1609, il nomma, le 19 janvier 1610, le frère René Gaborit, prieur claustral, et fit reconstruire le moulin de Pencastel, en 1612. Encore mentionné comme abbé de Rhuys, en 1615, il se fit plus tard jésuite.

11. Charles II de Clermont-Thoury (1617-1626). — Il était aumônier et conseiller du roi, abbé de Saint-Ouen à Rouen et fit, en 1617, serment de fidélité pour l'abbaye de Rhuys. Par les aliénations nombreuses qu'il fit, il causa de grands dommages à l'abbaye. En 1625, comme les bâtiments étaient en mauvais état et la nef détruite, il fut obligé de faire faire les réparations les plus urgentes à l'église et au clocher. Il mourut en 1626.

12. Henri II de Bruc (1626-1638). — Il était

de Nantes et prit possession, le 20 décembre 1626, de l'abbaye, que Charles de Clermont, avant de mourir, avait résignée en sa faveur. Sous lui, on fit le maître-autel de l'église, moins les figures faites plus tard par ceux de Saint-Maur. Il dut mourir vers 1638.

13. Michel Ferrand (1638-1676). — Il était conseiller et aumônier du roi. En 1641, il ferma tout le temporel de l'abbaye et pensionna les religieux. En 1650, il introduisit à Saint-Gildas la Congrégation de Saint-Maur. A partir de cette époque, cette abbaye n'eut jamais plus de neuf religieux, sans compter les frères convers. On met sa mort au 24 décembre 1676.

14. Jacques Bertol (1678-1681).— Il fut pourvu de cette abbaye, vacante depuis deux ans, le 1er janvier 1678, en prit possession, le 19 juin suivant, fit faire le partage des biens en août, et mourut le 31 avril 1681. Il demeurait ordinairement à l'abbaye de Montmartre-lès-Paris.

15. Henri III Emmanuel de Roquette (1681-1725). — Docteur en Sorbonne et menbre de l'académie française depuis 1720, il fut pourvu de cette abbaye, en avril 1681, et en prit possession, le 9 septembre suivant. Sous lui fut reconstruite la nef, en 1699, fut démolie la vieille tour et achevée la nouvelle, en 1705. Il mourut en mars 1725.

16. Jean VII Joseph de Villeneuve-Trans (1725-1772). — Il fut nommé en mars 1725. Le

3 janvier de l'année suivante, il nomma François de Castellane, chanoine de l'église de Beauvais, économe de l'abbaye. De Castellane lui extorqua plusieurs bénéfices de sa collation. Sous lui eut lieu le grand procès entre l'abbaye et le grand séminaire de Vannes.

De 1744 à 1745, on construisit, à sa requête, la maison abbatiale que l'on voit encore dans la cour de l'abbaye. A sa mort, en 1772, la mense abbatiale fut réuni par le roi à l'évêché de Vannes, sur la demande de Mgr Bertin. Il fut enterré dans l'église, où l'on voit encore son tombeau. Comme il n'avait pas fait toutes les réparations qui étaient à sa charge, son héritière dut, par convention du 12 octobre 1773, verser une somme de 24,000 livres aux religieux, qui s'étaient chargés, avec le consentement de l'évêque, Mgr Amelot, de faire faire les réparations nécessaires.

Après l'abbé de Villeneuve, le monastère continua à être régi, pour le spirituel, par les prieurs claustraux, jusqu'à la dispersion des religieux au commencement de 1791. Avec ce titre, on trouve Dom Guillaume-Henri Heully, en 1774 et 1775, et Dom Yves-René Gannat, en 1787 et 1791.

## CHAPITRE XXIII.

**Fêtes et cérémonies de l'abbaye avant la grande révolution.**

Ce chapitre n'est qu'un extrait du cérémonial suivi par les moines de Saint-Gildas. Ce document manuscrit et remontant aux dernières années du XVIIIe siècle se conserve au presbytère de la paroisse de Saint-Gildas. Il se divise en quatre chapitres : 1º des fêtes mobiles ; 2º des fêtes fixes ; 3º de quelques cérémonies communes ; 4º de la manière de sonner les cloches suivant les solennités. Dans le premier chapitre, on trouve : 1º le temps de l'avent ; 2º le temps quadragésimal, avec le dimanche des Rameaux et les trois derniers jours de la semaine sainte ; 3º le dimanche et le lundi de Pâques, les trois jours des Rogations et l'Ascension ; 4º le temps de la Pentecôte, avec la fête du Saint-Sacrement, son octave, le dimanche du Graizo et le troisième dimanche d'octobre, anniversaire de la dédicace de l'église de Saint-Goustan. Le second chapitre donne les fêtes fixes célébrées à l'abbaye dans le courant de l'année. Le troisième traite de l'ouverture et de la clôture des portes de l'église, de l'exposition des reliques à certaines fêtes, de la messe chantée dans l'église paroissiale de Saint-Goustan par un des moines à certains

21

jours déterminés, du pain bénit et des suffrages. Le quatrième indique quelles cloches on doit sonner et quand et comment on doit les sonner suivant les fêtes.

Le dimanche des Rameaux, les processions de l'abbaye et de la paroisse se rendaient simultanément à la croix qui était dans l'ancien cimetière. Tourné vers le septentrion, le diacre y chantait l'Évangile. Le supérieur montait ensuite sur la plate-forme, baisait le pied de la croix et y fixait un rameau avec un lien circulaire d'osier. Tous les moines et tous les prêtres en faisaient autant. On retournait par le même chemin à l'église de l'abbaye pour la grand'messe, à laquelle devait assister le clergé paroissial.

Le reposoir du Jeudi-Saint se faisait dans la chapelle dédiée à la Sainte-Trinité, et le lavement des pieds dans celle de Saint-Goustan, devant le tombeau du moine Rioc. Les treize pauvres, dont on lavait les pieds, étaient choisis le dimanche des Rameaux. On donnait à chacun une pièce de monnaie et une portion de pain double de l'aumône ordinaire. Le cérémonial prescrivait de ne pas accepter, pour cette cérémonie, les enfants des gens riches qui se présentaient parfois. Le lavement des pieds des religieux se faisait, le matin, dans le chapitre.

Le Vendredi-Saint, on exposait, à une des portes du chœur, pour l'adoration des fidèles, une petite croix renfermant des parcelles de la vraie croix. En même temps, une plus grande croix en argent doré, don de l'abbé de Montigny, et contenant aussi une parcelle de la vraie croix, était exposée sur le maître-autel.

Le Samedi-Saint, la bénédiction du feu nouveau se faisait dans le cloître, auprès de l'église. Il était prescrit au sacristain de faire prendre, ce jour-là, de l'eau bénite à l'église paroissiale.

Le dimanche de Pâques, un des moines désigné par le cérémoniaire chantait la grand'messe dans l'église de Saint-Goustan. Le clergé de la paroisse devait assister, le soir, aux vêpres et à la procession de l'abbaye. Cette procession se faisait dans l'église seulement, en tournant deux fois autour du chœur et en s'arrêtant devant le crucifix pour la station. Après la cérémonie, l'abbaye offrait une collation au clergé de la paroisse.

Un des moines disait, à 7 heures et demie, le lundi de Pâques, une messe basse dans la chapelle de Kusen pour les nouveaux époux de l'année. Chaque jeune couple devait ensuite verser huit pièces de monnaie, qui étaient consacrées à orner cette chapelle.

Aux trois jours des Rogations, l'abbaye faisait des processions qui duraient presque toute la journée. De grand matin, une châsse renfermant des reliques de saint Gildas était exposée, entre le maître-autel et la chapelle de Saint-Yves, sur un brancard assez élevé pour permettre aux fidèles qui ne pouvaient suivre la procession, de passer dessous. Avant le départ, le clergé de la paroisse se rendait à l'abbaye, où on lui offrait du pain, du beurre et du vin.

Dès 7 heures du matin, le lundi, pendant que les prêtres prenaient cette petite réfection, le sacristain exposait le chef de saint Gildas sur le maître-autel, l'imposait et le faisait baiser aux fidèles, quand la procession de Saint-Goustan était entrée dans l'église. A 7 heures et demie, on récitait Sexte et None, puis commençait la procession. La croix et les bannières de Saint-Goustan marchaient en tête. Venaient ensuite la croix de l'abbaye et les reliques portées par deux prêtres, le clergé de la paroisse, les moines et enfin le supérieur portant l'étole violette (1). La procession passait par Cornaud, auprès de l'étang de Kpont et de l'Étier, par Tumiac, Kjoanno, où elle était rejointe par celles d'Arzon et de Locmariaquer (2), se continuait par le chemin du Lein et de la chapelle du Croisty. Avant d'arriver à ce point et en faisant le tour de la chapelle, on chantait l'hymne *Iste confessor;* puis on faisait une station devant le maître-autel, en chantant le *Regina cœli,* avec les versets et les oraisons de la sainte Vierge et de saint Gildas. Après une petite halte, la procession se dirigeait vers Arzon. En entrant dans

---

(1) Primitivement la procession de Sarzeau se rendait aussi à Saint-Gildas ; sa croix marchait la première et les prêtres, auxquels on offrait la même réfection qu'à ceux de Saint-Goustan, précédaient immédiatement les moines.

(2) Au commencement, la procession de l'Ile-d'Arz rejoignait ici avec les autres.

l'église de Locmaria, le supérieur recevait une chape et chantait l'oraison, après l'*Ave maris stella*. Immédiatement commençait la messe des Rogations chantée par le semainier de l'abbaye. Le cérémonial avertit ce moine de se munir d'un amict, parce que ceux des prêtres séculiers étaient trop étroits. A Tumiac, il devait se séparer de la procession et se rendre directement à Arzon, pour se préparer à la messe et pouvoir la commencer à l'arrivée des autres. Après la messe, le clergé et les moines dînaient chez le recteur d'Arzon, s'il les avait préalablement invités, ou le dépositaire de l'abbaye devait prendre ses précautions pour faire préparer à dîner dans un lieu convenable, ou bien encore la procession ne se rendait pas à l'église de Locmaria. Au son de la cloche, tout le monde se réunissait à l'église pour reprendre la procession du retour. On revenait par la chapelle de Ḱner (1), où l'on chantait l'hymne *ô beata Trinitas*, le *Regina cœli*, avec les oraisons de la Trinité et de la sainte Vierge. Après une petite pause, la procession se remettait en marche par le moulin de Pencastel, les villages de Benince et de Ḱallanic, où ceux d'Arzon se séparaient, pour retourner chez eux. On gagnait ensuite le Net, et là, à leur tour, ceux de Sarzeau se détachaient de la procession, qui continuait son retour par la saline et l'étang de Ḱpont. Les

---

(1) Plus tard, on supprima une partie du trajet, la procession se rendait directement de Ḱjoanno au Net.

prêtres de la paroisse soupaient à l'abbaye (1).

Le mardi, la procession commençait vers huit heures et se rendait à Sarzeau. La procession de cette paroisse venait à sa rencontre jusqu'à une croix de pierre assez élevée à l'endroit où se trouvait antérieurement un grand orme dit *Guen-erhordér*, l'arbre du cordier. Alors deux prêtres de Sarzeau se chargeaient des reliques. En arrivant dans la ville, on entrait dans la chapelle des Trinitaires, mais le semainier de l'abbaye devait se rendre directement à l'église paroissiale, pour se préparer à y chanter la messe. A la Trinité, on offrait une chape au prieur, qui chantait les oraisons de la sainte Trinité et de la sainte Vierge, après le jeu de l'orgue, une antienne à la Trinité et le *Regina cœli*. A l'entrée de la procession dans l'église paroissiale, on chantait l'antienne *Lux perpetua* et le prieur en chape disait l'oraison de saint Saturnin, patron de cette église. Immédiatement après commençait la messe à laquelle deux prêtres de Sarzeau faisaient diacre et sous-diacre. Le dîner se faisait ensuite dans un lieu convenable et aux frais de l'abbaye. Les clergés de Sarzeau, d'Arzon et de Saint-Goustan y assistaient. Au son de la cloche, on se réunissait à l'église et

---

(1) Cette procession attirait un plus grand concours encore, quand le lundi des Rogations coïncidait avec le 11 mai, fête de l'invention au Croisty du corps de saint Gildas. Alors, en effet, il n'y avait pas seulement les habitants de toute la presqu'île, mais encore les fidèles de tous les environs.

la procession retournait par le même chemin. A la croix où l'on s'était rencontré le matin, la procession de Sarzeau s'arrêtait et revenait sur ses pas. Deux prêtres de Saint-Goustan se chargeaient des reliques, et, à la croix dite *de Dom Olivier*, on reprenait les grandes litanies qui se terminaient en arrivant à Saint-Gildas.

Dans la suite, on cessa d'aller à Sarzeau. La procession se rendait directement par le Cossay à la chapelle de Saint-Jacques, où, après une antienne à l'apôtre, le *Regina cœli* et les oraisons correspondantes, on disait None et une messe basse. Le dépositaire de l'abbaye devait avoir soin de faire tenir prêt, en plein air et sur l'herbe, un dîner que les moines partageaient avec le clergé de Saint-Goustan et les prêtres de Houat et de Hœdic, si ces derniers avaient pu s'y rendre. La procession retournait par Kcambre et les reliques étaient portées par deux prêtres de Saint-Goustan ou par ceux des îles.

Le mercredi, la procession partait de l'abbaye, vers neuf heures, avec les prêtres de Saint-Goustan et se rendait à la fontaine de Saint-Gildas. Le sacristain y descendait pour bénir l'eau. On se dirigeait ensuite vers l'église paroissiale, où l'on chantait l'antienne *Hic vir despiciens*, avec le verset et l'oraison de saint Goustan, et enfin la messe. Le clergé de Saint-Goustan dînait à l'abbaye, mais ce jour-là on ne lui donnait pas à souper.

Autrefois et pendant que la procession du

mardi allait à Sarzeau, celle du mercredi se rendait à la chapelle de Saint-Jacques par le Cossay. On y chantait la messe et, au retour, on passait par Ksaux et par Kcambre. A la station qui se faisait dans la chapelle de Saint-Louis, située près de ce dernier village, on chantait l'antienne *Hic vir despiciens*, le *Regina cœli*, les versets et oraisons correspondants. Après une petite pause, la procession continuait et rentrait à Saint-Gildas. Le clergé de Saint-Goustan dînait seulement à l'abbaye.

A la fête de l'Ascension, la châsse contenant les reliques de saint Gildas s'exposait de grand matin comme aux Rogations, entre le maître-autel et la chapelle de Saint-Yves, et la procession, à laquelle assistait le clergé de Saint-Goustan, après avoir pris une petite réfection à l'abbaye, commençait à neuf heures. Les chantres portaient des chapes; le célébrant et les ministres les ornements sacrés. On se rendait à la chapelle de Kusen, dont on faisait le tour avant d'y entrer par la grande porte. De là, on allait à l'église de Saint-Goustan, dont on faisait également le tour avant d'y entrer. Au retour de la procession à l'église de l'abbaye, un des moines chantait la grand'messe, à laquelle assistaient le clergé et les fidèles de la paroisse. Le clergé dînait à l'abbaye et les vêpres se chantaient à trois heures.

Le dimanche de la Pentecôte, un des moines, désigné par le cérémoniaire, chantait la messe à Saint-Goustan. Lorsque l'évêque de Vannes tenait son synode, le jeudi suivant, c'était, d'après une très ancienne coutume, l'abbé de Saint-Gildas qui célébrait la messe synodale dans l'église cathédrale de Saint-Pierre. A l'introduction de la réforme de saint Maur, l'abbé céda ce privilége au prieur claustral. Mais, à la fin du xviie siècle, ce synode ne se tenait plus régulièrement.

Le jeudi de Saint-Sacrement, la procession, à laquelle assistait le clergé de la paroisse en chape comme les religieux, sortait vers les neuf heures s'il ne pleuvait pas. Le dais était porté par les deux premiers officiers de la juridiction de l'abbaye et par deux nobles de la paroisse, s'il y en avait, ou, à défaut de ces derniers, par deux autres officiers de la juridiction. Au chant des hymnes ordinaires, on se rendait à la chapelle de Kusen, où se faisait la première station. On y chantait l'*O sacrum convivium*, avec le verset et l'oraison du Saint-Sacrement. La seconde station avait lieu à l'église de Saint-Goustan, où se chantait l'*Ave verum*, avec le verset et l'oraison. Au retour à l'abbaye, la messe chantée commençait. Le clergé de Saint-Goustan y assistait et dînait ensuite avec les moines. Si la pluie empêchait la procession de sortir, elle se faisait, ce jour-là, dans l'intérieur de l'église et se rendait à la chapelle de Kusen et à la paroisse, le dimanche suivant ou le jour de l'Octave. Les vêpres se chantaient à trois heures, et, pendant le *Magnificat*, la cloche annonçait aux fidèles la réposition du Saint-Sacrement.

21*

Parce que les habitants de Saint-Gildas avaient une grande dévotion envers le très Saint-Sacrement et se rendaient, ce jour-là, à l'église de l'abbaye, pour y prier au son de l'*Angelus* du soir, le cérémonial recommandait au sacristain de leur tenir les portes ouvertes. Tous les jours de l'octave, le Saint-Sacrement s'exposait à cinq heures et quart du matin, pour permettre aux fidèles de venir l'adorer, avant de se rendre aux travaux des champs. Toutes les messes se disaient à l'autel de l'exposition. Le soir, un peu avant la fin des complies, la cloche annonçait la réposition.

Le dimanche dans l'octave du Saint-Sacrement, la procession de la paroisse se rendait à l'église de l'abbaye à neuf heures. Le soir, les vêpres avaient lieu dans cette église et étaient suivies de la procession du Saint-Sacrement à l'intérieur en faisant deux fois le tour du chœur. A cette procession, le vicaire perpétuel de Saint-Goustan et un de ses prêtres faisaient diacre et sous-diacre. Au jour de l'octave, la procession se faisait encore dans l'intérieur de l'église et après les vêpres, qui étaient très solennelles et se chantaient à quatre heures, pour que les laboureurs pussent y assister après les travaux de la journée. Plus tard, elle se fit au dehors et se rendait à la paroisse. Le clergé de Saint-Goustan y assistait comme le dimanche précédent, mais il n'y était pas obligé. Quand il y était, l'abbaye lui offrait la collation.

Pour la grande fête du Craizo, célébrée le dimanche qui précédait le 24 juin, les fidèles des environs accouraient en foule à Saint-Gildas, à la place du pèlerinage qu'ils faisaient antérieurement aux îles de Houat et de Hœdic. Comme ils y arrivaient dès la veille, les vêpres du samedi se chantaient très solennellement. Le sacristain devait, pour la même raison, orner le tombeau de saint Gildas, en mettant sur la voûte qui le recouvrait une croix, des tableaux, des vases avec des fleurs et des bougies qu'on devait allumer pendant les offices. Après les vêpres, il exposait les reliques du Saint sur tous les autels des chapelles et le chef sur le maître-autel de l'église. A la demande des fidèles, il leur donnait ce chef à baiser, après le leur avoir imposé. La châsse ordinaire était exposée sur le brancard entre le maître-autel et la chapelle de Saint-Yves. Le lendemain matin, on commençait les matines vers une heure et demie ou deux heures, de manière à achever les laudes pour la première messe basse, que le sacristain disait, à trois heures, au maître-autel, en faveur des pèlerins venus de loin et pressés de retourner chez eux. Immédiatement après, ayant déposé la chasuble et le manipule, il imposait et faisait baiser aux fidèles les chef de saint Gildas. Parce que les paroisses de Sarzeau, d'Arzon et de Saint-Goustan se rendaient parfois, ce jour-là, en procession à Saint-Gildas, la messe conventuelle se chantait plutôt, de manière à être terminée pour leur arrivée vers dix heures. Dès que chaque procession atteignait le bourg, on sonnait les grandes cloches et le sacristain présentait des chapes à tous les prêtres. Plusieurs de ces derniers célébraient la messe à la chapelle, et, à cet effet, le sacristain devait préparer des ornements verts, excepté pour les prêtres de Sarzeau qui, bien souvent, disaient la messe de saint Gildas. Les vêpres, auxquelles il restait beaucoup de monde, se chantaient à trois heures.

Quand cette fête coïncidait avec le dimanche dans l'octave du Sacre, on ne devait exposer le Saint-Sacrement qu'à la grand'messe, à cause du tumulte qui se faisait autour du chœur pour visiter le tombeau de saint Gildas.

Comme les pièces originales portant concession d'indulgences, qu'on prétendait avoir été accordées par les Souverains-Pontifes aux fidèles qui, en ce jour, visitaient le tombeau de saint Gildas, étaient perdues, les religieux sollicitèrent une nouvelle concession et obtinrent d'Alexandre VII, le 17 août 1665, une indulgence plénière pour sept ans. Cette concession fut ensuite renouvelée et devint perpétuelle.

Le troisième dimanche d'octobre, on faisait l'anniversaire de la dédicace de l'église paroissiale, parce que, dans son synode de 1667, l'évêque de Vannes avait décrété que, comme pour l'église cathédrale, on ferait, en ce jour, l'anniversaire de la dédicace de toutes les églises paroissiales du diocèse. L'abbaye renvoyait cependant cette fête, quand elle coïncidait avec la dédicace de sa propre église, le 15 octobre.

Au second chapitre de ce cérémonial, on remarque les cérémonies et les fêtes suivantes :

Le 5 janvier, on célébrait un service très solennel pour le roi Grallon, fondateur de l'abbaye. Les cloches l'annonçaient dès la veille et encore à cinq heures et demie du matin. A neuf heures et demie le prieur claustral chantait la messe. On sait ce qu'il faut penser de l'opinion qui attribue à ce prince la fondation de l'abbaye. L'erreur en ce point n'empêchait pas ces prières d'être salutaires à son âme si elle en avait besoin.

Pour la fête de saint Gildas, le 29 du même mois, on déployait les plus grandes pompes possibles. Elle était de première classe, de premier ordre, avec octave pour l'abbaye et de précepte pour la paroisse de Saint-Goustan. De grand matin, la châsse renfermant les reliques du Saint était exposée sur le brancard ordinaire et parfaitement orné, entre le maître-autel et la chapelle de saint Yves, et un religieux imposait et faisait baiser aux fidèles le chef, qu'il déposait ensuite, avec d'autres reliques, sur le maître-autel splendidement décoré. A huit heures et demie, les trois grandes cloches de la tour sonnaient le premier signal de la messe, le second coup un quart d'heure après, et, à neuf heures, toutes les cloches s'ébranlant ensemble indiquaient le commencement du saint sacrifice. Depuis le commencement de l'épître jusqu'à l'évangile, la troisième cloche de la tour invitait au sermon, s'il devait y en avoir, et à l'offertoire elle reprenait pour avertir la paroisse de Saint-Goustan qui arrivait en procession à l'issue de la grand'messe. Immédiatement après, le vicaire perpétuel disait au maître-autel une messe basse à laquelle assistaient ses paroissiens. Ordinairement les processions de Sarzeau et d'Arzon arrivaient sur ces entrefaites, et les prêtres qui les conduisaient célébraient aux différents autels de l'église.

Le premier mars on faisait la fête de saint Aubin, évêque d'Angers, parce qu'il était originaire du diocèse de Vannes et passait pour avoir été moine de l'abbaye de Rhuys. Le 13, c'était la fête de saint Pol de Léon, condisciple de saint Gildas à Lan-Iltut. Le 16, on faisait la fête de saint Patern, évêque de Vannes, qui fut moine de l'abbaye. Le 25 du même mois, à la fête de saint Marc l'évangéliste, les reliques s'exposaient dès le matin entre le maître-autel et la chapelle de saint Yves, et, à neuf heures, la procession, comme aux Rogations, se rendait à la chapelle de Kusen, où le semainier disait la messe. On revenait directement à l'abbaye en chantant les litanies.

Le 11 mai, fête de l'invention au Croisty du corps de saint Gildas, tout se passait comme le 29 janvier : la procession de Saint-Goustan se rendait à l'église de l'abbaye et le vicaire perpétuel disait la messe au maître-autel. Quand cette fête coïncidait avec le lundi des Rogations, le sacristain devait en informer par lettres les paroisses de Saint-Goustan, de Sarzeau, d'Arzon, de Locmariaquer et de l'Ile-d'Arz, parce que, dans ce cas, les processions de ces paroisses étaient beaucoup plus nombreuses (1).

A la fête de l'Assomption, le 15 août, la procession se rendait, après les vêpres, à la chapelle de Kusen et en faisait le tour avant d'y entrer par la grande porte. Le 23 du même mois, on faisait la fête de saint Armel, parce que l'église et la frairie de ce nom relevaient de la juridiction du monastère.

A la fête de la Nativité de la sainte Vierge, le 8 septembre, la procession avait lieu comme à l'Assomption. Le 30 du même mois, on célébrait l'anniversaire de la restauration de l'abbaye et de l'invention des reliques de saint Gildas que l'abbé Daoc avait cachées sous l'autel en prenant la fuite pour le Berry. Cette fête était de première classe et de précepte pour les moines. Les reliques de saint Gildas étaient exposées comme d'habitude.

A la Toussaint, un des moines chantait la messe à l'église paroissiale. Le lendemain, la procession se rendait, après la messe des morts, au chapitre où l'on faisait une station et rentrait en faisant le tour du cloître.

A la fête de saint Goustan, le 27 novembre, un des moines chantait la messe à la paroisse et présidait la procession qui se rendait ensuite au tombeau du Saint. Le lendemain, on célébrait la

---

(1) Voir, à la fin du volume, note B, la prose latine de saint Gildas, qui se chantait aux fêtes du 29 janvier et du 11 mai.

fête de saint Gobrien, évêque de Vannes, parce qu'il avait étudié la théologie dans le monastère.

Le même cérémonial ajoute que l'évêque de Vannes, sur un indult apostolique, déclara, au synode de 1668, que la fête de l'Immaculée Conception se célébrerait avec octave dans tout le diocèse.

## CHAPITRE XXIV.
### Description de l'état actuel de l'Abbaye (1).

De l'abbaye de Saint-Gildas, telle qu'elle se trouvait encore à la grande révolution, outre les jardins et les arbres séculaires de la solitude qui donne sur la mer, il ne reste plus guère que l'église, une partie du cloître et la maison abbatiale. Les derniers débris de l'ancien monastère restauré par saint Félix ont depuis longtemps disparu. A leur place, ceux de Saint-Maur avaient élevé, dans la dernière moitié du XVIIe siècle, d'autres bâtiments, dont une partie est habitée par la communauté actuelle. L'autre partie, dont, il y a quelques années, on voyait encore les ruines, avec les nombreuses ouvertures qui éclai-

---

(1) Pour ce chapitre, on a beaucoup emprunté à la *Statistique archéologique de l'arrondissement de Vannes*, par M. Rosenzweig; c'est un devoir de le reconnaître. Pour les tombes, les descriptions et les inscriptions ont été complétées à l'aide des renseignements puisés à la bibliothèque impériale. L'auteur du manuscrit consulté a vécu à Saint-Gildas en 1665 et tout étudié avec soin.

raient les cellules des moines, vient d'être remplacée par une nouvelle chapelle. Ce qui reste des anciens cloîtres se trouve au midi de l'église et vient y aboutir. Ces cloîtres communiquaient avec la maison de Dieu par une porte aujourd'hui bouchée. La maison abbatiale, ne remontant qu'au milieu du siècle dernier, est en face de l'entrée principale du couvent et isolée à côté de la basse-cour. Tout l'intérêt se concentre donc sur l'église, et, de fait, elle mérite une description détaillée. Mais, pour être comprise de tous, cette description doit être dégagée des termes techniques.

Cette église, en forme de croix latine, se compose de deux parties bien distinctes qui remontent à des époques différentes. Le chœur et le transsept nord ou la chapelle du côté du bourg sont beaucoup plus anciens que la nef et appartiennent à l'église édifiée par saint Félix au XI$^e$ siècle. Le transsept méridional et du côté du couvent était de la même époque ; mais il fut détruit par l'ouragan du 28 mars 1836. La nef actuelle ne remonte qu'à la fin du XVII$^e$ siècle ; elle fut achevée en 1699. Elle se termine, au couchant, par le portail surmonté d'une grosse tour carrée comme celle de Sarzeau. Cette tour, plus récente encore que la nef, ne date que 1705. Elle succéda à l'ancienne, que la foudre avait détruite quelques années auparavant (1).

---

(1) D'après une tradition du pays, les cloches de cette tour sonnaient autrefois d'elles-mêmes, lorsque sur la côte voisine, des marins étaient en danger. On les sonnait toutes à l'approche des orages, pour les conjurer et exciter les fidèles à recourir au puissant secours de la prière.

A l'extérieur de la nef, on remarque des contreforts simples, adhérents, très élevés et peu saillants, des fenêtres à plein cintre, dont quelques-unes très étroites et d'autres bouchées, des figures humaines, des têtes d'animaux et des modillons à la corniche. A l'intérieur, il y a des colones romanes appliquées sur des piliers, à base peu élevée, avec des chapiteaux à feuillage, enroulements et entrelacs, et supportant des arcades à plein cintre. Deux chapiteaux romans très larges et provenant des colonnes de l'ancienne nef servent de bénitiers aux deux entrées de l'église. Leurs corbeilles sont couvertes d'animaux à têtes bizarres et fantastiques, mêlés à des rinceaux capricieux. Au haut de la nef et du côté de l'épître, une pierre tumulaire et portant l'écusson de ses armes en forme de losange, indique la tombe du prêtre Jean-Joseph de Villeneuve-Trans, dernier abbé de Saint-Gildas et mort en 1772.

Autour du chœur, fermé par des grilles et entouré de lourdes colonnes romanes, règne un collatéral avec trois chapelles demi-circulaires : celle de saint Joseph au nord, celle de la sainte Vierge au levant et au milieu et celle de Notre-Dame des Sept-Douleurs au midi. A l'extérieur de la chapelle du milieu, on remarque, sur la muraille et grossièrement sculptés, deux cavaliers qui combattent et un troisième personnage seul. A l'intérieur et du côté de l'évangile, le Recteur actuel de la paroisse a fait placer, à l'endroit indiqué par la tradition pour la tombe de saint

Gingurien, une dalle en granit avec cette inscription : *Sanctus Gingurianus monachus istius loci.*

En face de cette chapelle et dans un enfoncement, en forme d'arcade basse et ouverte, sous le maître-autel, se trouve la tombe de saint Gildas, en granit, sans inscription, longue de deux mètres, large de 0m,70 à la tête et de 0m,30 aux pieds. Soulevée en 1856, elle laissait voir quelques ossements réunis dans une espèce de boîte carrée taillée dans la pierre elle-même. Autrefois l'arcade qui la recouvre était à trois ou quatre pas du maître-autel. Ce fut là que, selon toute probabilité, les premiers moines de Rhuys déposèrent les restes vénérables de leur bienheureux père. C'est là que des générations se sont agenouillées dans la prière et que la vertu de Dieu a, par d'éclatants et nombreux miracles, attesté à nos pères la grande sainteté de son serviteur. C'est là aussi que, nous-mêmes, bretons de Rhuys et imitant un exemple donné par douze siècles, avons fléchi le genou et pieusement incliné le front sur cette froide pierre. Saint Gildas, que votre sépulcre soit toujours parmi nous glorieux et vénéré ! Que jusqu'à la fin, la presqu'île de Rhuys, que vous avez aimée, reste fidèle à son passé, fidèle à Dieu et fidèle à votre culte !

Saint Bieuzy a dû être enterré dans le voisinage de ce tombeau ; mais depuis des siècles on en ignore le point précis.

Le maître-autel, privilégié à perpétuité et dédié

à saint Gildas, est en marbre et porte un rétable à deux étages de colonnes en pierre blanche. Au sommet du rétable est une statue de saint Gildas portant une crosse et une mitre. C'est par erreur qu'on l'a ornée de ces insignes, car, à l'époque du Saint et encore longtemps après, les abbés n'avaient point le privilége des ornements pontificaux.

Au côté droit de cet autel, il y a une tombe offrant des traces de sculptures et d'inscriptions. Des besants, qu'on y voyait encore gravés à la fin du XVIIe siècle, prouvent qu'elle recouvrait quelques seigneurs de Malestroit. Un Païen de Malestroit y fut enterré en 1229, selon la chronique de l'abbaye.

On l'a dit ailleurs, sous le chœur, il y a un caveau qui était réservé aux ducs de Bretagne et à leurs familles. L'entrée était devant la balustrade surmontée du crucifix. Plusieurs princes bretons y ont été déposés. Au milieu du chœur, il y a cinq pierres tumulaires qui nous donnent les noms de quelques-uns. Toutes d'égales dimensions et les pieds tournés vers l'autel, elles portent, en creux, des figures et des inscriptions presque frustres.

Sur la première, du côté de l'épître, couverte en partie par des stalles, on ne distingue plus qu'une tête posée sur un coussin. Autrefois on lisait cette inscription sur les côtés : *Hic jacet Nicholaus Clericus filius J. duc. Britanniæ, et Jôæ Blanchæ uxoris ejus ; et fui mortuus anno D. Mo. CCo. XLIX*, et au-dessus de la tête : *Et vixi XIII annos*. C'était la tombe de Nicolas de

Bretagne, fils du duc Jean I<sup>er</sup> dit le Roux, et de la duchesse Blanche. Il mourut en 1249 à l'âge de 13 ans (1).

Sur la seconde, on ne voit plus qu'un fragment de date. Elle portait cette inscription : *Cy gist Thibaust fils. J. Duc de Bretagne et Blanche sa fame, et mourut en l'an de grâce. M : CC : XL : VI, et vesquit un an.* C'est la tombe de Thibaut de Bretagne, frère du précédent. Il mourut en 1246, âgé d'un an.

La troisième tombe est celle d'Aliénor, sœur des précédents et morte en 1248, l'année même de sa naissance. Elle portait cette inscription, dont on ne distingue plus rien : *Icy gist Alionor, fille J. duc de Bretagne et Blanche sa famme, et mourut en l'an de grâce M. CC. XL. VIII.*

La quatrième, sur laquelle on ne distingue rien non plus, est celle d'un autre Thibaut, fils du même duc et mort en 1251 à l'âge de 12 ans (2). Elle portait cette inscription : *Icy gist Tebaust fils. J. duc de Bretagne et Blanche sa famme. et mourut en l'an de grâce M. CC. LI. et vesquit dux ans.*

Sur la cinquième, qui était celle de Jeanne de

---

(1) La chronique de l'abbaye, en désaccord avec cette inscription, le fait naître en 1249 et mourir en 1251, la veille de l'Assomption.

(2) Suivant la chronique de l'abbaye, qui place sa naissance au V des ides de novembre 1247, il n'aurait eu que quatre ans. Pour ces princes, voir le chapitre XII de cette deuxième partie ; on y a suivi la chronique de l'babaye un peu différente de ces inscriptions.

Bretagne, fille du duc Jean IV et de Jeanne de Navarre et morte en 1448, il y avait en relief une figure de femme et, à côté de sa tête, deux anges tenant une couronne. On y lisait cette inscription : *Cy gist Jeanne fille de Jean duc de Bretagne, et de Jeanne de Navarre, et mourut à la Nativité Notre-Dame. L'an M. CCCC. IIII$^x$. et VIII.* Elle devait être d'un âge avancé, car son père mourut lui-même, déjà vieux, en 1399.

Dans la chapelle du Nord, presque entièrement pavée de dalles funéraires et sur laquelle ouvre une petite porte d'entrée à cintre brisé avec tore, deux arcades romanes cintrées et pratiquées dans le pignon renferment deux tombeaux couverts en biseau avec croix pattée en relief. Le plus rapproché de la porte, faussement attribué à saint Bieuzy, montre cette inscription : *Riocus abba*. C'est celui du moine Rioc, qui fut le compagnon de saint Goustan à Hœdic et probablement le premier prieur de cette île. Sur l'autre on lit : † *II. id. febr. obiit Felix abb. istius loci*. C'est celui de saint Félix restaurateur de l'abbaye au XI$^e$ siècle.

Deux autres tombes se font remarquer dans cette chapelle. La première, portant en relief une épée et un écusson à 10 billettes et sur le tout une bande chargée de cinq besants, est celle d'un chevalier de la famille de Beaumanoir. La seconde, en dos d'âne, avec tête plus large que les pieds, sans inscription ni figures, est celle de saint Goustan. Il est à regretter que rien ne l'indique aux étrangers.

Les autres tombes de cette chapelle sont des dalles. On remarque les suivantes presque toutes en granit :

1º Devant celle de saint Goustan, une représentant une croix dont le sommet est formé par quatre doubles circonférences, une crosse à côté et cette inscription à la bordure : † *Hic : jacet Guill : de : Moncontor : quondam : abbas : istius : loci : Aia ejus : requiescat : in pace : Amen.* C'est la tombe de Guillaume III de Montcontour, abbé de ce monastère en 1413. Auprès est celle de Pierre, abbé aussi ; mais on n'en peut lire l'écriture.

2º Une qui porte une inscription fruste en caractère du xive siècle et sur laquelle on distingue encore un écusson à deux fasces avec trois étoiles, et une crosse sur le tout.

3º Une portant une croix aux extrémités, des angles florencés et une crosse à côté.

4º Une où sont sculptés en relief une crosse et un écusson à un oiseau.

5º Une sur laquelle sont gravés une croix simple, une crosse et un écusson fruste.

6º Une, en schiste, portant sur les bordures cette inscription indéchiffrable en partie : † *Cy gist fr. Cadoret. aumosnier et prieur. de. céans et. decebda le XXVIII. dapvril. lan M. V*[c] *L. et IIII.*

7º Deux autres pierres simples, également en schiste, sans dessins ni inscriptions.

Il y a plusieurs autres tombes d'abbés, de prieurs

et de moines, dont les inscriptions sont effacées. Il y en avait plusieurs autres dans le cloître et dans l'ancien chapitre, antérieures à l'introduction de la réforme de Saint-Maur.

A l'extérieur du transsept nord, entre l'abside et l'absidiole, on voit cette inscription en capitales romaines : † V : idus : septembris, obiit Simon puer et monasticus sancti Gildasii (1).

Le trésor de l'église possède plusieurs objets remarquables, surtout de nombreuses reliques, dont malheureusement les authentiques sont en partie perdus. Une reconnaissance qui fut faite, le 22 juillet 1619, par l'abbé Charles de Clermont, de toutes les reliques que renfermait alors la sacristie des moines, nous montre, en deux châsses, celles de saint Gildas, de saint Méen, de saint Judicaël, des saints Innocents, de saint Samson, de saint Guenhaël, et de plusieurs autres saints non désignés, avec un soulier ou une sandale attribuée à Notre Seigneur, dans la première qui était recouverte en airain (2), et dans la seconde, qui était en bois et exposée sur l'autel ou sur un brancard à certains jours, une partie du chef, une cuisse, une jambe et un bras de saint Gildas, quantité de la vraie croix, le corps tout entier de saint

---

(1) Cette inscription n'est pas si complète. La voici : † V : idus : sept ē bris, obiit Simon puer et mō nic' Sci Gildasii.

(2) Cette châsse était celle qu'on portait aux processions des Rogations. Elle était fort ancienne et remontait probablement à l'époque de saint Félix.

Goustan, des reliques de saint Melaine et de plusieurs autres saints.

La plus grande partie de la tête de saint Gildas était dans un chef d'argent orné d'un collier de pierreries. Ce chef était un don des seigneurs de Malestroit ; mais il était grossièrement travaillé et les religieux de Saint-Maur, à leur arrivée, le firent retoucher ou changer, tout en y laissant les armes des seigneurs de Malestroit. Autour de sa tête, on a simulé une couronne de cheveux. Ce chef, qui ne contient plus que fort peu de reliques, se voit encore dans la sacristie.

A cet époque, il y avait aussi beaucoup de reliques dans une petite armoire sous le tabernacle du maître-autel.

En 1731, le Père François du Clère, visiteur de la Congrégation de Saint-Maur en la province de Bretagne, fit la translation des reliques de la châsse couverte d'airain dans une nouvelle châsse couverte d'argent, semée d'hermines et de fleurs-de-lys. Il trouva au trésor, probablement sous le tabernacle, plusieurs reliques renfermées dans trois sacs, et chargea le prieur claustral d'en faire lui-même la translation dans la châsse qui venait d'être vidée.

Cette châsse, couverte de lames d'argent et dont le Père François du Clère fit, en 1731, la translation de certaines reliques de saint Gildas et de quelques autres saints, se conserve encore dans la sacristie. Elle est en forme de chapelle et fut fabriquée à Vannes, comme l'indique une inscription gravée sur l'un des pignons et sous la devise et les armes de Bretagne. Sur l'autre pignon, elle porte une fleur-de-lys, le mot *Pax* et les clous de la Passion entourés d'une couronne d'épines sur laquelle se voient une crosse et une mitre d'abbé. Les deux pignons sont percés de deux portes, surmontées chacune d'une niche renfermant les petites statues de saint Gildas et de saint Félix.

Outre ce chef et cette châsse, le trésor possède trois autres reliquaires d'ornementation rayonnante et renfermant des reliques insignes de saint Gildas. Il y a un bras bénissant enchâssé dans un reliquaire en chêne recouvert de lames d'argent. Sur la manche brodée en vermeil, se trouvent les initiales I. M., qui, étant celles de Jean de Malestroit, évêque de Nantes en 1420, permettent de supposer que cette pièce, comme l'ancien chef, est due aux pieuses libéralités de ce prélat. Dans les deux autres reliquaires d'argent et en forme de tour, il y a un os d'une jambe et un autre d'une cuisse ; d'autres disent un bras, une cuisse et un genou. Quoiqu'il en soit, ces reliques sont maintenant dépourvues d'authentiques.

Il y a, de plus, dans cette sacristie, une ancienne mitre, un calice de la renaissance et une croix assez remarquable. La mitre, en soie verte brochée d'or et d'argent, représente, d'un côté, la Vierge portant l'Enfant Jésus et saint Jean portant l'Agneau divin, de l'autre, deux abbés crossés et mitrés, qu'on suppose être saint Gildas et saint

Félix, à cause des nimbes ou cercles de lumière qui environnent les deux têtes. L'un des fanons de la mitre porte un saint Sébastien ; le saint appliqué sur l'autre a été enlevé. Cette mitre passe pour avoir servi à Abélard. On l'a, aussi, mais à tort, attribuée à saint Félix.

Le calice, qui remonte au XV<sup>e</sup> ou au XVI<sup>e</sup> siècle, présente au-dessous du nœud six niches renfermant six statues d'apôtres.

La croix, qui est en vermeil et à branches terminées par des têtes d'anges ailés, renferme des parcelles de la vraie croix et porte, relevées en bosse autour du pied, les scènes de l'Annonciation, de la Nativité, de la Circoncision et de la Résurrection. C'est un don de Philippe de Monti, dit cardinal de Boulogne, et abbé de saint Gildas de 1540 à 1552.

## CHAPITRE XXV.

## LITANIES DE SAINT GILDAS

#### Abbé de Rhuys.

Seigneur, ayez pitié de nous.
Christ, ayez pitié de nous.
Seigneur, ayez pitié de nous.
Seigneur, écoutez-nous.
Seigneur, exaucez-nous.
Père céleste qui êtes Dieu, ayez pitié de nous.
Fils Rédempteur du monde qui êtes Dieu, ayez pitié de nous.
Esprit saint qui êtes Dieu, ayez pitié de nous.
Trinité sainte, qui êtes un seul Dieu, ayez pitié de nous.
Saint Gildas, priez pour nous.
Saint Gildas qui, comme serviteur prudent et zélé, avez été établi sur la famille du Seigneur, priez pour nous.
Saint Gildas qui, étant comme mort au monde, avez mené une vie cachée avec Jésus-Christ, priez pour nous.
Saint Gildas, qui avez porté continuellement dans votre corps la mortification de la Croix de Jésus-Christ, priez pour nous.

Saint Gildas, qui avez crucifié votre chair avec ses vices et ses mauvais désirs, priez pour nous.

Saint Gildas, qui avez été crucifié au monde, priez pour nous.

Saint Gildas, qui avez pratiqué la sobriété jusqu'à ne boire ni vin ni autre liqueur, priez pour n.

Saint Gildas, qui avez dissipé les artifices des démons, priez pour nous.

Saint Gildas, qui avez guéri un paralytique et qui avez fait plusieurs autres prodiges par vos prières, priez pour nous.

Saint Gildas qui, dès votre jeunesse avec renoncé à tout, afin de gagner Jésus-Christ, priez pour nous.

Saint Gildas, qui avez châtié votre corps et qui l'avez réduit en servitude, priez pour nous.

Saint Gildas, qui avez usé de ce monde comme si vous n'en eussiez pas usé, priez pour nous.

Saint Gildas, qui avez été revêtu de la force du Tout-Puissant, priez pour nous.

Saint Gildas qui, par la pratique des bonnes œuvres, avez amassé sur la terre des trésors pour le Ciel, priez pour nous.

Saint Gildas qui, par-dessus toutes choses, avez cherché le royaume et la justice de Dieu, priez pour nous.

Saint Gildas qui, par l'amour de la pureté de cœur, vous êtes avancé jusqu'à voir Dieu, priez pour nous.

Saint Gildas, qui avez ravi le ciel, priez p. nous.

Saint Gildas qui, étant pauvre d'esprit, avez mérité de posséder Dieu, priez pour nous.

Saint Gildas qui, ayant été doux et patient en souffrant les injures, possédez maintenant la terre des vivants, priez pour nous.

Saint Gildas qui, ayant eu faim et soif de la justice, êtes maintenant rassasié dans le Ciel, priez pour nous.

Saint Gildas, qui êtes rassasié de l'abondance de la maison de Dieu, et enivré du torrent de ses délices, priez pour nous.

Saint Gildas, notre puissant avocat auprès de Dieu, priez pour nous.

Saint Gildas, très digne disciple de saint Benoît, priez pour nous.

Saint Gildas, notre cher et incomparable patron, priez pour nous.

Saint Gildas, le protecteur fidèle de tous ceux qui ont recours à vous, priez pour nous.

Soyez-nous favorable, Seigneur.

Seigneur, pardonnez-nous.

Délivrez-nous de tout mal, délivrez-nous-en, Seigneur, par l'intercession de saint Gildas, notre patron.

Quoique nous soyons pécheurs, écoutez-nous.

Qu'à l'exemple de saint Gildas, nous soyons d'esprit et de cœur dans le ciel.

Que, pour nous conformer à l'esprit de saint Gildas, nous méprisions toutes les richesses périssables.

Qu'à l'imitation de ce grand Saint, nous fassions

votre volonté sur la terre comme il l'accomplit dans le ciel ; que nous imitions par votre grâce la vie sainte qu'il a menée sur la terre.

Qu'en vivant dans la chasteté et la sobriété, nous obtenions, par votre miséricorde, la paix et la tranquillité si nécessaires.

Que vous nous rendiez dignes d'avoir part à la gloire éternelle.

Agneau de Dieu, qui effacez les péchés du monde, pardonnez-nous, Seigneur.

Agneau de Dieu, qui effacez les péchés du monde, exaucez-nous, Seigneur.

Agneau de Dieu, qui effacez les péchés du monde, ayez pitié de nous, Seigneur.

Seigneur, écoutez-nous.

Seigneur, exaucez-nous.

Saint Gildas, notre patron, priez pour nous.

℣. Saint Gildas, priez pour nous.

℟. Afin que nous soyons rendus dignes de recevoir l'effet des promesses de Jésus-Christ.

### ORAISON.

Faites, Seigneur, que le bienheureux abbé saint Gildas, que l'amour d'une vie sainte et régulière a élevé à la gloire éternelle, nous instruise par les grands exemples de foi qu'il nous a donnés, et nous aide par le secours puissant de ses prières : nous vous en prions par les mérites de Notre Seigneur Jésus-Christ.

## CHAPITRE XXVI.

### Cantique breton de saint Gildas.

# BUHÉ SANT GUELTAS.

*Ar en Ton a Cannen Sant Alexis.*

CHELEUET, pobl à Houat, ha groeit attantion
Ar vuhé Sant Gueltas, hou scùir hag hou Patron;
Sellet-ean èl hou scùir, eit réglein hou puhé,
Avel hou caution ha Patron dirac Doué.

Gueltas e oé gannet ag ur fameil santel,
A dud Princèd é Scoss, hag én ur rang ihuel :
Pinhuiq eit gobér vad, hag humbl én ihueldæt;
Puissant aveit secour ol er ré poéniet.

Huéh Croaidur ou doé bet, hag ou huéh é mant Sænt,
Hanàuet ha brudet dr'er miracleu e hrent.
Ou zud ou disquas ol de vihuein é souffranç,
De guemér hènt er Groéz é creis en abondanç.

Eurus er vugalé e zou bet disquet mad,
E gav ur scùir santel guet hou mam hag hou zad !
Eurus ! mil guéh eurus en tadeu ha mameu
En dès bugalé mad, aboeissant d'ou honzeu !

Er youanquan oé Gueltas : ne gùitas ty é dud
Meit eit monèt d'er scôl d'Abbati sant Hiltud,
Aveit disquein guet hou en hènt de vout salvet,
El ma tisqué hilleih a Sænt hag Escobèd.

Inou en hum zouguent guet grèd ha gùel-pé-huel,
D'avanç én ou studi ha santeleah ihuel.
E amièd bras oé sant Paul ha sant Sanson,
E zou bet Escobèd é Dol hag é Léon.

Hum zefiet, tud youanq, ag er faus amièd :
Pé hui e vou haval doh er ré e hantet ;
Pêleit doh er ré fal, n'en dès gùir amitié,
Meit en hani e zoug gùel-ar-huel devat Doué.

Sant Gueltas ansaignet guet ur mæstre santel,
Ha guet exampleu caër é zeu ami fidel,
E oé soupl, aboeissant, ha læn a charité,
A burtæt, a zoustér hag a humilité.

Reglet oé é sperèd guet en ol vertuyeu ;
Castiet oé é gorv guet er pénigenneu ;
D'en ouaid à buemzêc vlai, ma commanças de yun,
Ne zaibré meit tair gùéh, pas hoah calz, peb suhun.

Exampl aveid er ré zou perpet é taibrein,
Hag én hireah d'ou dout assès eit corvadein ;
Er fæçon de bedein ha d'inourein er Sænt,
E zou assai bihuein, ha gobér èl ma hrent.

Pe zas dehou en ouaid de receu en Urheu,
É cresquas é beden, hag é bénigenneu ;
Pe oé sacret Bélêg, é cresquas é zesir
De bredêg Jesus-Chrouist, de souffrein er martyr.

Ur hanton ag é vro, én tu doh er hreis-noz,
É oé idolatrèd : Gueltas hemb tam repos,
Hemb doujein mil dangér, e bredêg er gùir Fé,
E gonz, e ra sclærdér, hag ou gouni de Zoué.

Sel-mui en doé a boén, mui en doé a gouraj :
Prest oé eid un inean d'hobér hoah davantaj.
Er Sænt e rai èl-cé : ha hui n'ansaignet quet
Er ré zou doh hou taul, hag é corn hou ç'hulèd.

En devod Americ, Prince bras én Irland,
E gleu é vurhudeu, hag er ped humblemant
D'en dout er charité de zonèt d'é ganton
Aveit convertissein er fal crechénion.

Sant Gueltas hemb tardein e yas d'inou guet joé :
E gav, en ur arihue, peb sort fallanté :
Tud hemb fé, hemb lézen, hag hemb religion :
Hag èl lonnèd brutal hemb méh hag hemb ræson.

Ean e bredêg guet nerh : ou halon zou touchet :
Ind e chanj a vuhé : ean e laqua reihtæt.
N'en d'omb quet gùel eit hai, caër zou crial ar-n-amb :
Doh er bed, doh er mod, doh hun chonj é sentamb.

Sant Gueltas eit sonnat én amzér de zonèt,
Er changemant eurus en doé bet commancet :
Partout dré er hanton e sàu hag e vâtiss
Scôlieu, couvandeu, eit disquein er youantiss.

Er réglemant-cé groeit, eit gloér en Eutru Doué,
Sant Gueltas e hum sant inspiret a ziarhlué :
E gùita tout, e ya de Rom é perhindèd,
Eit visitein inou bé en Apostolèd.

A Rom é tas é Breih guet en desir santel
De vout libr d'hobér peden continuel :
Ean e bassas é Houat aveit bihuein cuhet
Doh er sorb ag en dud, ha doh tracass er bed.

Én inisennig-cé ne oé dén nameit-hou :
Ne chongé meit é Doué, ne gonzé meit doh t'hou.
Ha ni e scùéh quer bean, pe za d'emb pedein Doué !
Un ær én é bresanç, zou un ær a anné !

Ur vanden pesquerion e oé bet souéhet bras,
Pe zas dehai cavouèt én un groh sant Gueltas ;
Quênt pêl é has er brud, partout é oé laret,
Én inisen a Houat é hès ur Sant cuhet.

Quênt pêl ur foul a dud e yas d'er visitein ;
Aveit disquein guet hou en hènt de hum salvein.
P'ou doé-ean hanàuet, n'hellent quet er huitat :
Mæs aveit hou goarn tout rai vihannig oé Houat.

Sant Gueltas e houlen ur hanton é Rhuis,
Eit gobér ur houvant, ha seuel un ilis.
Ean e lojas inou ol é Gompagnoneah,
Hag e ziscoas dehai en hènt à santeleah.

Ean e hras dirac-t-hai un nombr à viracleu ;
En aibr, en doar, er mor, hag en ol clinhuédeu,
E senté tout doh-t-hou revé é volanté :
Rac ne glasqué partout meit gloér en Eutru Doué.

Sant Gueltas e chonjé hoah liès guet huannad
Én doustér en doé bet én inisen à Houat :
Ean e yai hoah d'inou aveit hum gol é Doué,
Er hontamplein hemb scùéh én é éternité.

É Houat é couéhas clan, é oé bet devèret,
Ha guet ur gred santel é rantas é sperèd;
Marhue er Sænt dirac Doué e zou forh précius;
Bihuamb, soufframb èl-d'hai, eit bout èl-d'hai eurus.

Én é gouvant nehué é oé bet interret,
Hag inou èl ur Sant guet en ol inouret;
Er miracleu e hré quênt é varhue ha goudé,
E ziscoé splan é oé forh puissant dirac Doué.

### PEDEN.

Sant Gueltas hun Patron, hou supliein e hramb,
Dirac en Eutru Doué hou pet chonj a han-amb :
Goulennet aveid omb græceu continuel,
Eit monèt devad-oh ér joéieu éternel. Amen.

# NOTES.

### A.

#### 1º La Trinité de Sarzeau.

Le couvent de Sarzeau fut fondé, en 1341, par le duc Jean III, comte de Richemont, pour quatre religieux de l'ordre de la Trinité. La charte de fondation, signée au château de Sucinio, le mardi après le dimanche de Quasimodo, accorde à ces religieux 200 livres de rente annuelle sur le domaine ducal de Rhuys, le droit de pêche dans l'étang de Calzac, de moudre les premiers au moulin du duc et d'usage dans la forêt. De ces 200 livres, les Trinitaires prenaient pour eux les deux tiers et devaient consacrer le reste au soulagement des pauvres malades de Sarzeau. Plus tard, à la place de cette rente, le même duc leur céda toutes ses dîmes sur les paroisses de Sarzeau et de Saint-Gildas.

Au commencement du xviie siècle, ce monastère était tombé dans un déplorable relâchement. Le procureur général de la Congrégation réformée de l'ordre de la Trinité, dans une requête présentée au roi de France en son conseil, dit qu'il y a des fraudes et des désordres perpétuels dans ce couvent, qui n'a pas été visité depuis environ trente ans et dont les religieux n'observent plus de règles et laissent les bâtiments tomber en ruines. La Congrégation de la Réforme s'y introduisit, en vertu d'un concordat passé, le 12 janvier 1642, entre les religieux de la maison et le visiteur provincial de la Réforme en France. Ce concordat fut homologué, le 7 février suivant, par arrêt du conseil privé du Roi. L'Évêque de Vannes, chargé de l'exécuter, délégua, à cet effet, Guillaume le Galloys, vicaire général du diocèse, protonotaire apostolique et recteur de Noyal-Muzillac. Ce dernier se rendit à Sarzeau, le 26 mars, avec les Pères Jérôme Louvernail, nommé ministre du couvent, Denis Cassel et Ignace Gory, profès de la Réforme. Le Père Brayer, ministre de la maison, n'avait pas consenti au concordat et refusait de recevoir cette Réforme. Le Galloys se présente à la porte, et on ne lui ouvre pas. Les habitants de la ville se joignent à lui, avec des haches et des marteaux pour enfoncer le portail. Dans l'intérieur, le Père Brayer et quelques-uns des siens défendent l'entrée avec des arquebuses. La porte fut brisée; le Père Brayer et un autre religieux furent blessés. Le Père Louvernail entra dans l'église avec les siens, chanta le *Veni, Creator*, baisa l'autel, toucha les portes, sonna les cloches, pénétra dans la sacristie et dans la maison et prit ainsi possession.

La chapelle de ce couvent, longue de 78 pieds et large de 25, était une croix latine, à peu près à l'endroit où s'élève la nouvelle. Le maître-autel était au milieu du chœur et avait un rétable en tuffeau soutenu par quatre colonnes de marbre noir. Auprès des deux portes de la sacristie qui était derrière le chœur, il y avait deux autels : celui du midi dédié à Notre-Dame, et celui du nord, à saint Sébastien. Au-dessus de ce dernier, une ouverture laissait voir l'autel du chœur à ceux qui étaient dans le transsept nord. Les rétables de ces deux autels étaient soutenus chacun par deux colonnes, dont l'une en marbre noir et l'autre en pierre marbrée. Le chœur était entouré d'une boiserie et de stalles. Toute la nef avait aussi une boiserie d'environ huit pieds de hauteur. A la porte, qui ouvrait directement sur la rue, il y avait un bénitier porté par un pied de marbre noir. Des deux transsepts, celui du côté de la maison n'avait qu'un seul autel avec un rétable en bois. Dans celui-ci descendaient les cordes du clocher, où il y avait une horloge et trois petites cloches. Par acte notarié du 21 septembre 1529, les Pères Jean Francheville, ministre, Guillaume Benoît et Jean le Moël, réunis au chapitre, en leur nom et au nom des autres religieux, cèdent cette chapelle à Jean du Bot, sieur de Kbot, et à Perrine Droillard, sa femme, pour une rente annuelle et perpétuelle de quatres livres. Les sieurs de Kbot ont la faculté d'y mettre des vitres, des armes, des armoiries, des tombes, des tombeaux, des enfeux partout où ils voudront, et de clore cette chapelle quand il leur plaira. Personne n'y pourra être enterré sans leur consentement. Les religieux se serviront de cette chapelle, comme par le passé, pour sonner leurs cloches. Ils devront à perpétuité et deux fois par jour y chanter une *recommandation* et un *de profundis*, en faisant une aspersion avec de l'eau bénite. Comme André du Bot, sieur aussi de Kbot, n'avait pas acquitté les quatre livres de la fondation susdite, le ministre et les religieux capitulairement réunis, le 19 mai 1625, le somment, par acte notarié, de payer les arrérages et, en outre, 20 sols dûs pour une fondation de prières dans la chapelle du transsept nord.

André du Bot, pour faire droit à cette réclamation, promit de donner à l'église une chape, une chasuble et deux dramoires marquées de ses armes. Il fonda, en même temps, moyennant une rente annuelle de 20 sols, une messe de *Requiem* avec chant, diacre et sous-diacre, à chaque fête de monsieur saint André, le 30 novembre. Les religieux lui firent percer, au-dessus de l'autel de Notre-Dame, une ouverture semblable à celle de l'autel de saint Sébastien, mais une porte promise entre sa chapelle et la cour ne se fit point. Ainsi, à cette époque, les sieurs de Kbot devaient à ce monastère six livres de rente annuelle pour leurs fondations.

Dans cette chapelle, qu'il choisit, par son testament du 23 octobre 1602, pour lieu de sa sépulture, fut enterré, le 17 janvier 1603, avec l'autorisation du sieur de Kbot, l'écuyer Gilles de

Maigne, sieur de Couetquenault, qui fonda, pour 20 sols de rente annuelle et perpétuelle, une messe de *Requiem* chantée, avec *de profundis* et aspersion d'eau bénite sur sa tombe à l'issue de cette messe, le jour anniversaire de sa mort.

Dans le transsept nord, il y avait deux autels dédiés à saint Jean et à sainte Barbe. Le 31 mars 1652, Julienne Guillomé, dame de Boisdanic et veuve de Jean de Saleurs, notaire royal et procureur postulant au siége de Rhuys, fut enterrée dans la tombe de sa mère après les vêpres du dimanche de Pâques, dans cette chapelle dite de monsieur saint Jean. Par son testament du 19 du même mois, elle y avait fondé deux messes chantées avec diacre et sous-diacre, et deux services, dont l'un solennel, le lendemain de la fête des morts, le tout moyennant six livres de rente annuelle et perpétuelle, et deux bons poulets. Le 17 septembre 1620, sa mère, veuve de Guillomé, sieur de Boisdanic, y avait déjà fondé, moyennant une rente de 20 sols, une messe de *Requiem* chantée avec nocturnes, le lendemain de la Saint-Martin.

Dès le 28 mai 1603, Jean Fouhanno, sieur de Kthomas, déclare, par son testament, vouloir être enterré dans la nef de cette église vis-à-vis l'autel de sainte Barbe qui était du côté de l'évangile, et fonde, pour la moitié de son pré situé au bas de sa maison, une messe basse de *Requiem* tous les quinze jours et une messe chantée avec *de profundis* à l'anniversaire de sa mort.

Dans le chœur de cette église et près des stalles du côté de l'évangile, fut enterrée, Anne de Cadoret, femme de Jean de Montigny, sieur de Sarzeau, capitaine et gouverneur du château de Sucinio. Son testament du 12 mars 1619, écrit par Pierre Le Digabel, prêtre de Sarzeau, qui lui avait administré les derniers sacrements, portait les clauses suivants : 1º le recteur de Sarzeau et ses prêtres, le ministre de la Trinité et ses religieux, le gardien de Bernon et ses religieux accompagneront, en chantant, mon corps depuis Sucinio jusqu'à la chapelle de la Trinité; 2º Les couvents de la Trinité et de Bernon feront séparément pour moi un service solennel, avec béguins, flambeaux et autres luminaires et avec la sonnerie ordinaire des cloches à l'église paroissiale et aux deux monastères; 3º l'église paroissiale et les deux couvents susdits feront séparément un octave de services, avec diacre et sous-diacre, chant, un nocturne, sonnerie, et, le huitième jour après ma mort, un service solennel; 4º à cela les Trinitaires ajouteront dix services; 5º je prie mon mari de faire dire tous les jours, pendant un an, un *Requiem* chanté et un nocture dans l'église paroissiale de Sarzeau, et, toute sa vie, une messe le mardi à l'autel de sainte Anne dans cette église par Dom Burgeot, prêtre de Sarzeau.

La duchesse Anne, alors à Blois, fit dans ce couvent, en décembre 1502, une fondation, confirmée par le roi son mari, d'une messe chantée de Requiem à chaque premier semi-double du mois, moyennant une rente de douze livres sur le domaine de Rhuys. Cette fondation s'acquittait encore au commencement de 1790.

En 1654, Francheville, procureur général du Roi au siège royal de Rhuys, veut obliger les religieux de la Réforme à entretenir douze lits et à nourrir douze pauvres dans l'hôpital qu'ils ont près de leur ministrerie. Le Père Marc Brayer, ancien ministre, a recours au parlement de Bretagne, qui, après avoir examiné la charte de fondation alléguée par le procureur général de Rhuys, déclare que les chanoines réguliers de l'Ordre de la Trinité ne sont pas tenus de s'imposer une telle charge (1).

Suivant une déclaration du ministre de ce couvent, en 1730, les Anglais s'étaient autrefois emparés de ce monastère et avait emmené le ministre d'alors prisonnier en Angleterre. Le couvent portait encore les traces de deux incendies dont il avait été victime.

Le 31 décembre 1695, de Robien, vicaire général de Vannes, autorise la Congrégation de

---

(1) Au siècle suivant, en 1727, un membre de la famille de Francheville fonda l'hospice actuel de Sarzeau. Dirigé dès l'origine par les religieuses de la Sagesse, il fut réuni aux hospices de Vannes le 14 fructidor an IV. Le directoire de Vannes, dans une séance publique présidée par le conventionnel Le Quinio, et tenue le 13 vendémiaire an III, déclara, sur la demande de la municipalité de Sarzeau, que cet hôpital aurait désormais pour directrices, à la place des religieuses, deux citoyennes de Vannes. Cet hospice fut rendu, peu après, avec toutes ses dépendances.

l'Assomption de Notre-Dame, établie, le 3 octobre de l'année précédente, pour les hommes, dans la chapelle de saint Vincent, avec l'aprobation épiscopale, à se réunir dans la chapelle de l'hôpital de la Trinité. Un prêtre de Duer, qui devait dire la messe dans la chapelle de saint Vincent, les dimanches et les fêtes, fit défaut au bout de six mois, parce qu'il dut se charger de la frairie de Kguet devenue vacante. Alors les Congréganistes demandèrent à se réunir dans la chapelle de la Trinité et à avoir pour directeur le Père Sébastien Luco, procureur du couvent. Le local où se tenaient leurs réunions et celles d'une autre Congrégation pour les femmes porte de nos jours encore le nom de *Congrégation*. Mais la chapelle, qui n'était qu'une chambre appropriée à cet effet, n'existe plus depuis longtemps. Elle fut vendue nationalement, pendant la grande révolution, avec la sacristie et le petit corps-de-logis adjacent, à Jean Claude Vallet, de Vannes, pour la somme de 720 francs. Le même acheta, le 28 septembre 1791, la maison neuve bâtie en 1783, les autres maisons et l'enclos pour 16,400 livres. L'église fut vendue 12,100 fr. le 13 germinal an VI (avril 1798), à Mousseau de Vannes.

Vallet, antérieurement locataire, habitait les bâtiments qu'il venait d'acquérir. Il n'y était pas seul. Les troupes qui étaient en garnison à Sarzeau y logaient (1). Il adressa contre elles des plaintes au

(1) En 1791 et 1792, on trouve en garnison à Sarzeau un détachement du régiment de la Guadeloupe. Sur la demande de a municipalité, cette garnison fut retirée le 17 octobre 1792.

directoire de Vannes, parce que les soldats escaladaient les murs pour chasser dans son enclos, tiraient au blanc dans la cour au risque de le tuer; passaient les nuits à boire, à chanter et à danser dans l'appartement au-dessus du sien, ce qui l'empêchait de dormir. Il voulut leur faire des observations et les rappeler à l'ordre; mais il en fut insulté et frappé. Pour toutes ces raisons, il demandait qu'ils fussent logés dans les maisons vides de la ville ou rappelés au corps. Sa demande fut inutile, car, l'année suivante, ils étaient encore chez lui. Le 7 mars 1792, il demanda 843 livres pour leur logement et celui de leurs chevaux. Le directeur du district lui en accorda 155, prix de sa propre location avant d'être acquéreur, à partir du 31 mai 1791. Plus tard, cette propriété fut achetée tout entière par Pascal Lange, de Lorient, qui la vendit, en 1847, à la société de Picpus.

Lorsque éclata la grande révolution française, les quatres religieux du couvent étaient les Pères Jean-Marie de La Houssaye, visiteur provincial de la province de Bretagne et ministre de la maison, Louis Le Calvé, Joseph Dominique Mabile et Jean Le Quinio. On ignore ce que devint le ministre, qui était du château de la Houssaye, dans la paroisse de saint-Martin et dont son frère le chevalier Joseph était seigneur. Quand il se fit religieux du couvent de Sarzeau, ce frère lui assura une pension de 60 livres, le 26 juillet 1748. En 1790, il devait donc avoir environ 60 ans. Les

Pères Mabile et Calvé ne prêtèrent point le serment exigé par la constitution civile du clergé. Le premier est inscrit parmi les prêtres émigrés de la paroisse de Sarzeau, et le dernier, sur une liste des prêtres non assermentés dans le diocèse de Vannes, est déclaré se trouver à Inzinzac et ainsi noté : *fanatique bon à éloigner*. Quant au Père Jean Le Quinio, qui était de Sarzeau même et déjà prêtre au couvent en 1771, il se signala, après la suppression des Ordres religieux, par une scandaleuse apostasie, un hideux matérialisme et se fit gloire, comme son frère, le trop fameux conventionnel (1), de s'élever au-dessus de tous

---

(1) Fils d'un chirurgien du Roi à Sarzeau, lui-même avocat distingué au siége de cette ville dont il devint maire en 1789, il eut de vifs démêlés avec le comte de Sérent, seigneur de Kaüer et gouverneur de la presqu'île. Plusieurs pamphlets très violents furent de part et d'autre lancés dans le public. Vers cette époque, Le Quinio composa un opuscule *les préjugés détruits*, où il attaquait tout ce qui est sacré et Dieu lui-même. Pour son œuvre, les patriotes de Vannes lui décernèrent le titre de *citoyen de la Ville*. Député du Morbihan à l'assemblée constituante, il y fut un des plus ardents révolutionnaires, demanda l'abolition du titre de majesté, la constitution civile du clergé, le mariage des prêtres, *pour ramener*, disait-il, *les choses à l'état de nature et de raison*. A la convention, il repoussa, au jugement de Louis XVI, l'appel au peuple et vota la mort sans sursis en exprimant le regret que la sûreté de l'État ne permît pas de condamner Capet au bagne perpétuel. Après une mission à Rochefort, où il fut barbare, il vint passer à Sarzeau trois jours, pendant lesquels, il entrait à cheval dans les églises de la presqu'île transformées en temples de la Raison, fit mutiler les statues des saints, monta en chaire et prêcha ouvertement l'athéisme. Un

les préjugés. Il s'était retiré au village de Kibley, où il avait une maison et des propriétés. Dans un testament, ouvert le jour de sa mort, en 1808, il déclarait vouloir être enterré dans sa vigne de Kibley et recommandait de faire boire surabondamment tous ceux qui assisteraient à son inhumation. Une dernière clause invitait les passants à accomplir, sur sa tombe, les actes du plus révoltant cynisme. Quelques arbres et des broussailles indiquent encore, dit-on, le lieu de sa sépulture. La tradition locale raconte, sur son enterrement, une légende qui montre ce qu'on pensait de sa conduite. La nuit qui suivit sa mort, pendant que des hommes ivres le gardaient sur le tréteau, ou mieux dormaient autour d'un bon feu, ils furent éveillés par un épouvantable bourdonnement et virent comme un essaim d'abeilles sur la tête du cadavre. Lorsqu'ils revinrent de leur frayeur, cadavre et essaim avaient disparu. Pour n'être pas frustrés de la clause du testament relative aux rasades de vin, ils tinrent conseil et enfermèrent une buche dans la bière pour l'enterrement du lendemain.

---

rhuysien épouvanté disait en breton : *puisque aujourd'hui le diable n'a pas mis sur nous la main, nous pouvons désormais dormir en paix.* — Outre ses *Préjugés détruits*, il publia aussi un *voyage dans le Jura*. Enfin, malgré l'appui de Fouché, ministre et son compatriote, il se vit obligé d'accepter l'humble poste de sous-commissaire des affaires commerciales aux États-Unis, où il mourut, triste et méprisé, dans les premières années de la Restauration.

## 2° Le couvent de Bernon.

Le couvent de Bernon, situé dans une position extrêmement agréable sur le golfe du Morbihan et près d'une spacieuse forêt maintenant détruite, fut fondé, en 1458, par François II duc de Bretagne, pour les Pères *Cordeliers* ou *Observantins* qui formaient une branche de l'Ordre de saint François d'Assise. Jusqu'en 1516, les couvents des cordeliers en Bretagne ne constituaient qu'une custodie. Avec l'autorisation du Saint-Siége, le chapitre général de l'Observance, tenu cette année à Rome, érigea cette custodie en province sous le nom de *petite province de Bretagne ou de Saint-Joseph*. A cette réforme des cordeliers, établie par saint Bernardin de Sienne, en 1419, il en succéda une autre qui eut pour auteur, en 1484, le bienheureux Jean de la Puebla-Ferrata de Soto-Major, cordelier espagnol. Les enfants de saint François, qui embrassèrent cette seconde réforme, prirent le nom de *Récollets*.

Le premier couvent de Bretagne qui reçut cette dernière réforme, fut, en 1617, et par les soins du Père Guillaume Bréhant, custode de cette maison, celui de Cézambre, dans l'île de ce nom, en face de Saint-Malo. Elle s'introduisit ensuite et avec le temps dans plusieurs autres monastères de la même contrée. Enfin, le premier chapitre provincial réuni à Cézambre, le 15 février 1642, nomma, avec l'autorisation du Saint-Siège, le Père

Guillaume Bréhant, premier ministre récollet de la province de Bretagne. Les cordeliers de la province de Saint-Joseph lui cédèrent le sceau et le titre de provincial de Bretagne. Ce même chapitre élut le Père Martin Deslandes pour premier gardien récollet de Bernon, où s'introduisit la réforme le 3 mai suivant. Comme il restait encore, en 1659, deux couvents de cordeliers dans cette province, pour les éteindre ou les obliger à recevoir les récollets, les Souverains-Pontifes Urbain VIII et Alexandre VII ne permirent qu'à ces derniers de recevoir des novices et d'admettre à profession.

A différentes reprises, le couvent de Bernon posséda, sous les récollets, le noviciat de la province et le cours de philosophie pour les jeunes profès. Il s'y tint une congrégation, en 1660 ; un chapitre, le 24 juillet 1662 ; une autre congrégation, le 9 novembre 1717. On y trouve plusieurs religieux natifs de la presqu'île ; entre autres, en 1706, le Père Ange-Marie Hulcoq, né à Sarzeau ; à la même époque, les Pères Antoine et Norbert Joubioux, de Saint-Armel. Le premier des Joubioux fut élu gardien de Pontivy, en 1708, et le second, de Bernon, en 1712.

Les récollets de Bernon eurent, pour pères temporels de leur couvent, Claude de Francheville, seigneur de Truscat, au moins depuis 1660 jusqu'en 1681, et, après lui, au moins jusqu'en 1690, le chevalier Daniel de Francheville, avec les titres de seigneur de Vannes, conseiller du roi et son avocat général au parlement de Bretagne, faisant sa résidence ordinaire au Château-Gaillard, en la ville de Vannes.

Au commencement du siècle dernier, ces religieux eurent un différend avec le seigneur du château de Klein, qui avait un banc dans leur église et dans l'étang duquel ils avaient, en retour, le droit de pêche et de se faire fournir, à cet effet, un bateau et des filets par le susdit seigneur. Or, le seigneur de Klein ayant desséché son étang pour le convertir en pré, le droit des religieux se trouva naturellement supprimé. Ils en furent sans doute blessés, car, en 1701, ils mirent à la porte de leur chapelle le banc du seigneur de Klein. Claude Le Vacher, successeur du précédent seigneur au même château, fit, le 12 août 1724, avec les religieux une nouvelle convention, en vertu de laquelle il pouvait remettre un banc, de moitié plus petit que le premier, dans leur chapelle, du côté de l'évangile et sous la chaire, à la condition de donner chaque année au couvent 200 bottes de foin, une barrique de vin récolté sur les terres de Klein, et une perrée de gros froment de Rhuys. Le Vacher avait aussi le droit de mettre ses armes sur son banc, sur la croisée qui le dominait et sur une des fenêtres de l'infirmerie, comme les précédents seigneurs.

Ces religieux jouissaient d'une rente annuelle de 36 livres sur la maison et les terres de Beausoleil, en vertu du testament fait en leur faveur, le 22 janvier 1630, par le seigneur de ce château,

Jean de Noyal, qui fut enterré dans leur chapelle, sous la chaire, et pour lequel ils faisaient par an deux services, à la Saint-Jean et à la Toussaint.

Le Père René Denis, gardien de ce couvent et ex-définiteur de Bretagne, lut, le lundi, 1er mars 1790, au palais royal de Sarzeau et devant le procureur du roi, une déclaration qui nous apprend l'état où était alors son monastère. Autour de l'enclos et à l'extérieur, on avait récemment fait une plantation d'environ 700 pieds d'arbres : frênes, chênes, sapins et ormes. A l'entrée du couvent il y avait un petit parc ou première cour, dans laquelle était le cimetière avec une petite chapelle dédiée à la sainte Vierge. Entre la maison et la mer, il y avait un jardin muré, de quatorze carrés et un verger. Au bas du jardin se trouvait la buanderie surmontée d'une chambre à deux lits et d'un grenier. Il y avait, dans la cour, au nord des bâtiments, une fagoterie surmontée d'un grenier, un pressoir, deux écuries, la boulangerie, et derrière celle-ci une petite vigne et un petit verger ou pré séparés par le chemin qui conduisait au bois-taillis, au nord de tout l'enclos. Ce bois, divisé en neuf coupes, suffisait à la consommation de la communauté ; au milieu du taillis, s'élevait une petite chapelle voûtée en pierre et surmontée d'un calvaire. Le couvent, qui formait un carré, avait un cloître entourant un petit parterre. Sur le côté nord, étaient situées la cuisine, deux décharges et une salle avec un lit. La chambre des domestiques et la menuiserie étaient sur le côté du couchant. A l'aile du midi, la chapelle, précédée d'un portique avec deux confessionnaux, avait deux autels. Au-dessus du maître-autel on voyait un grand tableau représentant une descente de croix ; derrière cet autel se trouvait le chœur des religieux. Il était boisé et surmonté d'un petit dôme qui renfermait deux cloches de moyenne grandeur, pesant 450 et 120 livres et une horloge en fer avec son timbre. Le sanctuaire était boisé et avait une balustrade en bois. L'église contenait une chaire du côté de l'évangile et quatre confessionnaux. La sacristie, avec quatre armoires, et assez bien montée, était au levant et suivie d'une salle. Les cellules des religieux étaient partie sur la sacristie et sur cette salle ; l'autre partie était au nord. Au-dessus de ces dernières cellules, il y avait un grenier au bout duquel se trouvait la bibliothèque composée de 1016 volumes. En outre, il y avait, dans ce couvent, un réfectoire avec sept tables, deux infirmeries, une cave et une chambre d'hôtes boisée. Le chartrier était chez le Père gardien. Le couvent n'avait qu'une pension de 250 livres que lui faisait le roi.

A la dispersion des religieux, le Père René Denis, gardien, ne quitta point Bernon. Le 31 mai 1791, il prit à ferme tout le couvent pour neuf ans, moyennant une location annuelle de 330 livres. Le 3 décembre suivant, il obtint pour 227 livres de réparations. En 1792, il se fit encore pour 75 livres de réparations à la maison, et pour 101 livres à la couverture de l'église. Le 5 décembre de cette même année, le Père Denis se vit refuser l'horloge et les objets de la chapelle, qu'il avait demandés. Tout cela fut embarqué pour Vannes, partie à Bernon même et partie par Sarzeau.

Tout le couvent fut vendu, le 9 thermidor an IV, 26,000 francs, à Jacques Reignier, marchand de vin à Vannes. Depuis cette époque, il a passé par plusieurs autres mains. Parmi les ruines des bâtiments, on voit encore une partie de la chapelle et aux murs des croix peintes en signe de sa consécration.

---

### B.

## ANCIENNE PROSE DE SAINT GILDAS.

**Aux fêtes du Saint, le 29 Janvier et le 11 Mai, on chantait cette prose.**

Dulce melos attolentes
Exultemus congaudentes
Sancti Gildæ recolentes
Laudes et præconia.

Gildas decus sapientum
Nullum passus detrimentum
Ortus fuit ex potentum
Illustri prosapia.

Iste Deo flos abbatum
Gratum dedit famulatum
Semper habens se paratum
Ad ejus obsequia.

Ista Deo creatura
Famulari mente pura
Perseverans in hac cura
Cœpit ab infantia.

Disciplinæ se subjecit
Et addiscens se perfecit
Quod se totum votum fecit
Deo Dei gratia.

In habitu sæculari
Primo cœpit decorari
Intus tamen regulari
Gaudens observantia.

Hic confessor piæ mentis
Extra nitens vestimentis
Intus plaudens in tormentis
Gerebat cilicia.

Tantummodo ter edebat
Septimana, hic vivebat,
Sic vivendo veniebat
Ad cœli palatia.

Monachorum normam novit
Quorum normæ votum vovit
Atque mundum se removit
A mundi spurcitia.

Dei doctus in sophia
Martha fuit et Maria

Per utramque certa via
Venit ad cœlestia.

Quæ in ipso tot fuerunt
Quæ in ipso claruerunt
Sanctum esse probaverunt
Virtutum insignia.

Hydropicum dum curavit
Dum hæresim suffocavit
Gildasium decoravit
Insignis victoria.

Deus illum sic amavit
Quod Triphinam relevavit
A defunctis quam mactavit
Tyranni perfidia

Non combussit rogo tractum
Propter Reginæ reatum
Confessorem tam beatum
Regis violentia.

Hic lapidem commutavit
De quo vitrum fabricavit.
Cum hæserunt liberavit
Latronum vestigia

Orans suum creatorem
Edasius fontis rorem
Ini vertit in liquorem
Divina potentia.

Proles velut Lervina
Per hunc cessat a rapina
Morte strati repentina
Serpentis nequitia.

Quod Brigidæ fabricavit
Signum mari destinavit
Sine navi transmeavit
Virginis ad ostia.

Pestem ægri relevavit
Aves quibus imperavit
Ad Hydultum quas minavit;
Hæc sunt et similia,

Quæ confessor tam beatus
Laus et honor monachatus
Est dum vixit operatus
Et post mortem alia.

Namque decus monachorum
Consors factus angelorum
Nulli cessit confessorum
Meritorum copia.

Hujus ergo meritorum
Interventu nostrum chorum
Rex perducat supernorum
Ad æterna gaudia.
Amen. Alleluia.

# TABLE DES MATIÈRES.

## Ire PARTIE
### VIE DE SAINT GILDAS.

| | |
|---|---|
| Chapitre Ier — Sa naissance et sa famille.. | 1 |
| Chapitre II. — Enfance et éducation de saint Gildas............ | 5 |
| Chapitre III. — Sa profession religieuse et sa prêtrise............ | 12 |
| Chapitre IV. — Ses missions en Grande-Bretagne et en Irlande........ | 16 |
| Chapitre V. — Son pèlerinage à Rome.... | 22 |
| Chapitre VI. — Son arrivée en Armorique. | 26 |
| Chapitre VII. — État de l'Armorique à son arrivée................ | 29 |
| Chapitre VIII. — Fondation de l'abbaye de Rhuys................ | 38 |
| Chapitre IX. — Sa navigation en compagnie de quatre démons (année 524)........ | 43 |
| Chapitre X. — Sa troisième apparition et ses travaux apostoliques en Irlande....... | 46 |
| Chapitre XI. — La retraite de saint Gildas sur le Blavet (année 538)........... | 51 |

## TABLE.

- Chapitre XII. — Composition de son traité sur la ruine de la Grande-Bretagne...... 64
- Chapitre XIII. — Résurrection de sainte Trifine. — Saint Trémeur (ann. 544).... 69
- Chapitre XIV. — Saint Gildas quitte la solitude du Blavet et y laisse saint Bieuzy. 82
- Chapitre XV. — Miracles opérés à Penvins et monastère de Cohet-Lahen........... 86
- Chapitre XVI. — Sa retraite à l'île de Houat et sa précieuse mort................ 93
- Chapitre XVII. — Vertus de saint Gildas.. 100
- — § 1. Ses qualités naturelles............ 102
- — § 2. Moyens par lesquels il s'éleva à la sainteté............................ 103
- — § 3. Sa foi........................... 106
- — § 4. Son espérance................... 107
- — § 5. Son amour pour Dieu............ 108
- — § 6. Sa charité pour le prochain...... 110
- — § 7. Son humilité.................... 112
- — § 8. Culte de saint Gildas............ 113

## IIe PARTIE.

### HISTOIRE DE L'ABBAYE DE RHUYS.

- Chapitre Ier — Introduction de la règle de saint Benoît à l'abbaye de Rhuys (818)... 116
- Chapitre II. — Ruine de l'abbaye et fuite des moines en Berry (xe siècle)......... 124
- Chapitre III. — Fondation et histoire de l'abbaye de Saint-Gildas de Déols (935)... 128

## TABLE.

| | |
|---|---|
| Chapitre IV. — Restauration de l'abbaye de Rhuys (xi<sup>e</sup> siècle).................. | 138 |
| Chapitre V. — Rétablissement du pèlerinage de Saint-Gildas................. | 153 |
| Chapitre VI. — Saint Éhoarn et Léopard, son meurtrier...................... | 158 |
| Chapitre VII. — Saint Gingurien, religieux de Rhuys......................... | 161 |
| Chapitre VIII. — Saint Gulstan, autre religieux du même monastère............ | 165 |
| Chapitre IX. — Abbaye de Saint-Gildas-des-Bois................................ | 176 |
| — § 1. Fondation de cette abbaye......... | 176 |
| — § 2. Abbés de Saint-Gildas-des-Bois.... | 180 |
|     Abbés réguliers.................. | 184 |
|     Abbés commendataires........... | 192 |
| — § 3. Bénéfices dépendant de l'abbaye de Saint-Gildas-des-Bois........... | 198 |
|     Prieurés dépendant de l'abbaye.... | 201 |
|     Autres cures à la nomination de l'abbaye...................... | 203 |
|     Chapellenies dépendant de l'abbaye.. | 204 |
| Chapitre X. — Abélard, abbé de Saint-Gildas de Rhuys ..................... | 205 |
| Chapitre XI. — Choses remarquables arrivées à l'abbaye de Rhuys entre 1140 et 1200 ................................ | 229 |
| Chapitre XII. — Histoire de l'abbaye pendant le xiii<sup>e</sup> siècle (1200-1300).......... | 233 |
| Chapitre XIII. — Histoire de l'abbaye pendant le xiv<sup>e</sup> siècle (1300-1400).......... | 237 |
| Chapitre XIV. — Histoire de l'abbaye pendant le xv<sup>e</sup> siècle (1400-1500).......... | 242 |

## TABLE.

Chapitre XV. — Histoire de l'abbaye pendant le xvie siècle (1500-1600) .......... 248

Chapitre XVI. — Histoire de l'abbaye pendant la première moitié du xviie siècle (1600-1649).............................. 256

Chapitre XVII. — Introduction de la Congrégation de Saint-Maur (1650) .......... 265

Chapitre XVIII. — Histoire de l'abbaye pendant la dernière moitié du xviie siècle (1650-1700)............................. 276

Chapitre XIX. — Histoire de l'abbaye depuis 1700 jusqu'en 1789................ 293

Chapitre XX. — Histoire de l'abbaye depuis 1789 jusqu'à nos jours ............... 303

Chapitre XXI. — Bénéfices dépendant de l'abbaye de Saint-Gildas de Rhuys....... 318

— § 1. Offices claustraux................ 318
— § 2. Prieurés........................ 320
    1º Prieuré d'Ambon................ 321
    2º Prieuré d'Arz................... 323
    3º Prieuré d'Auray................. 325
    4º Prieuré de Baud................. 326
    5º Prieuré de Bieuzy............... 327
    6º Prieuré du Blavet............... 329
    7º Prieuré de Bourgerel............ 329
    8º Prieuré de Caudan.............. 331
    9º Prieuré de Gavre................ 332
    10º Prieuré de S.-Guen-lès-Vannes.. 334
    11º Prieuré du Hézo................ 335
    12º Prieuré de Josselin............ 336
    13º Prieuré de Lochrist............ 337
    14º Prieuré de Locminé ............ 337

## TABLE.

| | | |
|---|---|---|
| — § 2. 15º Prieuré de Loglenec............ | 339 |
| 16º Prieuré de Mesquer............ | 340 |
| 17º Prieuré de Quibéron........... | 341 |
| 18º Prieuré de Rieux ............. | 344 |
| 19º Prieuré de Taupont........... | 345 |
| 20º Prieuré ou chapellenie des Saints | 346 |
| — § 3. Cures ou vicariats................ | 346 |
| CHAPITRE XXII. — Abbés de Saint-Gildas de Rhuys......................... | 347 |
| — § 1. Abbés réguliers.·................ | 347 |
| — § 2. Abbés commendataires........... | 354 |
| CHAPITRE XXIII. — Fêtes et cérémonies de l'abbaye avant la grande révolution...... | 361 |
| CHAPITRE XXIV. — Description de l'état actuel de l'abbaye ................•.... | 376 |
| CHAPITRE XXV. — Litanies de saint Gildas, abbé de Rhuys....................... | 388 |
| CHAPITRE XXVI. — Cantique breton de saint Gildas......................... | 392 |
| Note A. — 1º La Trinité de Sarzeau....... | 397 |
| 2º Le couvent de Bernon ...... | 408 |
| Note B. — Ancienne prose de saint Gildas.. | 413 |

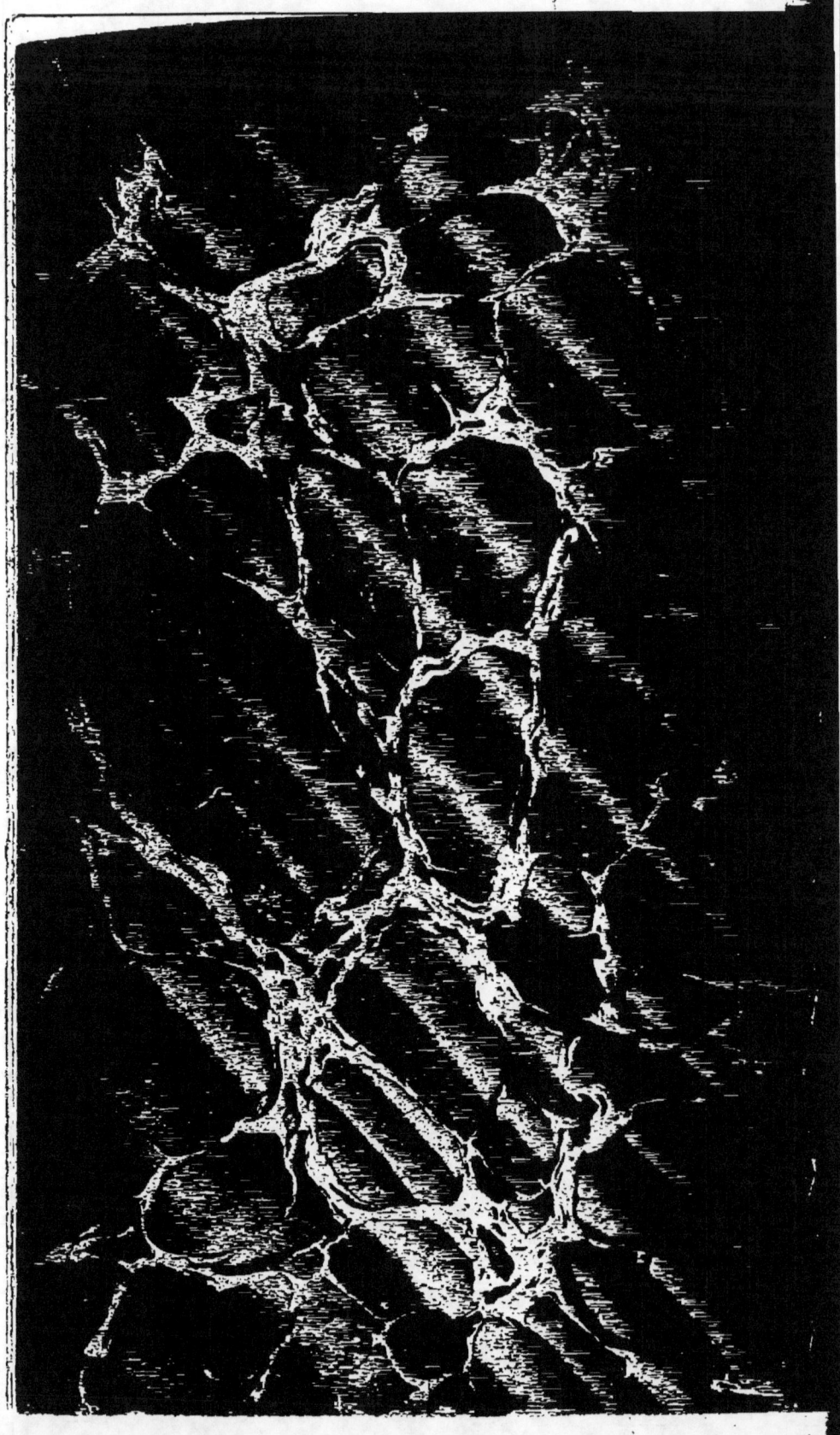

www.ingramcontent.com/pod-product-compliance
Lightning Source LLC
Chambersburg PA
CBHW070606230426
43670CB00010B/1431